챗GPT 인공지능 시대 철저 대비법

# 미디어 리터러시

이현주 · 이현옥 지음

너무 많은 정보에 대책없이 노출된 아이들은
정보를 선별하고 진위를 구분할 줄 알아야 합니다.
이것이 미디어 리터러시 능력입니다.

## 머리말

아이들이 하루 중에 가장 즐거워하는 시간은 언제인가요? 학교와 학원을 마치고 와서 스마트폰을 할 때죠. 그래서 일까요. 점점 스마트폰 하는 시간이 늘어나지요. 몰래 스마트폰을 숨기고 비밀번호를 걸어도 소용없습니다. 아이들은 어떻게든 스마트폰을 씁니다. 그 안에 무엇이 담겨 있길래 그리도 좋아할까요. 이건 굳이 아이에게 묻지 않아도 답을 알 수 있습니다. 사실 부모인 우리도 아이만큼 많은 시간 사용하죠. 우리보다 조절력이 낮고 분별도 어려운 아이들은 쉽게 그 안으로 빠져듭니다. 스마트폰에서 모든 생활이 다 이뤄진다고 해도 과언이 아니지요. 아이한테는 하지 말라고 하면서 함께 빠져드는 부모님도 많으실 겁니다. 어른도 조절이 어려워요. 아이들은 오죽할까 싶은데요. 아이가 행복하다면 문제가 없잖아요? 우리는 왜 스마트폰 사용을 그렇게 탐탁지 않게 생각하는 걸까요. 부모 또한 부지불식간에 느껴서에요. 스마트폰 세계에 분명한 문제점이 있음을 말이죠.

스마트폰은 시력에 안 좋은 영향을 줍니다. 불빛 때문에 깊은 잠을 못 자게 하지요. 거북목 증후군을 일으키기도 합니다. 시간을 너무 쉽게 흘려 보내구요. 보안 문제로 개인정보가 유출될 가능성도 높습니다. 그런데 비단 이런 문제 때문만은 아닙니다. 뭔가 더 근원적이고 중요한 원인이 있는데요. 바로 스마트폰이 아이들을 '생각하지 않게 한다는 것'입니다. 그걸 느끼고 있기에 그렇게 말리게 되는 거지요.

우리가 교육과 공부를 하는 이유가 무엇인가요? 바로 수많은 정보 중에서 유익한 것을 읽고 해석하여 나만의 생각을 만들기 위해서입니다. 그런데 아이들은 스마트폰을 하면서 어떤가요. 수많은 정보를 그대로 받아들입니다. 그것을 진실이라 생각해요. 의심하지 않지요. 정보의 진위를 가리려 하지 않습니다. 정보를 융합시켜 자신만의 철학을 만들려는 노력을 하지 않아요. 단순하고 재미있게 스마트폰의 정보를 소진하는 것을 더 좋아합니다. 아무 생각 없이 멍때리고 있을 수 있기에 행복하다고 여깁니다.

요즘은 챗GPT를 포함한 인공지능이 이슈지요. 언어 모델인 챗GPT의 등장으로 이런 현상은 더더욱 가속화될 것입니다. 아직 챗GPT가 청소년들에게는 연령 사용 제한이 있지만요. 이용자 사이에서 이미 생각하지 않는 문제가 생기고 있습니다. 챗GPT의 요약, 추론, 검색, 작문 능력을 그대로 자신의 레포트와 연구로 가져옵니다. 언어 모델일 뿐인 챗GPT의 답변을 맹신하고 그대로 받아들이는 것은 문제입니다. 챗GPT가 내놓은 답변은 큰 내용이 없는 무의미한 껍데기거나 잘못된 정보일 수 있습니다. 하지만 성인들조차 그것을 구분해 내지 못합니다. 앞으로 10대 아이들이 챗GPT를 마음대로 쓰기 시작하면 이 문제는 더욱더 심각해질 것입니다.

이것이 비단 챗GPT만의 문제는 아닙니다. 아이들이 누리고 이용하는 디지털 세상에는 이 같은 문제가 모두 존재하지요. 너무 많은 정보에 대책 없이 노출되는 아이들은 정보를 선별할 줄 알아야 합니다. 진위를 따지고 필요한 것과 아닌 것을 구분해 내야 합니다. 이것이 바로 미디어 리터러시 능력이에요. 아이들이 접하는 정보를 가려내 수용한다면 어떨까요. 수많은 정보는 아이를 키워줄 것입니다. 반대로 정보를 선별하지 못하고 그대로 받아들인다면요. 생각하지 않는 사람이 되어 뒤처질 수밖에 없겠지요. 인공지능 네거티브가 될 아이들에게 가장 중요한 능력이 정보를 분별하는 능력입니다. 그것을 바탕으로 자기 생각을 더해 간다면 세상의 누구와도 다른 창의 융합력을 가진 인재가 되겠지요.

아이들에게 가장 먼저 키워 주어야 할 것입니다. 인공지능 시대에 꼭 필요한 미디어의 정보를 판단하는 능력을 이 책에서 다뤘습니다. 부모님이 먼저 미디어 리터러시의 필요성과 가치를 알도록 설명했구요. 가정에서 식사 시간 대화를 통해서 나눌 수 있는 이슈를 제공했습니다. 방법과 함께요. 이는 부모님과 아이들의 리터러시 능력을 기르고요. 아이와 함께 성장하고 발전하는 데도 도움을 줄 것입니다.

부모는 온종일 스마트폰을 하면서 아이에게 하지 말라고 한다면 아이가 그 말을 들을까요. 부모가 아무 생각 없이 정보를 맹신하면서 아이에게 비판적으로 사고하라고 한다면 어때요. 아이는 따르지 않을 것입니다. 부모가 먼저 달라져야 합니다. 공부하셔야 해요. 부모가 공부한 다음 아이와 생각을 나눠 보세요. 함께 성장하는 데 도움이 될 것입니다. 아이와 부모가 함께 커 나가는 디지털 세상 철저 대비법. 지금부터 아이와 함께 세상을 보는 시선을 바꿔 보십시오. 모든 정보가 우리의 발전에 굉장한 도움을 줄 것입니다.

# MEDIA LITERACY

## 목 차

# MEDIA LITERACY

# PART 1

# 미디어 리터러시의
# 이해

MEDIA
LITERACY

신문을 읽지 않으면 당신은 정보를 가지지 못합니다.
하지만 신문을 읽어도 오보를 믿게 된다면 당신은 오도됐습니다.

**- 마크 트웨인**

# CHAPTER 1 ··· 미디어 리터러시의 이해

## 1. 미디어의 개념과 미디어 교육의 필요성

미디어란 무엇일까요? 미디어는 메시지를 담아 전달하는 매체입니다. 사물과 사물, 인간과 사물, 인간과 인간을 연결해 주는 매개체입니다. 즉 커뮤니케이션을 가능하게 하는 모든 것을 미디어라고 부릅니다. 자신의 의사나 정보를 전달하기 위해서 사용하는 모든 수단을 말하지요.

미디어는 인터넷이나 소셜 미디어의 온라인 공간, 테블릿이나 스마트폰과 같은 기기와 그림책, 뉴스, 광고, 영화, 만화, 애니메이션, 게임, 문자 메시지 등의 내용을 말합니다. 온라인 공간은 사회 공간 맥락 차원의 미디어입니다. 기기는 우리가 쉽게 접하는 대상으로서의 미디어지요. 다양한 의미를 담은 텍스트나 내용물로서의 미디어도 있습니다. 현대 사회에서 미디어는 우리가 살고 있는 사회 공간의 맥락, 우리가 접하는 대상이나 기기, 의미를 담은 텍스트나 내용물 등의 세 가지 차원을 모두 의미합니다. 이 세 가지는 미디어 교육을 할 때 비판적 이해와 생산 교육을 위해 중점적으로 다루어야 할 미디어의 핵심 분야입니다.

미디어의 세 가지 의미

출처: Courtois, Merchant, Paulussen & Marez, 2011

현대 사회에서 미디어는 인간의 삶에 밀접한 영향을 주고 있습니다. 삶에서 얻는 정보와 생각의 대부분이 미디어를 통해 이루어진다고 해도 과언이 아니지요. 미디어의 영향력이 거대해짐에 따라 학교 교육 과정에도 미디어 교육 강화를 명시하였습니다. 미디어 교육은 미디어를 통하여 전달되는 정보와 내용물에 대한 비판적·합리적 의사소통 능력을 기릅니다. 디지털 환경의 위험과 기회에 대비하여 미디어를 활용하여 사회 참여와 실천을 촉진하기 위한 교육입니다.

교육부가 2021년 발표한 보도자료에 따르면 삶의 양식을 둘러싼 시대 변화, 가치관 미래 변화를 반영하여 미래 인재상을 수정하여야 한다고 했습니다. 창의 혁신을 디지털 시민성으로 수정했지요. 디지털 미디어 환경의 대응 방향에 맞게 미래 인재를 위한 교육을 보완해야겠다는 취지가 잘 드러납니다. 우리 아이들을 시대에 맞는 인재로 교육하기 위하여 피할 수 없는 것이 미디어에 대한 교육임을 알 수 있겠지요.

(한국청소년정책연구원-2022 개정 교육과정의 미디어 리터러시 교육 강화 방안 참고)

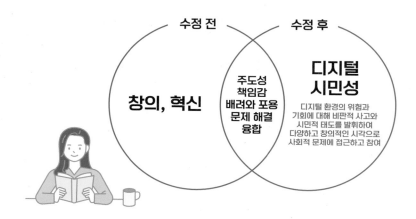

# 미래 인재상

수정 전 | 수정 후

창의, 혁신

주도성
책임감
배려와 포용
문제 해결
융합

디지털
시민성

디지털 환경의 위험과
기회에 대해 비판적 사고와
시민적 태도를 발휘하여
다양하고 창의적인 시각으로
사회적 문제에 접근하고 참여

교육부는 초중고 학교급별 특성을 고려하여 미디어 교육의 목표를 아래와 같이 정했습니다.

**초**
디지털 미디어에 관한 기본적인 지식과 기능, 권리와 책임을 이해하고 다양한 의견이나 정보를 미디어로 표현한다.

**중**
디지털 미디어가 개인과 사회에 미치는 영향을 비판적으로 이해하고 책임 있는 시민으로 행동한다.

**고**
디지털 미디어가 개인·사회·세계에 미치는 복합적인 영향을 심도 있게 탐구하며 시민적 참여를 위해 미디어를 적극적으로 활용한다.

학교 교육에서 미디어를 다루는 능력을 미래의 인재가 가진 능력으로 규정하고 초중고에서 학습 내용으로 다룬다는 것은 무엇을 의미할까요? 그만큼 미디어에 대한 교육이 시급하고 중요하다는 말인데요. 왜 미디어 교육이 중요한지는 멀리서 찾지 않아도 됩니다. 우리 자녀의 미디어 이용 실태만 봐도 느끼시잖아요. 자녀의 생활에 많은 영향을 주고 있는 미디어를 다루도록 가르칠 필요성을 말이죠. 미디어를 다루는 교육은 아이의 미래를 결정짓는 중요한 변수가 될 것입니다. 미디어를 어떻게 다루어야 아이에게 도움이 될까요.

## 2. 미디어 리터러시의 이해

미디어를 다루는 교육을 미디어 리터러시라고 부릅니다. 리터러시 (literacy)란 읽고 쓰는 능력, 즉 문해력을 의미합니다. 미디어 리터러시는 미디어 작동 원리와 콘텐츠를 비판적으로 이해하고 창의적으로 생산할 수 있는 능력을 말합니다. 교육부에서는 미디어 리터러시가 미디어로 필요한 정보를 찾고 제공되는 정보를 비판적으로 이해하는 데서 나아가야 한다고 했습니다. 미디어를 활용하여 정보와 문화를 생산하고, 사회에 참여하는 역량을 기르는 교육까지도 포함한다는 건데요. 이는 단순히 미디어를 활용한 교육과는 다릅니다. 미디어를 비판적으로 수용하여 자신의 주장을 담는 도구로 사용할 줄 알아야 한다는 것이지요. 아이들이 미디어를 사용하는 수준을 넘어서야 합니다. 미디어를 비판적인 관점에서 바라보고 자신만의 생각을 담아 창작할 수 있어야 해요.

한국청소년정책연구원에서는, 미디어 교육이 미디어에 대해 가르치고 배우는 교육이라면, 미디어 리터러시는 미디어 교육의 결과 학습자들이 얻는 지식과 역량을 뜻한다고 했습니다. 미디어 리터러시 교육은 미디어에서 전하는 내용을 믿을 만한 메시지라고 생각하도록 가르치는 것이 아닙니다. 사실을 전달하는 미디어에도 편향이 담겨 있다는 것을 이해하는 것이지요. 자신이 접하는 미디어 메시지에 어떤 편향이 담겨 있고 편향은 어디에서 비롯되는지 알아야 합니다. 또한, 그것이 갖는 함의는 무엇인지에 대해 질문하는 비판적 탐구의 자세와 방법을 가르치는 것입니다.

이는 미디어 리터러시, 정보 리터러시, 디지털 리터러시를 모두 아우르는 말입니다. 즉 우리가 접하는 모든 정보에 대해 읽고 쓰는 능력을 의미합니다. 리터러시가 문해력이라고 불리는 이유지요. 아이들이 많이 접하는 유튜브를 어떻게 읽고 쓸 것인가를 가르친다면 유튜브 러터러시입니다. 지금까지 컴퓨터 문해력, ICT 문해력, 인터넷 문해력, 소셜 미디어 문해력, AI 문해력 등 여러 가지 개념이 제시되어 왔는데요. 디지털 대전환이 도래함에 따라 기술 간 융합이 가속화되면서 디지털 문해력, 즉 디지털 리터러시로 통합하여 부르고 있습니다. 각 분야의 리터러시 능력을 길러 주는 교육은 미디어를 무비판적으로 수용하는 것이 아닙니다. 비판적인 생각으로 판단하고 활용할 수 있는 능력을 아우르는 개념이랍니다. 미디어 리터러시는 전통적인 미디어 문해력을 포함하는 개념으로, 디지털 기술의 참여적이고 생산적 속성을 적극적으로 반영한 개념이죠.

미디어 리터러시는 '다양한 디지털 기술을 이용해서 새로운 가치(자아실현, 경제적 가치 구현, 사회 참여, 문화 향유)를 창출하는 데 요구되는 역량'으로 5가지 하위 차원으로 구성됩니다. (황용석 외, 『디지털 시대, 디지털 문해력 개념의 확장』 교육부 참고)

1) 디지털 기술을 이용해서 데이터를 찾고, 의미 있는 정보를 추출·해석 및 조직화할 수 있는 검색·수집·평가·분석·관리할 수 있는 능력

2) 디지털 기술을 매개로 하여 타인과 상호작용하고 사회적으로 소통하는 능력

3) 디지털 콘텐츠와 같은 다양한 결과물을 생산하고 창의적으로 활용하는 능력

4) 안전한 디지털 환경을 누리기 위해 필요한 권리와 책임을 인식하는 능력

5) 개인의 생활과 업무에서 당면한 기술적 어려움과 문제를 디지털 기술을 활용해 해결하여 삶의 기회를 확장할 수 있는 능력

위와 같은 5가지 하위 차원들은 미디어 리터러시 교육의 목표가 됩니다. 미디어 리터러시 역량의 정의와 목표에 대한 다른 연구도 있습니다. 기술된 언어는 다르지만 추구하는 방향은 비슷하답니다.

미디어 리터러시 역량의 정의 및 목표

| 영역 | 정의 | 목표 |
|---|---|---|
| 지식 | 미디어를 통한 지각과 경험으로 체득되는 인지적·정서적 능력 | 미디어의 구조·기능·기술의 발전 과정과 체계 등의 이해와 지식 습득 |
| 비평 | 미디어에 대한 비판적·미학적 성찰을 통한 글쓰기 능력 | 미디어의 기술적·사회적·문화적 쟁점들과 내용에 대한 사실 판단과 가치 판단을 통한 글쓰기 능력 개발 |
| 의사소통 | 미디어를 통해 지식과 정보를 교류하고 의견을 표현할 수 있는 능력 | 사회적 의사소통에 능동적으로 참여하기 위한 의견의 표현 방법과 상호 인정을 통한 활용 능력 개발 |

| | | |
|---|---|---|
| **접근 활용** | 개인과 집단의 미디어 접근과 활용 능력 | 미디어의 기술적 사용법, 전문 지식, 콘텐츠의 수용과 질에 대한 접근과 활용 능력 개발 |
| **구성, 제작** | 미디어를 통한 창의적 상호 작용적 생산 행위 능력 | 대안 미디어의 구성과 창의적·미학적 기술의 적용과 제작 |
| **참여** | 미디어를 통한 윤리적인 공동체 참여와 민주 시민의 시민성 실천 능력 | 책임 있는 온라인 공동체 참여와 디지털 시민성을 실현하기 위한 실천 능력 개발 |

출처: 강진숙 외, 「미디어 리터러시 교육과정 운영을 통한 시민 역량 제고 방안 연구」

코로나19로 인해 미디어 사용량이 급격하게 증가했습니다. 아이들의 미디어 리터러시 역량이 중요하게 되었지요. 가장 많이 미디어의 영향을 받는 10대를 위해서 교육부와 전국미디어리터러시교사협회에서는 코로나19를 이겨내는 미디어 리터러시 백신도 만들었습니다. 아이들이 미디어 리터러시 능력 점검이 그만큼 시급하다는 이야기겠지요.

### 학생들을 위한 미디어 리터러시 백신 10

| |
|---|
| 뉴스, 유튜브 등 미디어에서 다루는 정보의 출처가 믿을 수 있는지 확인하기 |
| 미디어 생산자들이 갖고 있는 특정한 관점이 정보를 왜곡하고 있는지 확인하기 |
| 의학 정보는 전문가의 공신력 있는 발언을 토대로 하는지 확인하기 |
| 사진·영상·이미지 자료 등이 정확한 내용을 담았는지 편견이 반영되진 않았는지 확인하기 |
| 특정 지역이나 집단에 대한 차별·폭력을 부추기는 혐오 표현이 있는지 확인하기 |

| |
|---|
| SNS를 통해 전파되는 부정확한 소문과 거짓 정보 공유하지 않기 |
| 미디어를 보는 시간을 정해 놓고 휴식 시간 갖기 |
| 관련 뉴스와 영상을 지나치게 반복하여 보면서 불안감을 느끼지 않도록 할 것 |
| 미디어를 보는 시간을 정해 놓고 휴식 시간 갖기 |
| 관련 뉴스와 영상을 지나치게 반복하여 보면서 불안감을 느끼지 않도록 할 것 |

## 3. 미디어 리터러시 교육 방법

2021년 3월, 유엔 아동권리위원회는 디지털 환경에서 어린이를 안전하게 보호하고 어린이의 권리를 보장하기 위한 「디지털 환경에서의 아동 권리」를 발표하였습니다. 어린이와 청소년이 디지털 격차로 인한 차별 없이 디지털 환경의 기회와 혜택을 누리게 하려는 것입니다. 또한, 허위 정보·사이버 폭력·디지털 성범죄·온라인 혐오 등 각종 위험에 대해 올바로 이해하고 스스로를 보호할 수 있는 힘을 기르기 위해 학교 교육과정을 포함한 정책 수립을 권고하는 내용이었지요. '디지털 원주민'이라 불리는 아이들에게 미디어를 이해하고 재생산하는 능력은 중요해졌습니다.

그렇다면 미디어 리터러시 교육은 어떤 역량들을 중심으로 교육할까요? 다음 표와 같은 역량들을 중심으로 미디어를 다룰 수 있도록 교육해야 합니다. 미디어가 전하는 내용을 정확하게 이해하고 자신의 생각을 표현할 줄 아는 힘이 있어야 해요. 미디어를 책임 있게 이용하고 감상하고 미디어 기술을 활용할 있도록 알려줘야 합니다. 무분별하게 정보를 받아들이지 않고 선별할 수 있도록 도와줘야 해요. 이러한 연습으로 정보 검색과 선택 능력이 성장하여 비판적 분석과 평가를 할 수 있는 역량이 자랄 것입니다. 이에 필요한 역량을 모두 키워 줄 수 있는 것이 미디어 리터러시입니다.

미디어 리터러시 교육의 핵심 역량

| 의미 이해와 전달 | 미디어 콘텐츠의 내용을 정확하게 이해하고 미디어를 통해 자신의 생각과 느낌을 표현해 전달하기 |
|---|---|
| 책임 있는 미디어 이용 | 미디어 이용 시 유의해야 할 초상권·개인정보·저작권 보호 및 인터넷이나 SNS에서 언어 예절 지키기 등 안전하고 윤리적으로 미디어 이용하기 |
| 감상과 향유 | 미디어 정보와 문화 콘텐츠에 접근하여 그 내용과 표현에 대한 심미적 감상하고 즐기기 |
| 미디어 기술 활용 | 정보 이용, 미디어를 활용한 발표, 표현·창작·제작 등에 필요한 도구 활용하기 |
| 창작과 제작 | 미디어 표현의 관습에 따라 의미 있는 정보와 문화 콘텐츠 생산하기 |
| 정보 검색과 선택 | 자신의 목적에 적합하게 효율적으로 미디어에 접근하기 정보를 검색하고 선택하기 |
| 사회문화적 이해 | 미디어 정보와 콘텐츠가 생산되고 유통되는 맥락 이해하기 |
| 비판적 분석과 평가 | 미디어의 편향성과 상업성을 이해하고 자신의 주관을 바탕으로 정보와 사실 여부·의도·편향성 등 변별하기 |

출처: 정현선 외, 『미디어 문해력(literacy) 향상을 위한 교실수업 개선방안 연구 최종보고서』 교육부

교육부에서는 구체적으로 세부 역량을 키우기 위하여 각 역량에 필요한 교육 내용을 제시하고 있습니다. 이에 따르면 미디어의 형식과 내용을 바르게 이해하고 신뢰할 수 있도록 정보를 선택할 수 있어야 합니다. 미디어를 정확히 알고 생산·감상·비평할 수 있는 능력 또한 키워야지요.

| 세부 역량 | 내용 |
|---|---|
| 미디어 지식 탐구 | 미디어의 형식과 내용 특성을 탐구하는 능력 |
| 미디어 콘텐츠 검색 | 적절한 정보를 찾고 신뢰할 수 있는 정보를 선택할 수 있는 능력 |
| 미디어 콘텐츠 이해 | 미디어에 담긴 내용을 정확하게 이해하는 능력 |
| 미디어 콘텐츠 생산 | 의미 있는 정보나 문화 텍스트를 생산하고 그 과정을 이해하는 능력 |
| 미디어 콘텐츠 감상 | 미디어를 통한 심미적 감식안과 미디어 경험 수준을 향상시키는 능력 |
| 미디어 콘텐츠 비평 | 미디어가 전달하는 정보 및 사회문화적 현상에 대한 비판적 분석 및 평가를 하는 능력 |
| 책임 있는 미디어 사용 | 저작권과 초상권 및 개인정보를 보호하여 안전하게 미디어를 이용할 수 있는 능력 |

2023년 교육부와 한국청소년정책연구원이 연구한 디지털 시대 디지털 문해력 개념의 확장을 보면, 미디어 리터러시가 5가지 역량 차원으로 구분됩니다. 데이터 및 정보 역량·소통과 참여 역량·콘텐츠 생산

과 공유 역량·안전과 권리 보호 역량·문제 해결 역량이 그것입니다. 각 역량의 세부 능력을 살펴보면 우리가 미디어 리터러시에서 길러야 할 능력을 확인할 수 있습니다.

미디어 리터러시 차원과 개념별 구성 요소

| 역량 | 하위 역량 차원 | 내용 |
|---|---|---|
| 데이터 및 정보 역량<br><br>- 정보에 대한 필요와 욕구를 분명히 인식하고, 디지털 매체를 이용해 데이터와 유용한 정보를 찾고 판별할 수 있는 능력 | 정보 탐색과 수집 | · 데이터 정보의 전략적인 검색과 접근, 수집할 수 있는 능력 |
| | 비판적 이해<br>(정보 평가 및 판단력) | · 데이터와 정보를 평가하여 신뢰성 판단<br>· 데이터 정보, 콘텐츠를 다각적으로 분석하거나 비판적으로 평가 |
| | 데이터와 정보의 관리 및 조직화 | · 데이터와 정보를 관리하고 유지하는 데 필요한 전반적 역량<br>· 검색한 데이터 정보와 콘텐츠의 저장·관리·체계적 정리 능력 |
| | 컴퓨팅 사고력<br>(추상화·자동화 능력) | · 컴퓨팅 사고의 원리를 이해하고 실제 생활에 창의적으로 해법을 구현하여 적용할 수 있는 능력<br>· 문제 해결을 위한 패턴의 추상화 능력<br>· 특정 업무를 수행하여 문제 해결을 하는 프로그래밍의 자동화 방법 습득 |

| | | |
|---|---|---|
| | AI 지능 정보 기술에 대한 이해 | · AI 기술에 대한 이해와 지식을 갖추고 활용할 수 있는 능력<br>· AI 작동 원리 이해, AI 기술 관련 개념(머신러닝, 지도학습과 비지도학습 등) 이해, AI 기술이나 서비스의 활용 |
| 콘텐츠 생산과 공유 역량<br><br>- 디지털 기술이나 기기를 이용해 창의적인 결과물을 산출하고 공유할 수 있는 능력 | 디지털 기술을 통한 상호작용 | · 디지털 기술을 통해 타인과 사회에 관계를 맺고 소통할 수 있는 능력<br>· 인터넷과 모바일을 통한 이메일 송수신, 인스턴스 메시지를 이용한 소통, 소셜 미디어와 디지털 서비스를 통한 타인과 관계 맺기 |
| | 디지털 기술을 통한 시민 참여 | · 디지털 기술과 서비스를 통해 사회나 공동체 활동에 참여할 수 있는 시민적 역량<br>· 온라인 서명 및 투표 활동, 온라인 공간 내 청원 업로드나 타인과 토론하기 |
| | 디지털 콘텐츠 개발 | · 다양한 포맷의 디지털 콘텐츠 제작과 편집을 통해 결과물을 산출하고 표현할 수 있는 능력 |
| | 디지털 콘텐츠 통합과 재정 교화 | · 기존 지식과 자원을 활용해 새로운 정보와 콘텐츠로 수정·정제 및 통합할 수 있는 능력 |
| | 디지털 기술을 통한 콘텐츠 공유와 협업 | · 다양한 디지털 플랫폼, 온라인 협업 프로그램을 통한 디지털 콘텐츠를 공유하고 협업 활동을 수행할 수 있는 능력 |

| | 디지털 기술의 창의적 활용 | · 디지털 기술을 통해 개별적 혹은 타인과 협력의 방식으로 콘텐츠를 창작하고 활용할 수 있는 능력 |
|---|---|---|
| **안전과 권리 보호 역량**<br><br>- 디지털 환경에서 자기 자신을 보호하고 자신과 타인의 권리에 대해 인식할 수 있는 능력 | 예방 역량 | · 디지털 공간 내에서 본인에 대한 정보와 권리를 보호할 수 있는 능력 |
| | 디지털 권리와 책임 의식 | · 디지털 공간 안에서 나타나는 권리 보호의 전반적인 측면을 이해하는 능력<br>· 저작권과 라이선스 권리 보호 이해, 창작한 저작물의 저작권 표시 방법 이해, 저작권 침해 시 신고 및 피해 구제 방법 인식 |
| | 네티켓 | · 디지털 공간 내에서 갖춰야 할 도덕적이고 윤리적인 태도와 이용 방식<br>· 디지털 기술 이용 시 디지털 규범 인식 및 문화적 다양성, 타인 존중의 태도 |
| | 디지털 정체성 관리 | · 디지털 기술과 플랫폼에서 자신의 정체성을 표현하고 관리할 수 있는 능력<br>· 디지털 기술과 디지털 플랫폼 도구를 활용해서 여러 디지털 정체성 창출 및 관리를 통한 자신의 평판 보호하기 |

| | |
|---|---|
| 기술적 문제 해결 | · 디지털 기술을 활용하여 특정 문제를 해결할 수 있는 능력 디지털 기술 프로그램 설치·삭제·업그레이드<br>· 스마트 오피스를 활용한 문서 작성과 타인과의 공유<br>· 비대면 원격 회의 서비스 이용<br>· 스마트 기기 간 연동하여 활용할 수 있는 능력 |
| 디지털 역량 격차 인식 | · 본인의 디지털 역량 수준을 인식하고 디지털 변화를 인지할 뿐만 아니라 다른 사람의 디지털 역량을 지원할 수 있는 능력<br>· 디지털 역량의 수준과 요구 수준 이해<br>· 디지털 기술의 변화와 최신화를 이해하고 역량 향상<br>· 다른 사람의 디지털 역량 개발을 지원하기 |

출처: 강진숙 외, 『미디어 리터러시 교육과정 운영을 통한 시민역량 제고 방안 연구』

이러한 역량을 키우기 위한 미디어 리터러시 지도 방법에는 어떤 것이 있을까요? 한국언론진흥재단에서 제시한 미디어 리터러시의 구체적인 지도 방법을 살펴보겠습니다. 우선 미디어 이용법과 정보 검색부터 시작합니다. 정보를 판별한 후 구체적인 미디어별로 사용 방법을 학습해야 합니다. 온라인 매너를 기반으로 유튜브·스마트폰·게임 시 리터러시를 기를 수 있는 방법을 영역별로 지도하는 것이지요.

# 미디어 리터러시
# 구체적 지도법

**미디어 이용법**
- 미디어를 통해 전달하고자 하는 메시지 확인하기
- 같은 내용이 미디어에 따라 어떻게 달라지는지 비교하기
- 미디어에서 보이는 정보의 신뢰도 파악하기
- 미디어로 전달된 메시지가 다양한 사람들의 관점 존중하는지 확인
- 미디어 속에 숨겨진 편견이나 고정관념 없는지 살펴보기

**정보 검색**
- 뉴스나 정보, 메시지를 누가 만들었는지 확인하기
- 콘텐츠를 왜 만들었는지 제작자의 의도 생각하기
- 해당 콘텐츠에 포함된 시각 자료의 신뢰도 살펴보기
- 개인적 관심이 필요한 정보를 얻는 데 도움이 됐는지 생각하기

**정보 판별**
- 자료가 믿을 만한지 살펴보기
- 한쪽의 입장이나 주장만 제시하고 있는지 확인하기
- 다양한 사람들의 생각과 관점을 반영하고 존중하는지 알아보기
- 정보에 편견이나 고정관념이 있는지 찾아보기

**스마트폰 사용**
- 스마트폰을 스스로 절제하고 조절하는 생활 습관 점검
- 스마트폰 사용 계획 세우기
- 스마트폰이 내 삶에 주는 영향 확인하기
- 스마트폰으로 하는 불법적인 활동 알아보기

**온라인 대화 예절**
- 온라인 대화 예절 알아보기
- 비속어나 은어, 욕설 사용 자제하기
- 대화창에서 공유한 시각 자료의 신뢰도 알아보기
- 서로의 생각과 관점을 존중하며 대화하는지 확인

**댓글 매너**
- 사회적 약자나 소수의 입장을 고려하고 댓글 작성하기
- 자신의 생각에 편견이나 고정관념이 없는지 확인하기
- 댓글 달 때 예절을 지키고 상대방을 배려하는지 점검하기

**온라인 게임**
- 연령에 맞는 게임인지 확인
- 제한된 시간보다는 미션을 기준으로 게임하기
- 스스로 조절하고 절제하는 습관 가지기
- 게임 이용 시 비용 발생 부분 부모님과 상의하기

| 유튜브 이용 | · 나의 방문 기록 확인하기 |
| | · 나의 연령에 맞는 영상인지 확인하기 |
| | · 구독자 수를 늘리기 위한 크리에이터의 노력 알아보기 |
| | · 부적절한 콘텐츠 신고하기 |

| 콘텐츠 이용 | · 제작자가 믿을 만한 사람인지 확인하기 |
| | · 신뢰할 수 있는 정보로 이뤄진 합법적인 사이트 여부 확인 |
| | · 다운로더로서 윤리와 규범을 지키면서 콘텐츠 이용하기 |
| | · 다른 사람의 권리나 저작권 존중하기 |

| 1인 방송 기획 제작 | · 메시지 간결하고 정확하게 표현하기 |
| | · 정확하고 신뢰할 수 있는 자료 이용하기 |
| | · 다른 사람의 권리를 침해하지 않았는지 확인하기 |
| | · 나의 생각을 가장 효과적으로 전달할 수 있는 방법 고민 |
| | · 창의적이고 독창적인 생각과 방식으로 접근하기 |

미디어 사용은 이제 아이들에게 너무나 많은 영향을 미치고 있습니다. 꼭 사용해야 하는 미디어라면 제대로 사용할 수 있도록 어릴 때부터 가르쳐 줘야 합니다. 지금부터는 가정에서 아이들이 미디어를 사용하면서 접하는 문제들과 실전 교육법을 본격적으로 연습해 보도록 하겠습니다.

💬 챗GPT에 묻다

## 1. 챗GPT가 뭔가요?

: 저는 인공지능 기술로 만들어진 AI 봇입니다. 즉 인간이 아니라 컴퓨터 프로그램입니다.

## 2. 어디서 만들어졌나요?

: 저는 Open AI라는 AI 기업에서 만들어졌습니다.

## 3. 챗GPT는 어떻게 작동하나요?

: 저는 자연어 처리 기술을 이용하여 사용자들로부터 입력받은 질문을 이해하고, 데이터베이스에 저장된 정보를 바탕으로 답변을 생성합니다.

## 4. 챗GPT는 어디에서 사용될 수 있나요?

: 저는 챗봇·스마트 홈·스마트 스피커·음성 비서 등 다양한 분야에서 사용될 수 있습니다.

## 5. 인식 범위는 어디까지인가요?

: 저는 대화 상대가 자연어로 입력한 문장을 이해하는 데 특화되어 있습니다.

## 6. 챗GPT는 어떤 언어를 지원하나요?

: 챗GPT는 다양한 언어를 제공합니다. 지속적으로 업데이트 및 개선이 이뤄지고 있어 더 많은 언어로의 대화가 가능할 것입니다.

## 7. 항상 정확한 답을 제공하나요?

: 저는 입력된 질문을 이해하고 데이터베이스에 저장된 정보를 바탕으로 답변을 생성하기 때문에 데이터베이스에 없는 정보나 잘못된 정보가 있다면 정확한 답변을 제공하지 못할 수 있습니다.

## 8. 항상 같은 대답을 하나요?

: 입력된 질문이 같더라도 조금씩 다른 답변을 생성할 수 있도록 프로그래밍되어 있습니다.

## 9. 대답을 개선하기 위한 방법이 있나요?

: 네, 사용자들이 저에게 질문하거나 대화를 나누는 과정에서 발생하는 오류나 개선점은 Open AI에서 수집하여 업그레이드를 진행하고 있습니다.

## 10. 챗GPT는 어떤 일을 할 수 있나요?

: 저는 사용자들의 질문에 대답하거나, 일정 관리, 날씨 정보 제공, 번역, 검색, 음악 추천 등 다양한 일을 할 수 있습니다.

# MOM CAFE

　출근 준비가 다 될 때쯤 앱을 켜서 버스 오는 시간을 확인합니다. 조금 여유가 있었지만 그래도 잰걸음으로 열심히 걸었습니다. 버스로는 5분 거리지만 걸으면 15분은 걸리니까요. 버스 한 번 놓치면 낭패지요. 정성들여 화장한 얼굴이 걷느라 아침부터 땀범벅이 되면 곤란하기도 하구요.

　그런데 이게 뭐죠? 저기서, 바로 눈앞에서 버스가 출발해서 가버리네요.

　"뭐야. 내 너를 잡고 만다. 내가 버스를 잡고 말겠어."

　갑자기 어디서 나온지 모를 오기가 발동했습니다. 뛰다시피 걷기 시작했지요. 순간, 제 모습에 피식 웃음이 터져 나왔습니다.

　"불가능하잖아. 걸어서 버스를 이긴다고?"

　오기를 부리는 나 자신에 웃음이 났어요. 버스는 내 마음을 아는지 모르는지 유유히 골목길로 빠져나갑니다.

　"어차피 일찍 나왔고, 15분 정도 여유는 있어. 아침에 걷는 거 좋아. 버스를 이길 수야 없겠지만 열심히 가보자. 그거면 된 거지. 애들도 그래. 버스타고 쌩하니 달리는 애들을 어떻게 따라잡겠어. 따라잡으려다 가랑이 찢어지지. 방향만 맞으면 되잖아. 제 속도로 열심히 걷는 걸로 충분한 거 아니겠어. 너무 다그치지 말자."

　중간고사 걱정만 하면서 느긋하게 아무것도 안 하는 아이 생각이 버스까지 이어집니다. 모든 걸 아이와 연결해서 갖다 붙이니 나도 참 대단한 극성엄마다 싶습니다.

　이런저런 생각을 하며 성큼성큼 걸었습니다. 아침에 상큼한 바람과 골목

골목 열심히 출근하는 사람들 사이에서 활력이 느껴지네요.

어느새 이마에 한 방울 땀이 맺혔습니다. 온몸이 후끈 달아오르는 기분이에요. 일찍 나가서 공원에서 걸으려고 한 건데 이미 아침 운동은 충분하지 싶습니다.

어느새 지하철역에 도착했습니다. 그런데 어랏. 제가 타려던 버스가 멈춰서 있네요. 종점이라서 한참 쉬었다 가려는 모양입니다.

"저 봐. 빨리 가면 뭐해. 종점에서 한참 쉬어버리면 그만인걸 결과는 나랑 같잖아. 방향만 맞으면 느리고 빠르고가 중요한 게 아니지. 나는 지하철 타러 간다. 버스야. 오늘 나는 결국 너를 따라잡았구나."

혼자서 휘파람을 불며 지하철로 들어섭니다.


3월 한 달간 통신사에서 데이터 30GB를 선물로 주었습니다. 웬 떡이냐 싶어서 와이파이를 켜지 않고 신나게 모바일 데이터를 썼습니다. 그랬더니 보름도 되기 전에 30GB를 다 써 버린 거 있죠. 원래 11GB로 써도 크게 부족하지 않았는데요. 흥청망청 써 버린 거죠. 웬일로 공짜 데이터를 줬나 했더니 이거였군요. 한번 늘어난 데이터양을 다시 줄이기는 어려우니까요. 데이터의 맛을 보고 줄여 쓰지 못하게 하려는 심산이었나 봅니다. 하지만 나는 내 분수에 맞게 다시 데이터를 줄여 쓸 거예요. 나에게는 11GB도 충분했다는 사실을 잊지 않고 있으니까요.

한 번 버스를 놓쳤기에 소중함을 알고, 운동도 하면서 시원하게 걸었고, 결국 버스를 종점에서 이겼다는 기쁨에 빠질 수 있었던 것처럼요. 지금 내 속도와 방향을 체크하며 그 몫에 맞게 살아가는 법을 나는 잊지 않을 거예요.

오늘도 나는 나의 속도대로 걸어갑니다. 빠른 것을 따라가겠다고 무리하게 힘을 주며 내 몸을 혹사시키지 않으려구요. 가는 길에 봄꽃도 보고 살랑살랑 새소리도 들으며 행복했으면 그걸로 충분합니다.

지금 내 속도와 방향을 체크하며
그 몫에 맞게 살아가는 법을 나는 잊지 않을 거예요.
오늘도 나는 나의 속도대로 걸어갑니다.
빠른 것을 따라가겠다고 무리하게 힘을 주며
내 몸을 혹사시키지 않으려구요.
가는 길에 봄꽃도 보고 살랑살랑 새소리도 들으며
행복했으면 그걸로 충분합니다.

# PART ❷

# 미디어 리터러시 실전편

# MEDIA LITERACY

미디어는 지구상에서 가장 강력한 존재이다.
무고한 사람을 유죄로 만들고
유죄한 사람을 무죄로 만들수 있는 힘이 있다.
그것이 바로 권력이다.
왜냐하면 그들은 대중들의 마음을 조종하기 때문이다.

**- 말콤 엑스**

## CHAPTER 2 ··· 미디어 바른 이용법

# 1. 미디어 메시지 확인하기

### 💬 바름이의 미디어 생활

---

**엄마:** 너 뭐하니? 또 유튜브 보는 거야?

**바름:** 유튜브 아니야. 릴스 보고 있거든. 10대가 영상을 본다는 건 숨을 쉬는 것처럼 너무나 당연한 거야. 우리에겐 전화할 때는 페이스톡, 앱으로 맛집 찾기, 감성 사진 찍으면 인스타그램 업로드, 스마트폰으로는 틱톡 감상이 필수템이라구.

**엄마:** 엄마는 싸이월드까지는 잘 따라갔었는데 이제는 뭐가 뭔지 모르겠어. 친구들이랑 하던 네이버 밴드도 시들하구. 차라리 전화가 편한데 너희는 안 그런가 봐.

**바름:** 당연하지. 우리한텐 이게 너무나 익숙해. 태어나면서 스마트폰과 일생을 함께했잖아.

**엄마:** 그래서 문해력이 떨어지는 거야. 선생님들한테 물었더니 문해력 90점대는 2%밖에 안 된다더라. 70점대와 60점대가 73%이고 59점 미만도 9.4%나 된대. 이게 다 책은 안 읽고 유튜브 같은 영상을 많이 봐서래. 아까 네가 말한 쇼트폼 그게 더 문제라더라. 학생들이 인스타그램, 틱톡 보는 시간이 엄청 늘었대. 짧은 영상만 보니 긴 글 앞에서 잠이 쏟아지고 책은 점점 더 멀리하게 되겠지. 그러니 어떻게 리터러시가 늘겠어. 너 무슨 내용인지 알고는 보는 거니? 멍 때리고 있는 거 아니지?

**바름:** 엄마, 병맛 영상에 무슨 메시지가 있어. 나는 그냥 아무 생각 없이 이걸 볼 때가 제일 행복해. 암튼 책보다는 30초 영상이 훨씬 좋아.

**엄마:** 수능도 영상으로 나오면 좋을 텐데 시험은 안 그런 걸. 너를 어쩌면 좋니.

## 미디어에 빠진 아이들

요즘 아이들의 미디어 이용 실태 조사 결과를 보고 깜짝 놀랐습니다. 10대의 미디어 이용은 모바일을 중심으로 이뤄지는데요. 10대 청소년의 모바일 이용률이 97.2%였습니다. 거의 모든 미디어 생활을 모바일로 한다고 봐도 이상하지 않은 결과입니다. 수치로 확인하지 않더라도 이미 짐작하셨을 겁니다. 아이들이 온종일 스마트폰만 들여다보고 있잖아요. 친구들끼리 만나도 카카오톡으로 이야기를 나누는 게 어색하지 않지요. 그런 아이와 매일 매일이 전쟁이니까요.

스마트폰을 아무리 숨기고 빼앗고 차단해 봐도 그 순간뿐이지요. 어른인 우리도 자제하기가 어려운 것이 사실이니까요. 충동적이고 조절이 어려운 10대들은 오죽하겠어요. 이해가 안 되는 건 아니지만 사태가 심각하긴 합니다. 아무것도 안 하고 스마트폰만 종일 보고 있으니까요. 걱정이 이만저만이 아니지요. 걱정만 하고 있을 게 아니라요. 아이들이 이렇게 즐겨 쓰는 스마트폰이라면 제대로 사용할 수 있게 방법을 가르쳐 줘야겠습니다.

무엇보다 먼저 가르쳐 줘야 할 것이 미디어의 내용을 제대로 파악하는 것입니다. 미디어에서 전달하는 메시지의 내용을 정확하게 알아야 할 텐데요. 아이들의 모바일 대화를 보셨나요? 전달할 내용이 무엇인지 파악하기 어려운 글들이 난무합니다. 정작 하고 싶은 이야기보다 곁들이는 말들이 많은 것이 현실이지요. 장난스러운 이야기들만 주고받습니다. 도대체 메시지의 핵심 내용이 무엇인지 알기 어렵습니다. 메시지가 네다섯 문장만 되어도 벌써 길다고 느끼고 잘 읽지 않습니다.

굳이 2022년 '심심한 사과' 논란을 이야기하지 않아도 이해되실 것입니다. "예약 과정 중 불편 끼쳐 드린 점 다시 한번 심심한 사과 말씀드립니다."라는 이 짧은 메시지 안에 담긴 단어도 몰랐구요. 중심 메시지를 파악하지 못한 20대와 아이들이 많았습니다. 단문 메시지 사용에 익숙해진 아이들에게 미디어의 메시지가 제대로 전달은 되고 있는지 정말 걱정스러운 부분이지요. 메시지에도 의미가 담긴 뉘앙스가 있는데요. 단문에 익숙해진 아이들이 메시지의 핵심 의미를 이해하고 제대로 의사소통하고 있는지 살펴봐야 할 문제입니다.

어쩌면 아이들이 특정한 목적 없이 대화하는 것에 익숙해진 상황을 걱정해야 할지도 모르겠습니다. 아이들은 아무 내용 없이 메시지를 주고

받을 수 있다고 생각합니다. 자신이 수신한 메시지에서도 의미를 찾으려 하지 않아요. 자신의 의사를 정확하게 주고받으며 상대와 상황에 따라 메시지 전달법이 다르다는 것을 알아야 할 텐데요. 새벽마다 울리는 단체 톡방 메시지함을 보며 걱정스러운 부분이 있습니다.

## 미디어는 어떤 형태든 메시지를 가지고 있어요.

아이들에게 미디어는 메시지를 담고 있으며, 그 메시지의 내용이 무엇일까 생각하면서 이용해야 한다고 알려줘야겠습니다. 아이들은 아무런 생각 없이 미디어를 즐기는 경우가 많아요. 워낙 재미 위주로 가볍게 볼 수 있는 미디어가 많으니까요. 그러나 미디어를 생각 없이 수용하는 것은 곤란합니다. 재미로 즐기는 것과 나에게 의미 있는 미디어를 구분할 줄 알아야 합니다. 쉴 새 없이 계속되는 미디어의 자극 중에서 나에게 필요한 것이 무엇인지 분별할 줄 알아야 합니다. 무작정 모든 미디어가 옳다고 생각하고 받아들이는 10대들이 많습니다. 그래서는 안 되겠지요. 지금 내가 어떤 상황인지, 나에게 필요한 것이 무엇이며 그것을 어디서 얻을 수 있을지 분별해 내야 합니다. 그 과정에서 원하는 메시지를 선별해서 찾고 받아들일 줄 아는 것이 미디어 리터러시의 출발점입니다. 미디어의 중심에 내가 있지 않으면 흔들릴 수밖에 없습니다. 아이 안에 주체적이면서도 유연성 있는 사고를 가지고 있을 때 휘둘리지 않고 미디어를 갖고 노는 주체가 될 수 있습니다.

어떻게 아이들이 미디어의 메시지를 찾게 도와줄 수 있을까요? 가장 중요한 것이 부모의 생각입니다. 어떻게 하면 아이에게 이 내용을 잘 가르쳐 줄까 생각하시면 안 됩니다. 부모에게 수동적으로 배우기 시작하면 주체적으로 생각하는 힘을 기르기 어렵습니다. 결국 우리의 목표는 아이 스스로 문제를 어떻게 해결할지 방법을 찾아내는 거잖아요. 아이가 무엇이 문제인지를 규정하고 어떤 방식으로 답을 찾을지를 고민할 수 있게 해야 합니다. 부모라도 아이의 모든 것을 알 수는 없어요. 자신의 경험을 알고 있는 것은 아이뿐이잖아요. 아이가 스스로 문제를 찾고 해결에 필요한 메시지를 찾아가도록 해야 합니다.

그 시작점이 바로 아이를 주체적인 존재로 인식하는 것입니다. 부모가 이끄는 대로 따라오라고 해서는 안 되지요. 아이가 스스로 자신의 위치와 문제를 인식하고 거기서부터 미디어를 찾아갈 수 있도록 해주세요. 아이를 믿고 맡겨 보세요. 실수할 수도 있어요. 잘못된 선택으로 돌아갈 수도 있습니다. 그 시간을 인내하고 기다려 주세요. 실수를 통해서 아이는 알게 될 거예요. 자신에게 필요한 메시지를 찾아가는 방법을 말이죠. 지금부터 잘 찾아나가야 아이 인생 전반에서 홀로 선택하고 책임질 수 있습니다.

## 1. 주로 사용하는 미디어 유형을 비교해 보세요.

가족들이 모두 사용하고 있는 미디어를 이야기해 보세요. 그중에서 가장 좋아하는 미디어와 이유를 설명합니다. 미디어 사용 실태가 편향되어 있을 거예요. 왜 그 미디어를 좋아하는지 이야기를 나눠 보세요.

## 2. 요즘 빠져 있는 미디어를 소개해 보세요.

주로 이용하고 있는 미디어의 내용을 소개해 보세요. 식사 직전에 이용했던 미디어는 무엇이며 주제는 어떤 것이었는지를 나누는 거예요. 요즘 나의 관심사와 문제를 찾을 수 있겠지요. 그 미디어에서 핵심이 되는 내용을 한 단어로 표현해 보세요. 미디어라는 것이 메시지를 전달하는 것이 목적임을 정확히 알 수 있을 거예요. 가족마다 빠져 있는 주제가 다르겠죠. 각자의 관심사를 소개하며 생각을 공유하고 생활을 나눌 수 있을 거예요.

## 3. 내가 미디어를 만든다면?

내가 즐기고 있는 주제로 미디어를 만든다면 어떤 형식으로 만들까요? 그 안에 어떤 메시지를 담고 싶은지 이야기를 나눠 보세요. 사용자를 넘어서서 생산자가 된다고 생각하면 미디어에 메시지가 담긴다는 것을 확실하게 이해할 수 있어요. 다만 그 메시지를 담는 것이 쉬운 것은 아니며, 어떻게 해야 효과적으로 전달할 수 있을지도 고민하게 될 거예요. 그것이 미디어를 비판적으로 보게 되는 시작이랍니다.

## 2. 미디어에 따라 달라지는 뉴스

### 💬 바름이의 미디어 생활

**바름:** 엄마, 내가 좋아하는 아이돌 기사가 나왔어. 새로 나온 그룹이라서 나
만 안다고 생각했는데 아니었어. 오빠들이 봉사 활동한 기사거든. 이
시대가 기대하는 케이팝 스타라면서 엄청 띄워 주더라. 우리 오빠들
의 가치를 알아주다니 신난다.

**엄마:** 진짜네. 다른 사이트에서는 뭐라고 소개했나 찾아볼까. 이게 뭐야. 이
뉴스 하나잖아. 다른 사이트에서는 조용한데. 기사 하나가 없어. 너네
오빠들 유명한 거 맞아?

**바름:** 당연하지. 왜 그런데 기사가 이 사이트에만 있지? 왜 우리 오빠들 기
사가 아무 데도 없는 거야.

**엄마:** 그러게 이상하다. 아이돌 봉사 활동이라고 치니까 다른 그룹들 기사
만 나오네. 신생 그룹이라서 게이트 키핑에서 다 걸러졌나 보다.

**바름:** 게이트 키핑, 그게 뭔데? 왜 누가 무슨 이유로 우리 오빠들을 거른 거야.

**엄마:** 자기 사이트에서 필요한 뉴스들을 골라낼 때 걸러진 거지. 이 사이트
에서 너처럼 너네 오빠들 좋아하는 사람이 있었나 보다. 이 신문사에
서만 뉴스화된 거 보니 분명해.

**바름:** 뭐야. 사람들이 왜 그렇게 보는 눈이 없어. 진짜 실망이다. 나는 이제 이
사이트 뉴스만 볼 거야. 뉴스를 볼 줄 아는 사람들이 만드는 사이트니
까. 다른 뉴스들은 다 별로네. 내가 너네 게이트 키핑에서 다 거를 거야.

**엄마:** 게이트 키핑을 그렇게 활용하는 거야? 우리 바름이 그런 순발력으로
공부 게이트 좀 넓혀라.

# 왜 사이트마다 소개하는 뉴스가 다를까요.

세상에 수많은 뉴스가 있잖아요. 모든 뉴스를 선정해서 기사로 작성할 수는 없어요. 그래서 매체마다 데스크에서 뉴스를 선정해요. 가치 있다고 생각하는 뉴스를 선정하는 건데요. 한 가지 뉴스가 매체에 기사로 보도되기 위해서는 여러 개의 문(gate)를 통과해야 해요. 이때 수많은 결정 요인이 작용하죠. 언론인의 가치관과 태도, 일하고 있는 조직의 문화와 규범, 광고주와 뉴스 소비자의 성향 및 사회의 이념 등이 고려되지요. 이렇게 여러 과정을 거쳐서 뉴스가 결정되는 것을 게이트 키핑이라고 합니다.

뉴스로 선정하는 기준이 다르기 때문에 매체마다 다른 뉴스가 보도되는 거랍니다. 예전에는 언론 기관이 많지 않았기 때문에 게이트 키핑이 비슷하게 진행되었어요. 텔레비전 채널이나 신문마다 비슷한 뉴스가 보도되었지요. 하지만 지금은 워낙 다양한 매체가 있고, 뉴스 생산자와 소비자가 공존하는 시대가 되었죠. 게이트 키핑이 느슨해졌다고 할 수 있어요. 그럼에도 불구하고 많은 뉴스가 보도되기에 우리는 선택하고 비교해서 볼 수 있어야겠지요.

아이들도 마찬가지예요. 아이들은 다양한 사고관을 아직 갖추지 못했잖아요. 뉴스를 진실이라고 믿는 경우가 많아요. 그것을 검증하거나 비판적으로 받아들여야 한다고 생각하지 않지요. 어떻게 뉴스를 보느냐가 중요해요. 뉴스를 보면서 자신의 가치관과 세상을 바라보는 눈을 만드니까요. 뉴스뿐만 아니라 아이가 접하는 모든 미디어가 누군가의 의도에 의해서 선택된다는 점을 이해하지 못하면요. 미디어가 바라보는 관점으로 세상을 바라보게 돼요. 자극적이고 눈길을 끄는 미디어가 점점 많아지는 상황에서 아이들이 어떻게 될까요. 세상의 어두운 면을 바라보고, 그것이 다라고 생각하게 된답니다. 아이들에게 알려줘야 해요. 뉴스도 선택된다는 것을 말이죠. 보다 자극적이나 시선을 끄는 뉴스가 선별된다는 점을 알게 되면 아이들은 판단하게 됩니다. 이 세상이 온통 위험투성이이고 자극적인 것만 존재하는 것은 아니라는 것을 말이에요. '뉴스는 현실을 반영하지만 모든 모습을 담을 수는 없다. 그중에서 선별된 것만을 본다.'라는 뉴스를 바라보는 관점을 알려 주어야 합니다. 그래야 아이들이 비판적인 시각으로 자신에게 필요한 뉴스와 아닌 뉴스를 스스로 선별해서 볼 수 있게 돼요. 아이들 내부에 게이트키퍼가 생기게 되는 셈이죠.

## 뉴스를 비교하는 힘

같은 뉴스인데도 미디어마다 다르게 소개되기도 해요. 뉴스의 내용은 같을지라도 해석이 달라지죠. 이것을 비교해서 자신만의 관점을 갖게 하는 것도 중요해요. 필요하다는 건 알지만 언제 같은 주제의 뉴스를 찾아서 비교해 볼까 걱정스러울 텐데요. 한국언론진흥재단에서 이런 걱정을 덜어 주기 위해 만들었어요. '빅카인즈'라는 사이트인데요. 여기 접속해 보면 뉴스를 비교하기가 쉬워진답니다. 기간별로 뉴스를 보거나 신문사별로 비교해 볼 수 있어요. 빅카인즈에 검색어를 입력하면 그 검색어에 해당하는 뉴스들을 볼 수 있답니다. 신문사별로 그 뉴스 키워드를 다룬 기사들을 볼 수도 있어요. 회원 가입을 하면 분석 뉴스를 더 많이 찾아볼 수 있답니다. 함께 아이가 관심 있는 혹은 필요한 뉴스 검색어를 입력해 보세요. 얼마나 다양한 뉴스가 존재하는지 알게 될 거예요.

몇 개의 기사를 읽다 보면 뉴스를 대하는 태도가 신문사마다 다르다는 것도 알게 되겠죠. 중점적으로 보도하거나 중요하게 생각하는 부분에서 차이가 나니까요. 그런 과정을 통해서 아이가 배우게 될 겁니다. 한 가지 뉴스만이 옳지 않다는 것을 말이에요. 한 가지 사건을 놓고도 다양한 관점에서 바라볼 수 있고, 해석할 수 있다는 걸 배우죠. 아이의 가치관 형성에 있어 매우 중요한 부분입니다.

뉴스든 매체든 한 가지 시선이나 알고리즘에 사람을 가두고 있어요. 추천 뉴스나 미디어가 있어서 편하다고 생각하지만 그게 아니에요. 오히려 그 알고리즘에 우리 생각을 가둘 수밖에 없거든요. 그런데 추천 뉴스나 미디어만 보면 그런 판단이 어려워요. 자신이 보는 세상이 다라고 생각하고 몰입되고 고립될 수밖에 없습니다. 그래서 아이에게 뉴스를 비교하는 힘을 길러 주어야 해요. 부모가 다양한 사고와 관점을 가지고 세상을 바라볼 때 아이에게 다양한 메시지를 전해 줄 수 있겠지요. 부모와 아이 모두 빅카인즈에서 뉴스 찾아보기를 자주 해야 하는 이유입니다. 아이와 함께 다양한 관점의 뉴스를 비교하면서 생각해 보세요. 이 세상에는 우리가 모르는 넓은 세상과 다양한 가치관이 있다는 것을 말이에요. 그것을 깨닫고 깨트릴 필요를 느낄 때 미디어 리터러시가 시작됩니다. 뉴스 비교부터 시작하세요. 뉴스에서 시작해서 확장하는 것은 어렵지 않으니까요. 아이든 부모든 필요성을 인지하고 시작하는 게 가장 중요하답니다.

### 1. 빅카인즈 사이트 접속해서 관심 있는 뉴스를 찾아보세요.

아이가 관심 있는 카테고리나 검색어를 입력하고 뉴스를 찾아보세요. 돌아가면서 각 신문사 뉴스 중에서 마음에 드는 타이틀을 골라 보세요. 왜 그 제목이 마음에 들었는지 설명해요. 뉴스 제목을 뽑으면서 어떤 것이 중요한지 의견을 나눕니다. 내가 만약 기자라면 이 뉴스의 제목을 무엇으로 정하고 싶은지 말해 보세요. 가족들이 제시한 타이틀 중에서 인기 투표를 해보세요. 가장 마음에 드는 제목이 무엇인지, 그 이유는 무엇인지 이야기를 나눠 보세요. 같은 뉴스라도 제목을 다르게 선정할 수 있고, 제목 선정에 따라 뉴스의 느낌이 어떻게 달라지는지 알게 될 거예요.

### 2. 이제 본격적으로 뉴스를 읽어 보세요.

빅카인즈에 아이들이 좋아하는 검색어를 입력해 보세요. 아이들은 복잡하고 머리 아픈 뉴스보다는 아이돌이나 케이팝에 관심이 있겠지요. 혹은 게임이라는 키워드를 원할지도 몰라요. 무엇이든 좋아요. 아이들이 좋아하는 키워드를 입력해 보세요. 심도 깊은 시사 뉴스나 어려운 경제 뉴스보다 아이들의 관심사로 시작하는 게 좋습니다. 이번 기회에 부모님도 아이들이 관심 있는 뉴스에 입문해 보세요. 키워드를 입력하면 뉴스가 나올 거예요. 비슷한 타이틀을 가진 뉴스가 있는지 찾아보세요. 두 가지 뉴스를 선별해서 돌아가며 읽어 보세요. 주요 내용을 비교해 보는 겁니다. 가장 중요하게 다루고 있는 내용과 더 다루었으면 좋겠는 내용들을 나눠 보세요. 가볍게 시작할 수 있는 뉴스 비교하기 활동이랍니다.

### 3. 신문사별, 주제별 뉴스를 비교해 보세요.

신문사별로 접속해서 어떤 뉴스를 주로 다루는지 신문사의 성격을 비교해 보는 활동도 좋아요. 혹은 정치·경제·사회·문화·국제·지역·스포츠·IT 과학 분야 등 주제별로 뉴스를 검색해 보세요. 지금은 타이틀만 봐도 좋아요. 게임이라는 주제어를 가지고 정치 뉴스는 어떻게 다뤄지는지, 경제는 어떤 기사가 실리는지 살펴보는 겁니다. 뉴스의 전체적인 분류와 다양한 관점에서 뉴스가 다뤄진다는 점을 이해할 수 있을 거예요.

# 3. 미디어의 정보 신뢰도 파악하기

## 💬 바름이의 미디어 생활

**아빠:** 바름아, 표정이 왜 그래. 무슨 일 있었어?

**바름:** 우리 동네에 있는 카페에 영화배우가 다녀갔다고 해서 갔었거든. 예쁜 카페인데 내가 좋아하는 영화배우가 왔다니까 나도 한번 가봐야지 않겠어. 인싸 바름이가 가봐야지 해서 갔는데 말야. 거짓말이었어.

**아빠:** 진짜? 누가 알려줬는데.

**바름:** 카페 소개하는 인스타에서 봤지. 동네별로 핫한 카페 소개하는 사이트 있거든. 너무 두근두근 대고 떨려서 갔는데 카페 앞에 공지 글이 써 있더라. 오는 사람마다 영화배우가 사진 찍은 공간이 있다는 데 어디냐고 물었나 봐. 아무리 찾아봐도 없으니까. 그동안 주인이 바뀌었대. 그전에 없는 이야기를 지어서 올렸나 봐. 곤란해 하더라. 괜히 사람들이 왔다가 화만 내고 간대.

아빠: 왜 그런 거짓말을 하는 거야?

바름: 그러게 말이야. 그렇게라도 홍보하고 싶었나. 카페 이미지만 안 좋아졌어. 다신 안 갈 거야.

아빠: 바름이가 인스타에 나온 정보를 그대로 믿어 버렸구나. 요즘엔 허위 광고나 정보도 많은데 거짓말을 할 줄은 몰랐겠지. 우리 딸 실망이 이만저만이 아니겠네.

바름: 응. 이제 인스타에 글이 올라와도 믿어도 되나 싶은 생각부터 들어.

아빠: 지난번에도 인스타 30일 다이어트 따라 했다가 힘들었잖아. 쓰러질 뻔해 놓고도 아직도 인스타를 그렇게 믿는구나. 이제 인스타 탈퇴할래?

바름: 아니. 인스타는 검색은 안 하고 사진만 찍어 올릴 거야. 인스타 못 잃어.

## 미디어의 내용을 모두 믿고 있나요.

요즘에 홈트레이닝을 많이 하죠. 쇼트폼에 짤막하게 나온 운동이 따라 하기 좋아서 많이들 이용하는데요. 그 쇼트폼의 제목들 보셨나요? 제목만 보면 금세 살이 빠져서 날씬해질 것 같은 제목들이에요. 제목을 보고 혹해서 운동하게 하는 효과는 확실한 거 같아요. 어느 순간 그 영상을 보고 있으니까요. 그런데 효과 보기가 쉽지 않았을 겁니다. 관심을 끌고자 제목을 화려하게 짓는 것은 단지 운동 프로그램만은 아닐 거예요.

자극적인 미디어일수록 클릭을 유도하게 되니까요. 점점 화려한 타이틀이 우리를 유혹합니다. 정작 내용은 부실한 경우가 있어서 실망하는 경우도 많습니다. 광고뿐만 아니라 미디어에서 쉽게 접할 수 있는 현상

중에 하나지요. 말도 안 되는 허황된 제목이지만 믿고 싶은 마음이 들 거예요. 우리도 어릴 때부터 뉴스와 미디어에 길들여져 왔기 때문이지요. 사람들의 마음을 선동하거나 여론을 조작하기 위해 허위로 만들어진 뉴스는 예전부터 있어 왔잖아요. 우리는 그것을 의심조차 하지 않고 받아들였죠. 검증할 방법도 마땅치 않았구요. 사람들이 모두 믿으니 나 혼자 의심할 이유도 없었을 텐데요.

미디어가 사유화되면서 이런 문제는 더 발생하게 되었어요. 검증받지 않은 정보들이 너무 쉽게 우리에게 전달되니까요. 바름이처럼 미디어만 믿고 있다가 낭패를 보는 경우가 늘어나고 있습니다. 미디어를 접할 때 한 번쯤 의심하고 검증해 보는 것이 필요해요. 물론 검증하기도 어렵고 귀찮기도 하지요. 하지만 검증하지 않은 정보들 때문에 언젠가 되돌리지 못할 결과를 만날 수도 있어요. 바름이가 다이어트 광고에 속아 건강을 잃을 뻔했던 것처럼 말이죠.

미디어의 내용을 접하게 되면 아이들이 한 번쯤은 의심해 볼 수 있게 알려 주셔야 해요. 특히 내 생활에 밀접하고 바로 영향을 줄 수 있는 미디어의 내용은 꼭 그래야 하죠. 바름이 같은 경우도 미디어의 내용만 믿고 당장 카페로 달려가기보다는 전화로 확인을 했었다면 좋았겠죠. 후기를 찾아봤더라면 금방 알았을 수도 있어요. 이미 가 본 사람들이 후기에 그 내용을 남겼을 테니까요. 시간 낭비하지 않고 마음도 덜 상했을 테죠. 아이들에게 이런 습관을 주기 위해서는 부모님이 먼저 확인하세요. 미디어의 내용을 한 번 걸러서 접하는 모습을 자주 보여 주세요. 모든 미디어를 믿을 수 없다는 것을 부모님의 태도를 통해 아이도 배우게 될 것입니다.

# 믿고 보는 미디어, 위험할 수 있어요.

미디어를 제대로 판단하려면 누가 어떤 목적으로 만들었는지를 생각해 봐야 해요. 유명 먹방 유튜버가 먹뱉 논란으로 곤란을 겪었던 적이 있잖아요. 아이들은 너무나 신나서 그 먹방을 즐겨봤을 텐데요. 돌아서서 음식을 뱉었다고 생각하면 실망감이 클 거예요. 그런데 그 먹방 유튜버의 콘텐츠를 보기 전에 생각을 해보는 거죠. 이 사람은 이 콘텐츠를 왜 만들었을까 말이에요.

건강을 해치면서까지 그렇게 많은 음식을 먹는 것이 가능할까요? 적당한 음식 섭취가 중요하다는 것을 다 아는데 말이에요. 먹뱉을 해서라도 인기를 유지하고 싶거나 돈벌이로 활용하고 싶었을 거예요. 협찬을 받거나 그로 인한 광고 수익이 어마어마하니까요. 쉽게 포기하기 어려웠겠죠. 건강을 해치지 않으면서 먹방을 유지할 수 있는 방법이 그것뿐이었는지도 몰라요. 이 사람이 맛있게 먹는 것이 목적이라면 꼭 많이 먹지 않아도 되잖아요. 왜 먹방을 과하게 하게 되었는지 생각해 보면 돼요. 아이들이 먹방에도 진실이 숨겨져 있다는 생각을 하게 될 겁니다.

이렇듯 미디어를 대할 때 만든 사람의 의도를 파악하면서 보는 습관이 필요합니다. 아이들이 무턱대고 미디어를 보고 즐기는 것에서 끝나서는 안 됩니다. 미디어의 정보가 얼마나 믿을 수 있는지 생각해 봐야 해요. 몇 번 과대광고에 속아 물건을 샀다가 실망하게 되면 다시 물건을 살 때 조심하게 되는 것처럼 말이죠. 자극적이고 선정적인 기법을 사용하고 있다면 그 의도가 무엇일지 생각해 봐야 합니다. 그렇게까지 과장하고 부풀릴 이유가 무엇일지 살펴봐야지요. 떳떳하고 바른 정보라면 선정적으로 표현할 이유가 없잖아요. 특정 개인이나 집단을 묘사하는 방법에서도 문제가 있다면 믿고 볼 수 있는 콘텐츠에서 제외해야 합니다.

아이들은 이 부분을 어려워할 수 있습니다. 내가 믿고 보는 유튜버나 인플루언서가 거짓말을 할 거라고 생각하지 않거든요. 날씬하고 예쁜 그녀가 애플리케이션을 사용해서 몸매를 보정했을 거라는 생각은 못할 거예요. 그래서 아이들이 더 위험합니다. 믿고 보는 미디어에 믿는 만큼 마음에 상처를 받을 수 있어요. 그 경험으로 자신도 그래도 된다는 신념이 생겨 잘못될 길로 빠질 수 있어요. 아이에게 미디어를 검증할 수 있는 방법을 알려주세요. 미디어를 비판적으로 볼 수 있는 가치관을 심어 주어야 합니다. 미디어에 많이 노출된 아이일수록 더더욱 필요한 교육이지요.

💬 **Talk to you**

**1. 하나의 미디어를 골라 제작자의 목적이 무엇인지 대화를 나눠 보세요.**
모든 미디어에는 미디어를 만든 목적이 있습니다. 그 목적을 알게 되면 미디어의 신뢰도를 따져볼 때 도움이 됩니다. 미디어를 비판 없이 대하지 않도록 목적을 먼저 파악해야 하니까요. 아이들이 흥미롭게 접했던 콘텐츠를 하나 골라 보게 하세요. 이 콘텐츠를 왜 만들었을까 생각을 나눠 보세요. 정보 전달이 목적이라면 이 정보를 전달함으로써 제작자가 무엇을 얻을 수 있는지 이야기해 주세요.

아이들은 단순히 재미를 주거나 남들에게 도움을 주고 싶어서 등 표면적인 목적을 이야기하기 쉬워요. 그 뒤에 숨겨진 경제 논리나 의도가 있지는 않을지 같이 나눠 보는 거예요. 아이들이 세상을 거시적으로 보고 판단하는 데 도움이 될 것입니다. 보이는 것이 다가 아니고 사람의 행동에는 의도가 있다는 것을 알게 될 거예요.

## 2. 콘텐츠가 목적에 맞게 사용자에게 영향을 주고 있을까 생각해 보세요.

정보 전달이 목적이라면 제대로 된 정보를 전달하고 있는지 살펴보세요. 그 목적이 잘 이루어지고 있다면 사용자에게 어떤 영향을 줄지도 말이에요. 선한 영향력을 줄 수 있는 미디어는 신뢰도가 높아지잖아요. 좋은 내용이라고 해도 그 내용이 편향된 부분이 없는지도 함께 살펴봐야 해요. 선한 정보이긴 하지만 특정 개인이나 집단에 대해 치우친 사고를 가지고 있다면요. 신뢰해서는 안 되잖아요. 그래서 판단하기가 어려워요. 꼭 결론을 내린다고 생각하지 마세요. 대화를 통해 열린 결론으로 마무리해도 괜찮아요.

질문을 할 때도 하나의 답을 정해 두고 부모의 결론에 맞춰서 묻게 되면 제대로 된 대화가 아니죠. 아이는 그런 대화에서 답답함을 느낄 수밖에 없거든요. 대화를 하다가 말아도 괜찮아요. 이 주제를 가지고 대화를 하다가 결론을 마무리하지 못하더라도요. 다음번에 이 주제의 다른 소재로 이야기해 보면서 성장하면 됩니다. 한 번의 시도로 완벽한 결론을 내린다 생각하지 마시구요. 대화를 해나가면서 성장하는 것을 목표로 두세요. 대화의 목적이 성장하며 가치관을 성립하는 것일 때 아이에게 신뢰감을 줄 수 있답니다.

# 4. 미디어 속 다양한 관점의 존중 여부 알아보기

## 💬 바름이의 미디어 생활

---

**바름:** 엄마, 앞으로 초등학교 선생님을 점점 덜 뽑을 건가 봐. 신문에 보니까 교육부에서 학생 수 대비 교사 수를 잘못 맞춰서 임용고시에 붙고도 기다리는 사람이 많다네. 내 꿈이 선생님인데 어떻게 해. 이러다가 선생님 못 되는 거 아냐?

**엄마:** 무슨 소리야. 내가 읽은 신문에서는 학령기 아이들 숫자가 줄어서 갑자기 교사 수를 줄이다 보니 그렇게 되었다고 하던데. 교대 학생 수도 줄여야 한대서 교대 교수들이 반발하고 야단이라더라.

**바름:** 뭐지? 왜 같은 내용인데 신문마다 다루는 이야기가 다르지. 나는 선생님이 될 수는 있는 거야? 교대에 어렵게 들어가서 시험을 봐서 뽑혀도 바로 선생님이 못 된다니. 애들 수가 줄어서 그때 가면 선생님을 안 뽑는 거 아닐까. 불안하다. 엄마.

**엄마:** 신문도 어디에 초점을 맞추느냐에 따라 해석이 다른 거겠지. 다양한 관점에서 기사를 다뤄야 하는데 말야. 교대생이나 교수들이 자기 이익에 따라서 항의만 하는 것처럼 다뤘더라. 정부 정책의 문제나 교사 수급 계획에 차질이 생겼다거나 다양한 계층의 이야기를 들어보고 싶은데 말야. 한쪽 이야기만 다루니까 어떤 말이 맞는지 혼란스러워.

**바름:** 나는 어떻겠어. 내가 읽은 신문이 맞다고 생각하고 있었는데 이게 뭐야. 신문마다 다른 관점을 다루잖아. 한 가지 신문이나 뉴스만 보다가는 나 혼자 정보의 늪에 빠져 버리겠는걸. 어째 모든 뉴스와 신문을 다 볼 수도 없잖아. 엄마가 다 보고 나서 정리해 주면 안 될까? 나는 숙제

도 해야 하고 너무 바쁘니까. 딸이 선생님이 될 수 있는지 없는지 중요
한 문제잖아. 엄마, 내 꿈이 달려 있어. 부탁해.

**엄마:** 바름아, 그건 아니잖아. 미디어에 어떤 관점이 실려 있는지를 판단하
면서 보면 될 텐데. 바름아 내 말 듣고 있어? 내 말도 제대로 안 듣
는데 다양한 관점을 찾아본다는 게 어불성설인가? 이바름.

## 미디어의 관점을 그대로 받아들이면 문제가 생길 수 있어요.

우리가 대하는 미디어는 관점이라는 것이 담기죠. 미디어 제작자는 다
양하고 공정한 다수의 관점을 담으려고 노력을 하는데요. 신문의 보도
원칙 중 공정과 균형에 이런 규정이 있습니다. "서로 다른 입장과 관점
을 지닌 취재원이나 이해관계가 있는 당사자의 의견을 가급적 많이 기
사에 담는다. 정치인·기업인 등 유력 인사의 기자회견, 단체·기관 등이
발표한 보도자료 등을 보도할 때에도 이를 평가하는 다양한 입장의 취
재원을 보도에 반영한다." 다양한 세대의 관점을 신문에 싣겠다는 의지
가 엿보입니다.

또한, KBS는 2021년부터 젊은 세대의 감각과 생각, 목소리를 뉴스와
프로그램에 더 많이 반영하기 위해 방송에 관심이 있는 10대와 20대를
위한 '1020 시청자 위원회'를 구성하여 의견을 듣고 있습니다. 기성세대
의 관점을 젊은 세대의 관점까지도 복합적으로 다루겠다는 건데요. 이
처럼 미디어가 다양한 관점을 다루려고 하지만 현실은 어떨까요?

물론 한 가지 뉴스에서 두 가지 비교되는 관점을 보여 주는 기사도 있
습니다. 그런 경우는 그나마 찬반 의견이라도 알아볼 수 있지만요. 그렇

지 못한 경우는 미디어가 보여 주는 한 가지 관점에 매몰될 수 있음을 주의해야 합니다. 미디어마다 자신들이 추구하는 이상과 가치가 달라요. 자신들의 세계관에 맞는 뉴스를 자신들의 관점으로 보도합니다. 이를 아무 생각 없이 받아들이게 된다면 어떨까요? 내 생각이 미디어에 의해 좌우될 수밖에 없습니다.

알고리즘이라고 하는 것이 그래서 무섭습니다. 내가 한 가지 뉴스의 한 가지 관점에 대해 관심을 갖게 되면 알고리즘이 그와 관련된 뉴스만 추천을 해 줍니다. 편향된 시각의 뉴스만 접하다 보면 다른 관점이 있을 수 있음을 잊게 돼요. 한쪽의 생각에 매몰되지요. 어려서부터 추천 뉴스나 미디어에 익숙해진 아이들은 더욱 그렇습니다. 내가 접하는 미디어의 한 가지 관점으로 세상을 바라볼 수 있다는 문제가 생깁니다. 미디어에 담겨진 다양한 관점을 알고 그것을 찾아볼 필요에 대해 알려줘야 합니다.


## 미디어의 공정성을 의심해 봐야 해요.

미디어에서 다양한 관점을 다루는지 알아보려면 한 가지 뉴스에 대해 하나의 미디어만 통해서 접하는 것은 위험합니다. 궁금한 뉴스에 대하여 다양한 매체의 의견을 접하는 것이 도움이 되지요. 그것을 통해서 한 가지 사건에 대한 다양한 관점을 가질 수 있는 연습이 됩니다. 아이들이 포털 사이트에서 뉴스나 관심 있는 이슈를 검색하는 경우가 많지요. 하지만 알고리즘이 추천한 유튜브를 이용해서만 뉴스를 접한다면 어떨까요. 추천 뉴스 때문에 편협한 뉴스를 접할 가능성이 높아져요.

빅카인즈를 통해 한 가지 키워드에 대한 뉴스를 검색하고 다양한 매체의 뉴스를 함께 접해 보는 것이 좋습니다. 아이들이 찾아보는 모든 소식에서 다양한 관점을 가지는 데 도움이 될 것입니다.

여러 매체의 뉴스를 비교해 보면서 진짜 뉴스의 핵심이 무엇인지 파악하는 눈을 기를 수 있겠지요. 아이들이 쉽게 미디어에 현혹되지 않고 자신만의 관점을 갖는 데 아주 큰 도움이 됩니다. 흔히 직관적으로 무언가를 판단한다고 하잖아요. 그 직관이 무엇일까요? 감이라고 불리는 직관은 사실 통계에 가깝습니다. 새로운 소식을 접하게 되면 짧은 시간에 뇌가 그간의 경험치를 통계 내서 판단을 하게 됩니다. 그 판단이 바로 감이 되는 것이지요. 잘 알지도 못하는 것에 대해서 확신이 들 때가 있잖아요. 잘은 모르겠지만, 이게 옳을 것 같다는 생각이 드는 거 말이죠. 그게 바로 우리가 접한 모든 경험의 산물이라는 것입니다. 그렇다면 아이들의 통계 결과를 조금 더 객관적인 자료로 채울 수 있다면 좋지 않겠어요. 그 판단을 바로 다양한 관점의 뉴스가 돕는 것입니다. 이는 아이의 세계관을 넓혀 주는 아주 중요한 과정입니다. 습관이 되도록 연습시켜 주는 것이 좋습니다.

하지만 뉴스의 내용이 어려워서 아이들이 뉴스를 보지 않으려 하지요. 어린이 신문이나 종이 신문을 구독하시는 부모님이 계신데요. 물론 도움이 되는 일 맞습니다. 하지만 한 가지 신문으로만 보여 주는 것은 위험해요. 종이 신문으로 뉴스에 대한 베이스는 가졌다면 다양한 관점을 다 질 수 있는 다른 시점을 꼭 보여 주세요.

이 방법이 너무 어렵고 아이가 반항이 심하다면 다른 방법이 있습니다. 댓글을 확인해서 다양한 시야를 넓혀 주는 것입니다. 뉴스를 볼 때 댓글을 함께 보게 되죠. 뉴스 아래 달린 댓글을 보면 오히려 이 기사에서 제시하지 못한 다양한 관점을 찾을 수 있는 경우가 많잖아요. 한 가지 관점에 대해서 비판하고 반대의 입장을 대변하는 댓글들을 볼 수 있으니까요. 악플만 제외하면, 댓글을 통해서 기사문과 다른 관점을 찾아보고 비판적인 시각에서 바라볼 수 있습니다. 사람들이 상식선에서 생각하는 것들과 의견들도 만날 수 있구요. 깊은 통찰력을 가진 댓글로 깊이 있는 사고를 배울 수도 있습니다. 미디어의 뉴스를 접한 후 댓글만이라도 찾아보는 연습을 함께해 보세요. 댓글 예절도 배우면서 다양한 관점을 바라볼 수 있는 좋은 기회가 될 것입니다.

## 💬 Talk to you

### 1. 빅카인즈나 포털 사이트에서 관심 있는 뉴스의 키워드를 검색해서 뉴스를 비교해 보세요.

오늘 우리 가족이 관심 있는 혹은 이슈가 되고 있는 뉴스를 하나 선택해서 빅카인즈나 포털 사이트에 검색해 보세요. 다양한 뉴스 타이틀이 나올 겁니다. 타이틀만 봐도 관점이 보일 거예요. 자신이 관심 있는 타이틀의 뉴스를 먼저 고르게 하세요. 그 뉴스를 소리 내서 읽어 봅니다. 그다음 타이틀을 쭉 둘러보고 같은 주제로 다양한 관점을 담은 뉴스를 세 가지 이상 찾아 읽어 보세요. 아이가 어려워하면 부모님이 타이틀은 선정해 주셔도 좋습니다. 그 타이틀을 선택한 이유를 알려주고요.

뉴스를 읽어 보고 어떠한 관점이 등장하는지 이야기를 나눠 보세요. 구체적인 자신의 경험담이나 주변 이야기를 접목해서 대화를 해보세요. 아이가 더 쉽게 이해할 수 있을 거예요. 부모님의 경험담과 함께 들려주는 뉴스 이야기는 아이들에게 아주 큰 보물이 된답니다. 부모님의 가치관을 경험할 수 있는 좋은 기회니까요. 잘 활용해 보세요.

## 2. 읽은 뉴스의 관점 중에 내가 선택하고 싶은 관점을 고르고 대화를 나눠 보세요.

서로의 관점을 나누다 보면 때로는 찬반 토론이 될 수도 있을 거구요. 비슷한 관점을 선택하기도 할 거예요. 아이도 깨닫게 될 겁니다. 세상에는 나와는 다른 전혀 다른 관점을 가진 사람이 존재한다는 것을 말이죠. 이 과정은 아이의 사회화에도 도움이 됩니다. 다양한 부류의 다양한 생각을 받아들이고 수용할 수 있는 포용력을 갖춘 아이로 자랄 수 있는 토대가 되어 주지요. 아이가 어떤 생각을 말하더라도 나무라지 마세요. 아직 아이는 자라고 성장하는 중이잖아요. 어른들처럼 깊이 있는 생각이나 관점을 갖지 못해요. 가볍게 판단할 수 있습니다. 깊이 있는 사고 능력은 이런 대화를 통해서 차차 길러지니까요. 한 번에 욕심부리지 마세요. 이런 대화의 경험이 쌓이면서 아이에게 다양한 관점과 시각과 깊이 있는 통찰이 길러질 것입니다. 여유를 갖고 대화에 임하세요.

## 3. 다양한 관점을 접하는 데 댓글만큼 좋은 교재도 없습니다. 마음껏 활용하세요.

오늘의 뉴스를 하나 정하고 뉴스를 함께 읽습니다. 그 미디어에서 정리하고 있는 내용을 살펴보고 댓글을 함께 살펴보세요. 댓글에는 다양한 부류 사람들의 여러 관점이 드러납니다. 악플을 가르는 방법도 배우고요. 선플을 통해서 깊이 있는 어른들이 사고를 배울 수 있습니다. 장난으로 쓰거나 공격적인 댓글을 골라 읽을 수 있는 선구안도 갖게 되지요.

또한, 자신이 댓글을 달 경우 깊게 고민해서 달 수 있어 댓글 매너를 따로 가르치지 않아도 되어 좋습니다. 다양한 관점의 댓글을 읽어 보고 오늘의 댓글을 선별해 보세요. 이유도 함께 설명하면서요. 가족이 비슷한 가치관을 가져 다양한 관점을 설명하기 어려울 경우 댓글이 보완 역할을 해줄 것입니다. 아이들은 메인 뉴스보다 댓글을 좋아합니다. 일단 글이 본문보다 훨씬 짧으니까요. 댓글을 많이 활용해 보세요. 재미있고 유쾌한 대화 시간이 될 것입니다.

## 5. 미디어 속 고정관념과 편견 찾기

### 💬 바름이의 미디어 생활

**엄마:** 저 여자 아나운서는 안경을 끼고 뉴스를 하네. 웬일이야?

**바름:** 엄마, 안경 끼는 게 뭐가 어때서 그렇게 놀래?

**엄마:** 여자 아나운서가 뉴스에서 안경을 끼고 나온 사례가 없거든. 신기해서 그래.

**바름:** 그럼 눈이 좋아야지만 아나운서를 할 수 있었던 거야? 남자 아나운서들은 안경 쓰고 나오잖아.

**엄마:** 눈이 좋아서가 아니야. 렌즈를 끼고 뉴스를 진행한 거지. 남자들은 안경 써도 괜찮은데 말이야. 여자 아나운서들은 안경 쓰는 경우가 없었어.

**바름:** 여자는 안경 쓰면 뉴스도 진행을 못 하는 거야?

**엄마:** 여자 아나운서들은 뉴스에서 꽃 같은 역할을 해왔거든. 메인 뉴스는 남자들이 진행하고 여자들은 몇 가지 서브 뉴스만 진행하는 식이었어. 남자는 신뢰를 주고 무게를 주는 반면 여자 아나운서는 젊고 외모

가 훌륭한 아나운서들이 많았던 거지. 저렇게 안경을 쓰고 나오니 자연스럽고 너무 좋다. 다른 뉴스에서는 선배 여자 아나운서가 메인을 맡고 젊은 남자가 서브를 맡기도 하더라. 뉴스의 아나운서부터 이렇게 바뀌니 좋은 걸. 진작부터 이랬어야지.

**바름:** 너무 당연한 건데도 지켜지지 않았었나 보네.

**엄마:** 어디 그것뿐이겠니. 뉴스 내용에는 얼마나 고정관념과 편견이 많았게. 오늘은 우리 그 이야기를 한번 나눠 볼까.

## 미디어에서 보여 주는 편견과 고정관념

편견은 공정하지 못하고 한쪽으로 치우친 생각을 말합니다. 그런 생각으로 타인을 대할 때 공감하지 못하는 태도를 말하지요. 편견에는 세 가지가 있습니다. 대외적으로 특정 집단이나 대상에 대해서 갖고 있는 공공연한 편견이 있습니다. "여자는 예뻐야 한다. 안경 쓴 여자는 뉴스를 진행하기 어렵다." 등과 같은 편견이 해당이 되겠지요. 암묵적인 편견은 겉으로는 아닌 척하지만 위장해서 갖고 있는 편견을 말합니다. 흑인에 대한 안 좋은 감정이나 동양인 인종 차별에 대한 내용이 해당이 되지요. 마지막으로 자동적인 편견이 있습니다. 겉으로 전혀 드러나지 않지만 뇌가 지각 차원에서 갖고 있는 편견입니다. 흑인이 들고 있는 물건을 총이라고 판단하는 경우처럼 평소에 드러나지 않지만 생각 속에 깊이 고정되어 있는 편견을 말합니다.

고정관념이란 잘 변하지 않는 확고한 의식을 말해요. 보통 사람들의 행동을 결정하며 어떤 집단의 사람들이 일반화하는 생각을 말하죠. 즉 어느 집단이 우세하게 받아들이는 단순한 인지적 관점을 말합니다. 운동선수는 머리가 나쁘다거나 뚱뚱한 사람은 게으르다고 생각하는데요. 이것이 고정관념의 예입니다. 이러한 고정관념은 굳이 드러내지는 않지만 사람들의 내면 깊숙이 자리 잡고 있습니다. 마치 메인 아나운서는 남자 아나운서고, 시상식에서는 남자 둘 사이에 여성 진행자가 당연한 것처럼 말이에요.

모든 사회에 잠재되어 있거나 드러나 있는 편견과 고정관념이 존재합니다. 무서운 것은 아이들이 이것이 편견이나 고정관념인 줄도 모르고 그대로 받아들인다는 것입니다. 자기 생각이 잘못되었다는 생각, 문제가 있다는 자각이 사람을 성장시킵니다. 그런데 아이들은 편견과 고정관념에 너무 많이 노출되어 있어요. 특히 미디어에서 자연스럽게 이 부분이 노출됩니다. 예를 들어 아이들이 좋아하는 예능 프로그램에서 여성의 못생김을 비하하는 것을 보곤 하지요. 여성은 꼭 아름다워야만 존재 가치가 있는 건 아니잖아요. 그럼에도 못생기고 뚱뚱한 여성들은 비하하는 문화가 만연합니다. 아이돌의 극한 다이어트를 본받아 뼈말라, 개말라를 꿈꾸는 아이들의 문화가 그냥 생겨난 것이 아닙니다. 아이들에게 자연스럽게 스며들어 문화를 형성하게 된 것이지요.

어느 정도의 편견과 고정관념은 모든 사람에게 존재합니다. 그러나 그것이 문제가 될 수 있다는 점을 인식하고 사회 갈등으로까지 번지지 않게 하기 위해서는 아이들에게 알려줘야 합니다. 고정관념과 편견의 의미와 예시를 말입니다.

# 편견과 고정관념을 깨트리는 방법

미디어에서 편견과 고정관념이 섞여 제작되는 경우가 있습니다. 제작자도 모르는 사이 사회의 통념으로 자리 잡혀 미디어에 포함되는 내용인데요. 학교나 언론, 시민단체 등이 이러한 미디어를 골라내야 합니다. 정확한 지식을 바탕으로 바른 미디어를 만들려는 노력이 우선되어야겠지요. 하지만 이게 다는 아닙니다. 개인적으로도 노력이 필요합니다. 잘못된 인식을 가지고 제작하더라도 비판적으로 받아들이는 개인이 존재하는 한 미디어도 바뀔 수밖에 없거든요. 그래서 개인이 자신의 인지 도식을 바꾸려는 노력이 필요합니다. 우리가 흔히 구름 하면 떠올리는 모양과 색이 있잖아요. 이것처럼 어떤 집단이나 생각에 대한 편견과 고정관념이 자연스럽게 떠오르지요. 각 개인들이 편견과 고정관념에 대한 이러한 도식을 바꿔주는 노력이 필요한 것입니다.

나부터 그런 생각을 바꿔야 합니다. 그래야 다음 세대인 아이들에게 보이지 않는 편견과 고정관념을 전수해 주지 않겠지요. 아이와 더불어 내 생각도 개선한다는 마음으로 접근하는 것이 좋습니다. 그러기 위해서 새로운 경험이 필요합니다. 내가 생각했던 편견과 고정관념이 잘못되었다는 것을 깨달을 수 있는 경험 말입니다. '운동선수는 멍청하다'는 고정관념에 대해 생각해 봅시다. 운동을 배워 보면 절실히 느끼게 될 것입니다. 운동에 얼마나 많은 지적 능력이 필요한지 말입니다. 머리가 좋은 사람이 운동도 잘한다는 걸 깨달을 것입니다. 나의 고정관념이 새로운 경험에 의해 깨지는 순간이죠. 아이들에게도 이런 편견과 고정관념을 깨는 다양한 경험을 준비해 주세요. 인종 차별, 양성 차별, 학력 차별 등 많은 사회 갈등과 폭력을 일으키는 사회적 편견을 깰 수 있으려면요. 아이가 다양한 사람들과 많은 활동을 할 수 있도록 해야 합니다. 새로운 곳에서 전혀 만나 보지 않던 사람들과 교류하며 아이들의 생각은 깨지고 자랍니다. 그러면 아이들도 판단하게 될 것입니다. 미디어에서 나오는 편견과 고정관념이 내가 경험한 것과 같지 않다는 것을 말이죠.

이것을 깨우친 아이의 삶은 달라질 수밖에 없습니다. 사춘기 시기에 아이가 경험하거나 생각하지 못한 것은 평생 아이의 뇌에서 가지치기 됩니다. 그런 경험이나 생각은 필요하지 않다고 생각하고 뇌에서 정리를 해 버리기 때문이죠. 10대에 다양한 사람과 교류하고 다양한 경험을 갖는 것이 중요합니다. 많은 경험을 미디어를 통해서 간접적으로 하려는 아이들이 많습니다. 10대 아이들에게 무엇보다 중요한 것은 직접 부딪히고 경험하고 자신의 생각을 넓혀 가는 것이지요. 편견과 고정관념에 대한 생각도 마찬가지랍니다.

💬 **Talk to you**

### 1. 우리 사회에 존재하거나 내가 갖고 있는 편견과 고정관념을 찾아보세요.

내가 혹은 우리 가족이 갖고 있는 편견과 고정관념에는 어떤 것이 있는지 찾아보세요. 공정하고 바르게 세상을 보는 것처럼 착각하고 있지만 우리는 실상 많은 편견을 가지고 있습니다. 내가 속해 있는 집단에서 자연스럽게 배워 익힌 것들이죠. 문제라는 것조차 인식을 못 합니다. 대화를 통해서 내가 갖고 있는 편견들을 찾아보세요. 아이들의 가치관이 정착되기 전에 고정관념을 찾아내서 바꿔 줘야 해요. 실마리를 찾기가 쉽지 않을 것입니다. 자기 변명과 합리화를 통해서 '나는 공명정대하고 바르다'고 믿고 살아가기 때문입니다. 사회에서 존재하는 고정관념이나 편견부터 찾아보세요. 내 이야기가 아닌 것처럼 말입니다. 그렇게 하나둘 비뚤어진 생각들을 찾다 보면 인식하게 될 것입니다. 우리 안에도 잘못된 인식이 자리 잡고 있음을 말입니다.

**2. 편견과 고정관념을 깨트릴 수 있는 새로운 경험을 찾아보세요.**

지금까지 이야기했던 편견과 고정관념에 대해서 어떤 점이 문제인지 대화를 나눠 보세요. 주변에서 그 편견과 고정관념에 반해서 경험했던 것들을 말해 주세요. 부모님이 더 많은 경험이 있잖아요. 예를 들어 설명해 주면 좋습니다. 앞에서 사회에서 통용되는 편견과 고정관념을 찾으면 무의식적으로 존재하는 자신의 개념들도 가려낼 수 있을 거예요. 그중에서 깨트릴 수 있는 생각과 경험을 연결 지어 보세요. 예를 들어 '노인 세대는 고루하고 뒤처졌다'는 편견을 가지고 있다면요. 젊은이들의 멘토로 떠오르고 있는 윤여정 씨 영상을 보여 주세요. 젊은 세대 못지않은 감각과 센스, 열린 사고를 가지고 있는 배우의 삶을 보면서 아이도 깨닫게 될 거예요. 춤을 배워 보게 하는 것도 좋아요. 운동하면서 얼마나 지적인 능력을 많이 쓰는지 알게 되면 운동하는 사람에 대한 고정관념을 바꿀 수 있겠지요. 이렇듯 미디어를 통한 간접 경험이든 직접 경험이든 좋습니다. 다양한 경험을 통해 아이의 편견과 고정관념이 자리 잡지 못하도록 생각을 확장시켜 주세요. 우리 아이들이 살아갈 세상은 더 다른 가치와 다양성이 존중받아야 마땅한 세상일 테니까요.

# 6. 제작자의 의도 파악하기

## 💬 바름이의 미디어 생활

---

**바름:** 엄마 이것 봤어? 너무 신기하다.

**엄마:** 뭔데.

**바름:** 내가 자주 보는 릴스거든. 근데 이렇게 운동하면 근육이 생긴대. 진짜 멋지다. 나도 저렇게 운동하면 저런 몸이 될 수 있을까?

**엄마:** 당연하지. 운동 열심히 하면 몸 핏이 좋아지는 건 기본 아니겠니.

**바름:** 근데 이거 봐. 이 식품 먹으니까 힘들이지 않고도 쉽게 몸을 만들었대. 나도 이거 사 주면 안 돼?

**엄마:** 운동을 해서 몸 만드는 것까진 좋아. 헬스장 등록해 줄 수 있어. 그런데 식품까지 먹는 건 아니지 않니? 그 식품이 네 몸에 어떤 부작용이 있을 줄 알고 그래. 성장기인데 조심스럽잖아.

**바름:** 안 그래. 식품 도움 받으면 쉽다는데 힘들게 운동만 하긴 싫어.

**엄마:** 바름아. 왜 저 인플루언서가 식품을 보여 주는 것 같아? 저 사람이 식품을 보여 주는 건 광고야. 저런 광고를 해서 자기 이익을 얻으려고 보여 주는 거라고. 진짜 식품이 효과가 있는지는 알 수 없어. 이번엔 이 식품이지만 다음번엔 다를 거야. 그때마다 광고하는 식품 다 살 거야?

**바름:** 믿고 보는 인플루언서라 사려고 했지. 얼굴이랑 이름 걸고 하는데 설마 거짓말을 하겠어. 진짜 저거 먹으면 쉽게 근육 만들 수 있다는데 엄마 한 번만 사주면 안 될까? 진짜 먹고 싶다. 나도 근육 만들고 싶다구.

---

# 미디어에는 다양한 의도가 숨겨져 있습니다.

누군가 미디어를 생산한다는 것은 의도가 분명한 행위입니다. 그것이 정보 전달이든 개인의 이익이든 무언가 목적을 가지고 미디어를 만듭니다. 공공의 이익이 우선이겠지만, 개인의 이익을 위해서 미디어를 만든다고 해도 비난할 수는 없습니다. 예전에는 공영방송이라고 해서 공익의 성격이 강했습니다. 그만큼 규제도 많았지요. 신문도 마찬가지였습니다. 언론의 양심 운운하며 공익을 기대했습니다.

하지만 요즘 아이들이 흔히 사용하는 SNS 미디어의 경우 사적인 목적의 매체들입니다. 미디어의 종류는 다양화되었고, 사유화되었습니다. 개인이 자신의 이익을 위해서 미디어를 생산한다고 해도 비난할 수 없습니다. 미디어 사용자가 선별하는 능력이 필요한 것이지요. 한명의 인플루언서를 팔로우하면서 그 사람에게 공영방송의 도덕성을 요구할 수는 없습니다. 적당히 자신의 이익을 유지하면서 줄타기를 하고 있으니까요. 과하게 도덕적 선을 넘지 않는다면 그 부분을 인정하면서 따르는 것이겠지요.

바름이도 마찬가지입니다. 자신에게 홈트를 알려줘서 효과를 얻었던 인플루언서가 식품을 판매하니 혹할 수밖에 없습니다. 그 사람도 자신에게 운동법이라는 이익을 공짜로 주었으니까요. 마음의 빚과 믿음을 갖게 되었구요. 광고인 줄 알면서도 믿고 구매해서 먹어 보고 싶은 것입니다. 그 인플루언서가 직접 오랜 기간 먹어 보고 검증한 것이라고 이야기하겠지만요. 사실 증거도 없습니다. 단지 그 제작자의 말을 믿는 수밖에 없지요. 아이들은 큰 의심 없이 인플루언서의 말을 따르려 해요. 거기에는 순수한 마음을 넘어선 신앙 같은 믿음이 존재합니다. 행여 손해를 보더라도 '나에게는 맞지 않는구나'라고 판단하고 말겠지요.

부모 입장에서는 이런 행동이 너무 화가 나지요. 검증되지 않은 물건을 사익을 위해서 광고하는데 아이가 속는 것 같아서 말이죠. 하지만 아이도 바보는 아닙니다. 그 의도를 알더라도 그동안 자신에게 좋은 운동법이라는 가치를 주었기에 손해 보더라도 그 물건을 팔아 주는 것입니다. 눈에 보이지 않는 경제 논리가 반영되고 있었던 것이지요.

이렇게 알고서도 선택하는 아이들은 큰 걱정을 하지 않아도 됩니다. 더 걱정스러운 것은 무조건적인 믿음을 가지는 아이들이겠지요. 아이돌이 하는 것이라면 무조건 따르는 아이들이 있습니다. 비판적인 의식이나 주체적인 생각 없이 아이돌의 말을 100% 신뢰합니다. 하지만 인간은 누구나 그렇듯이 그 아이돌도 실수를 하겠지요. 거짓말을 하거나 비윤리적인 행동을 하게 되는 순간 아이도 함께 무너집니다. 그토록 믿었던 사람에게 배신을 당했다는 좌절감에 상처받게 되는 거죠. 사람을 믿어도 되는지 의구심이 생길 수도 있습니다. 아이가 무조건적인 믿음을 갖기 전에 인간은 누구나 자신의 유리함을 추구한다는 점을 가르쳐 줘야해요.


## 아이들은 미디어를 경험하며 배웁니다.

아이들에게 미디어는 너무나도 친숙하고 편안한 도구입니다. 배우고 그것을 익혀 사용하는 부모 세대와는 다릅니다. 직관적으로 부딪혀 보고 경험하며 배웁니다. 그래서 부모 세대를 못마땅하게 생각합니다. 부모는 너무 조심스럽기만 하거든요. 해 보고 싶은데 무조건 못 하게 말립니다. 내가 해 봤는데 아니었다며 바름이 엄마처럼 의심이 많지요. 아이들은 다릅니다. 직접 경험해 보고 나서 판단하고 싶어 합니다. 이런 부모와 자녀의 세대 차이 때문에 많은 갈등이 생깁니다. 아이들은 제작자의 의도가 무엇이든 내가 경험해 보고 좋은지 아닌지 판단하고 싶어 합니다. 부모가 말릴 틈도 없이 물건을 구매합니다. 사달라고 조르지요. 광고에 혹해서 쉽게 물건을 사려는 아이들 때문에 부모는 힘이 듭니다. 후기를 몇십 개씩 찾아보고 인증된 것도 효과가 없었던 경험이 많은 부모 잖아요. 아이를 이해하기가 어렵습니다. 이것은 누구의 잘못을 따질 일이 아닙니다. 두 세대의 판단 스타일이 다른 것뿐이지요. 아이들이 던지는 "나를 믿어봐. 해 보지 않은 것은 못 믿겠어. 내가 해 볼게."라는 메시지를 인정해 줄 필요가 있습니다. 실패하더라도 아이들이 직접 경험하면서 배우는 게 크니까요.

아이들이 관심 있는 것은 진짜 좋아하는 것입니다. 우리가 예전에 학교에서 배운 것을 외우고 익히던 것과는 다릅니다. 관심 있는 것에만 몰두합니다. 이런 아이들의 몰두를 인정해 줄 필요가 있습니다. 물론 제작자가 자신의 이익을 위해서 광고하는 것임을 모르지 않습니다. 그런데도 내가 써 보고 직접 판단하고 싶은 것이죠. 그런 경험치가 쌓이게 되면 아이들도 걸러냅니다. 덜 실수할 수 있지 않겠어요. 아이가 스스로 겪어 볼 수 있는 몇 번의 기회는 주었으면 좋겠습니다. 아이들 세대에게 필요한 것은 꼭 필요한 것을 선택하는 욕구와 그것을 활용하는 힘인지도 모릅니다. 그러한 선택과 힘을 연습하기 위해서 아이는 많이 실수해 봐야 합니다. 실패를 거듭하면서 차츰 인식하게 되겠지요. 모든 행동에는 의도가 있다는 걸 말입니다. 선한 의도라고 해서 좋은 결과를 얻는 것도 아니구요. 악한 의도라고 해서 나쁜 결과로 이어지지 않는다는 것을 알게 되겠죠. 그런 성장 과정을 자신 스스로의 선택으로 알아낼 수 있도록 믿고 맡기는 부모의 용기가 필요하겠습니다.

💬 **Talk to you**

---

**1. 자주 보는 미디어 중에서 가장 재미있게 본 한 편을 선택해 보세요.**

요즘 대했던 미디어 중에서 가장 좋았던 미디어 한 편을 선택해 보세요. 콘텐츠를 가족끼리 공유해서 좋았던 이유를 나눠 보세요. 서로가 선택한 미디어를 보고 느낀 점과 좋거나 아쉬운 점을 공유해 보세요. 서로의 미디어 취향을 알 수 있을 거예요. 아이는 개그나 게임 혹은 먹방 같은 콘텐츠를 좋아할 겁니다. 왜 그런 콘텐츠를 좋아하는지 이유를 물어 보세요. 서로의 취향 차이를 존중하고 비난하지 않는 것이 중요합니다. 아이가 주로 이용하는 콘텐츠를 파악하는 귀한 시간이 될 것입니다. 아이가 스마트폰으로 온종일 무엇을 하는지 궁금증을 풀어 주는 시간이 되겠네요. 소소한 것부터 공유하는 것이 가족 대화의 가장 큰 장점이랍니다.

**2. 자주 이용하는 미디어의 제작 의도를 생각해 봅시다.**

유머나 먹방 콘텐츠는 왜 만들까요? 인플루언서가 되어서 자신의 영향력을 키우고 싶어서 만들 겁니다. 게임 유튜버도 마찬가지일 거예요. 좋아하는 게임에서 존재감을 드러내는 것이 목표일 수 있겠지요. 자신의 취미를 나누는 미디어도 있어요. 가치 있고 좋아하는 것들을 나누는 것이죠. 덕질이라고 해서 한 분야에 빠져서 소소하게 혼자 즐기던 것을 동료와 함께 즐기는 맛을 위해서 미디어를 생산할 수도 있는 거네요.

미디어를 통해 유명해져서 강의를 하거나 책을 쓰고 싶은 사람도 있을 거예요. 혹은 광고를 통해서 돈을 버는 것이 목표인 사람도 있겠지요. 이렇듯 다양한 제작의 의도가 있음을 알고 우리가 좋아하는 미디어를 분석해 보세요. 이 사람의 목적은 무엇일까 생각해 보는 거죠. 그 목적을 이루기 위해서 어떤 요소를 부각했을까 말입니다. 자신의 목표에 따라서 강조해야 할 부분이 생길 거예요. 실제보다 더 도드라지게 드러냈을지도 몰라요. 눈길을 끌고 관심을 받아야 하니까요. 그런 부분들을 분석하다 보면 미디어를 판단하는 데 도움이 될 것입니다. 무작정 덮어 놓고 추종하지 않게 함께 분석해 보세요.

### 3. 그럼에도 좋아하는 인플루언서라면 믿고 구매까지 연결해 보세요.

미디어 제작자의 의도를 알고 있음에도 구매로 연결해 보고 싶은 마음도 생길 거예요. 몇 번은 구매해 보도록 해주세요. 무작정 의도를 비하하거나 광고로만 연결 짓지 말구요. 아이가 가치를 판단할 수 있도록 도와주세요. 아이는 스스로 경험해 보면서 확인하게 될 거예요.

부모의 강요나 원칙에 따라서 사는 삶은 그 누구도 바라지 않잖아요. 아이의 독립을 위해서 경제적으로 자립할 수 있어야 해요. 그러기 위해서는 돈 쓰는 방법, 투자하는 것에 대해서도 가르쳐 줘야 합니다. 아이의 취향이 가득 담긴 인플루언서의 물건 구매부터 소비를 시작하도록 하세요. 아이가 이런 경험들을 통해서 소비와 광고를 구분하는 법을 배우게 될 거예요. 몇 번 실패해서 인생에서 필요한 큰 가치를 얻는다면 투자해 보게 하자구요. 많이 사 본 사람이 제대로 된 물건을 구분할 수 있잖아요. 아이는 실패에서 분명한 자기만의 기준을 세워 나갈 것입니다.

# 7. 시각 자료의 신뢰도 확인하기

## 💬 바름이의 미디어 생활

---

**바름:** 엄마, 할아버지 왜 안 오셔?

**엄마:** 지하철 타고 오셔서 늦으시나 봐. 할아버지는 힘드신데 공짜라고 지하철 타신데. 무릎도 아프시면서 왜 그러실까.

**바름:** 지하철 무임승차 없애야 한다고 뉴스에서 나오더라. 우리 할아버지는 지방에서 오셔서 어쩌다 한번 타는 데도 문제가 있나. 할아버지 지하철 타는 거 재미있어 하시던데, 그 뉴스 보면서 마음이 안 좋았어.

**엄마:** 무임승차가 문제라고 하는데 지방 어르신들은 무임승차도 못 하거든. 모든 어르신들이 무임승차를 많이 해서 문제라는 식의 기사는 이상해. 무임 승차율이 너무 높아서 지하철 운영이 어렵다고 하는 통계도 믿을 수가 없어.

**바름:** 통계를 못 믿다니 무슨 말이야. 통계가 정확하잖아. 물론 우리 할아버지처럼 가끔 이용하시는 분은 억울하겠지만 말이야.

**엄마:** 지하철 무임승차는 지방과 대도시 어르신들에게 차별적으로 적용되잖아. 지하철 무임승차를 못 하는 지역에서 어르신 이동권 확보를 위해서 노력하는 곳도 많지 않아. 버스 무임승차가 있는 지역도 있지만 없는 곳도 많아. 이렇게 차별적으로 운영되는 제도를 대표화해서 노인 무임승차가 문제라고 하면 안되지.

바름아, 통계치가 있다고 해서 정확한 뉴스는 아니야. 그 통계가 조사 대상을 아우를 수 있는지를 살펴야겠지. 10대들의 평균 게임 시간 통계 봤지. 너 그거보다 훨씬 더 많이 하잖아. 만약 네 자료가 반영되었

으면 평균 시간이 더 늘어났을 걸. 그 통계치가 대표 집단의 수치를
잘 반영하고 있는지 살펴봐야 해.

**바름:** 하긴, 내 친구들 하루 종일 게임하는 애들도 많은데 그거에 비하면
게임 평균 시간이 짧긴 하더라. 나는 내 친구들 통계보다는 낮으니까
조금 더 게임 시간을 늘려야겠네. 통계를 잘 이용해야겠어.

**엄마:** 뭐라고? 이 녀석이. 너 안 되겠다. 10대 통계치보다 게임을 많이 한
다면 스마트폰 압수야.

**바름:** 농담이야. 엄마, 통계치보다 적어, 확실히 적어. 진짜야.

## 시각의 오류

우리의 시각은 얼마나 정확할까요? 우리는 눈에 보이는 것을 그대로
믿는 경향이 있습니다. 하지만 시각이 모두 정확하지는 않습니다. 왜냐
하면 시각 자료는 주변의 영향을 받기 때문이죠. 시각의 오류라고 하는
자료를 본 적이 있으실 거예요. 길이가 분명히 달라 보이는데 재보면 길
이가 같은 거예요. 심리검사라면서 여러 가지가 한꺼번에 보이는 그림
을 제시하는 경우도 있지요. 사람마다 보이는 게 다르다니 이상하잖아
요. 나와 타인이 보는 것이 달리 보이는 게 참 신기하고 놀랍기도 한데
요. 이는 우리 시각이 가끔 혼란을 겪기 때문입니다.

리처드 와이드먼 교수는 시각의 오류에 대해 네 가지로 설명했습니다.
눈 뜬 장님이 되는 네 가지 덫이 있다고 했는데요. 보고 싶은 것만 보려
는 심리와 고정관념, 지나친 스트레스가 시각의 오류를 일으킵니다. 또
익숙한 것은 무시해 버리는 태도도 덫이라네요. 이러한 네 가지 이유로

우리는 시각적 자료에 대해서 혼란을 일으킵니다. 보고 싶은 것만 보다가 다른 사람과 정보를 다르게 받아들였던 경험을 한 번쯤은 갖고 있을 거예요. 분명히 내가 봤다고 주장하지만, 결국 내가 본 것이 진실이 아님을 알게 되는 순간 머쓱해지죠. 이상하다는 생각도 듭니다.

도대체 나는 어떻게 그런 인지 부조화를 갖게 되었나 궁금해지기도 하는데요. 우리가 사물을 판단할 때 단지 시각만 사용하지 않기 때문입니다. 오감이라고 해서 시각·청각·후각·촉각·미각을 모두 사용해서 정보를 받아들입니다. 물론 시각이 87%나 되는 압도적인 영향력을 갖고 있지만요. 다른 감각들이 결합해서 전혀 다른 인식을 하기도 합니다. 내 눈으로 보고도 믿기 힘든 상황이 발생하다는 건데요. 아이들은 이러한 오류를 경험해 본 적이 거의 없습니다. 그래서 이럴 때 굉장히 당황해하지요. 분명히 내가 봤는데 정확하지 않다니 이상하다고 주장하는데요. 이런 일은 자주 발생합니다. 아이들이 수학 문제를 풀면서 분명히 km인데 m로 문제를 푸는 경우가 그렇지요. 자신의 분명히 km로 봤다고 주장하지만요. 자신도 모르는 사이 시각적 오류가 생겨 버린 거예요. 숫자 6을 9로 보는 이런 오류는 생각보다 많이 발생합니다. 다만 아이가 모르고 있거나 인정하기 싫은 것뿐이지요.

아이와 함께 이런 경험을 나눠 보시면 좋습니다. 우리의 시각은 다른 감각과 함께 작용하고 그 과정에서 내 호불호가 반영되어 다르게 해석될 수 있음을 말입니다. 지레짐작으로 판단할 수 있다는 것을 알려주세요. 큰 실수는 아니지만 한 번 더 살펴봐야 하는 거라구요. 그렇게 일러두시면 아이가 미디어의 시각 자료를 신중하게 대할 수 있을 거예요.

## 시각 자료의 신뢰도를 확인해 보아요.

다른 차원의 시각 자료의 신뢰도도 존재합니다. 시각적으로 착각을 일으키는 자료뿐 아니라 시각적으로 제시된 자료의 신뢰도 검증이 필요해요. 분명히 통계를 이용해서 설명한 부분이지만 검증이 필요하단 말입니다. 통계와 데이터로 설명하는 미디어가 굉장히 많습니다. 수치를 사용하면 제작자도 사용자도 믿을 수 있다고 착각하기 쉬운데요. 그 수치가 이 정보를 대표할 수 있는 것인지 확인해야 합니다.

예를 들어 난방비 폭등이라는 미디어가 생산된다고 봅시다. 도시가스 이용자들의 난방비가 얼마나 증가했는지를 다룹니다. 하지만 난방을 이용하는 사용자가 도시가스 이용자만 있는 것은 아니지요. 다른 종류의 난방을 사용하는 사람은 조사하지도 않고 수치를 계산합니다. 그것이 마치 대표 수치인 것처럼 다루는데요. 신뢰도가 높다고 할 수 없겠지요. 또한, 지하철 무임승차에 대한 미디어가 있다고 보면요. 지하철이 있는 곳은 대도시뿐입니다. 지하철을 이용할 수 없는 지역의 사람들은 지하철 무임 승차율이 낮을 수밖에 없습니다. 이렇듯 표본에 오류가 있을 수 있음을 인지해야 합니다.

물론 모든 수치를 다 적용해서 통계나 데이터를 만들 수는 없습니다. 그럼에도 불구하고 다양한 표본이 배제되었음을 밝히거나 감안해서 미디어를 만들어야 하는데요. 그런 노력이 부족한 미디어들이 많습니다. 그야말로 과대 일반화의 오류가 적용되는 경우일 텐데요. 우리는 데이터나 수치를 넣으면 객관적이고 공정하다고 생각하는 경향이 있습니다. 이 부분을 간과하지 않아야겠습니다. 수치를 그대로 받아들여서 미디어를 맹신하는 우를 범할 수 있기 때문입니다. 수치는 일부일 뿐 전부가 아닐 수 있음을 이해해야 합니다. 때로는 조사한 사람이 객관성을 잃고 편협한 자료를 조사할 수 있음도 알아야 해요. 그래야 아이들이 미디어를 받아들일 때 내용을 거를 수 있습니다.

그 통계가 조사 대상을 모두 아우르고 대표성에 문제가 있는 것은 아닌지 살펴봐야 해요. 빅데이터라는 것이 등장하면서 이 시각 자료의 신뢰도에 의문이 커집니다. 빅데이터의 빅(Big)이 도대체 얼마만큼이나 큰 집단을 조사한 것인지 말이지요. 그것이 대표성을 띠는 것에 문제는 없는지 검증해 봐야 할 것입니다. 미디어를 그대로 믿어서는 안 됩니다. 편협하지 않은 사고를 갖도록 검증하고 유의해서 살펴야 합니다. 통계가 놓치는 부분이 있을 수 있음을 인지하고요. 다른 맥락에서 해석할 수 있는 여지를 남겨 두어야겠지요. 이것이 미디어를 받아들이는 아이들에게 기본적으로 심어 주어야 할 개념입니다.

### 💬 Talk to you

---

**1. 통계를 통해서 검증하고 있는 미디어 콘텐츠를 찾아보세요.**

통계를 활용해서 검증하고 미디어 콘텐츠를 하나씩 조사해 보세요. 어떤 표본 집단의 통계를 조사했는지 이야기를 나눠 보세요. 그 표본 수집이 집단을 대표할 수 있는지 의견을 나눠 보아요. 한쪽으로 치우친 표집을 찾아보세요. 빠트리거나 감안하지 않은 부분이 있을 수도 있어요. 그런 부분을 대화를 나눠 보세요. 수치라고 해서 믿었던 자료에 오류가 있을 수 있음을 깨닫게 될 것입니다. 아이들은 수치가 포함되면 신뢰도를 높이고 자료를 맹신하는 경향이 있습니다. 수치가 틀릴 수 있음을 경험하게 해 주세요.

반대로 생각해 볼 필요가 있어요. 내가 집단 표본의 소수에 해당이 된다 해도 이 결과를 그대로 받아들일 것인가를 생각해 봐야죠. 소수의 의견까지 모두 다 받아들인다면 평균의 의미가 없겠지만요. 고려할 수 있는 부분까지도 빠트린 게 있지는 않은지 살펴보는 자세가 필요합니다. 가족의 대화를 통해서 혹시나 치우친 표본이 있는지 찾아보세요. 모든 통계 수치를 무턱대고 믿었던 아이라면 세상을 바라보는 다른 관점을 만들어 줄 거예요.

## 2. 한 가지 콘텐츠를 정해서 통계를 낸다면 어떻게 낼 수 있을지 이야기를 나눠 보세요.

내가 통계를 내야 하는 상황이라면 어떤 것을 대상으로 어떻게 통계를 작성할지 생각해 보세요. 우리는 언제까지나 미디어의 소비자만 될 수는 없습니다. 생산자가 되어야 할 순간이 올 거예요. 그때 어떻게 미디어를 생산할지를 생각해 보는 겁니다. 자신이 생산하는 입장에 서게 되면 적극적으로 미디어를 검토할 수 있게 됩니다. 문제점이 더 잘 보인다는 말이에요. 그 부분을 체크하다 보면 소비할 때도 분석할 수 있게 됩니다. 이 미디어의 통계나 데이터를 세팅하는 과정에서 오류가 있었는지를 말이에요.

아이들은 말로 설명하는 것보다 실제 부딪혀 봤을 때 훨씬 더 자료를 잘 이해할 수 있답니다. 가족끼리 미디어 생산자가 되어 통계치를 잡아 보는 연습을 해 보세요. 아이에게 통계에 대한 전혀 새로운 시각을 가지게 할 것입니다. 이를 통해 아이는 모든 통계와 시각 자료를 검증할 필요성을 느끼게 되고요. 미디어를 비판적인 시각에서 바라볼 수 있게 될 것입니다.

# 8. 미디어 이용 네티켓

## 💬 바름이의 미디어 생활

### 버지니아 셰어의 10가지 네티켓

| 버지니아 셰어의 10가지 원칙 | 생활에 적용하기 |
|---|---|
| 인간임을 기억하라. | 상대는 나처럼 인격을 가진 '사람'입니다. 내 말에 기뻐하거나 상처받는 '사람'이 나와 대화를 나누거나 함께하고 있습니다. |
| 실제 생활에 적용하는 것과 똑같은 기준과 행동을 고수하라. | 사이버 공간의 윤리 기준은 실생활과 같습니다. 실제로 만나서 얼굴 마주 보며 할 수 있는 행동을 하세요. 실제 못 하는 일은 SNS에서도 하지 마세요. |
| 현재 자신이 어떤 곳에 접속해 있는지 알고 그곳에 어울리게 행동하라. | 사이버 공간에서 내가 가입한 커뮤니티의 성격이 다 다릅니다. 내가 가입한 모임의 특성에 맞게 말하고 토론하고 반응하세요. |
| 다른 사람의 시간을 존중하라. | 정보를 올릴 때 남의 시간을 낭비하지 않도록 배려하세요. 남에게 불필요한 정보라고 생각되면 올리지 않는 게 좋습니다. |
| 온라인에서도 교양인으로 보여라. | SNS에 올린 글과 이미지로도 그 사람의 성격, 생각, 윤리 의식을 알 수 있습니다. 나의 내면이 드러난다는 것을 기억하세요. |

| | |
|---|---|
| 전문적인 지식을 공유하라. | 전문가를 만나지 않아도 인터넷으로 전문 정보를 구할 수 있습니다. 정보를 공유하면 감사를 표하세요. |
| 논쟁은 절제된 감정 아래 행하라. | SNS에 올린 글은 순식간에 지구 저편까지 전달됩니다. 말을 절제하기 어려울 때는 스마트 기기 전원을 꺼도 됩니다. |
| 다른 사람의 사생활을 존중하라. | 남의 일정, 동정, 사진첩을 시시콜콜 파고들지 마세요. 부담스러워합니다. |
| 당신의 권력을 남용하지 마라. | 트위터 같은 SNS는 권력 관계가 드러나는 장으로 볼 수 있습니다. SNS에서 유명인 또는 권력자라면 그 힘을 선하게 사용하세요. |
| 다른 사람의 실수를 용서하라. | '원치 않는 일을 남에게 하지 말라'는 황금률은 사이버 공간에도 적용됩니다. |

## 미디어 사용에도 에티켓이 있습니다.

아이들이 미디어 사용이 빈번하게 늘어나면서 활동 범위가 넓어졌습니다. 가정과 놀이터, 학교에서만 놀았던 아이들이 세상 어디든 갈 수 있습니다. 미디어 안에서요. 전혀 모르던 아이들과 너무나도 쉽게 친구가 됩니다. 온갖 미디어에 댓글로 자신의 의견을 표현할 수도 있습니다. 부모의 테두리 안에서 안전하게 머물렀던 아이라면 더 이상 그것이 존재하지 않는 형국이지요. 아이가 온라인상에서 어떤 활동을 어떻게 하고 있는지 알 수 있는 방법이 없으니까요. 그렇다면 아이들에게 가장 필요한 것이 무엇일까요? 온라인상에서 매너겠지요.

버지니아 셰어는 10가지 네티켓을 제시했습니다. 아이들이 지켜야 할 온라인상의 예절인데요. 우리 아이들은 어떤 것을 지키고 있는지 아시겠어요? 모르실 겁니다. 사람을 대하는 예의는 잔소리를 많이 해 봤지만 이런 에티켓은 가르쳐 줘 본 적이 없으니까요. 아이들은 예의도 모른 채 인터넷 세상을 살고 있을지도 모릅니다. 익명성이라는 뒤에 숨어서 나를 드러내지 않을 수 있으니까요. 특히 메타버스 플랫폼에서 그 양상이 도드라집니다. 실제의 나와 다른 부캐를 만들어서 상상 속의 생활을 하니까요. 그 안에서 어떤 일이 일어나도 이상하지 않습니다. 각종 SNS를 통해서 교류하는 아이들이 늘어나면서 매너 문제는 더더욱 도드라집니다. 실제 얼굴을 보지 않고 만나지도 않는다고 생각하니 함부로 글을 쓰는 경우가 정말 많거든요. 그래서 더더욱 필요한 것이 네티켓입니다.

아이들은 온라인상에서 머무는 것이 실제 내 곁에 머물고 있는 친구 같은 인간임을 자각하지 못합니다. 마치 로봇과 대화하듯이 하죠. 상대방이 상처받을 것이라는 생각은 못 합니다. 하지만 나의 절친이 온라인에 머무는 것과 다르지 않다는 것을 인식하면 달라집니다. 그 안에서 활동하는 것 또한 나 같은 인간임을 인지해야 합니다. 그래야 악성 댓글을 남발하지 않습니다. 악성 댓글러를 만나 보면 너무나 순하고 평범한 모습을 하고 있습니다. 그 댓글로 그렇게 상처받을 줄 몰랐다고 이야기하면서요. 자신의 해결되지 않은 묵은 감정을 악성 댓글로 표현하는데요. 아이들이 익명성에 숨어서 이런 표현을 하지 않도록 알려줘야 합니다. 같이 미디어 속 악플들을 읽어 보면서 내가 이런 입장이라면 어떨지 나

뒤봐야 합니다.

　온라인상에서 글을 읽어 보고 어떤 이미지가 떠오르는지 나눠 봐도 좋겠습니다. 글에도 쓴 사람의 이미지나 느낌이 반영된다는 것을 아이들은 잘 모르거든요. 여러 글을 읽어 보며 뉘앙스를 느끼는 연습을 아이와 해 보세요. 아무렇게나 작성했던 나의 온라인 글에도 나라는 사람이 반영되어 드러난다는 것을 이해할 수 있을 거예요.

## 미디어 에티켓을 지킬 때 우리 아이도 함께 지켜집니다.

　가끔 정보를 전달하는 인플루언서들이 화가 가득 담긴 글이나 콘텐츠를 만들 때가 있습니다. 자신은 호의에서 정보를 소개한 것뿐인데요. 당연한 듯 답변을 요구하는 글 때문에 화가 난다는 건데요. 세상에 당연한 것은 없지요. 전문적인 지식이나 정보를 공유해 주는 경우는 감사의 표현을 해야 합니다. 당연한 권리로 여겨서는 안 되겠지요.

　또한, 온라인에서 논쟁이 벌어지는 경우도 있습니다. 뜨거운 댓글들 사이에서 아이는 어쩔 줄 몰라 하지요. 불편해서 대화창을 나와 버리는 경우가 종종 생깁니다. 하지만 논쟁은 어디서든 피할 수 없지요. 아이가 피한다고 도망갈 수 있는 것이 아닙니다. 온라인상에서 반대 의견이 달리는 경우 매너 있게 행동하는 법을 알려줘야 합니다. 인신공격을 하거나, 개인정보를 활용하여 온라인에서 공격하거나 무차별 악플을 달지 않도록 주의해야 합니다. 모를 거라고 생각하고 막말을 쓰고 사이트를 빠져나오는 경우도 종종 있는데요. 추적해서 글 쓴 사람을 찾아내는 일이 어렵지 않습니다. 하나의 글이라도 신중하게 작성하도록 알려주세요. 특히 타인의 개인정보나 신상 정보들을 이유 없이 퍼다 나르거나 퍼트릴 경우 문제가 될 수 있겠지요. 나의 개인정보만큼 타인의 정보들도 소중히 다룰 수 있어야 해요.

미디어의 모든 규칙과 매너를 지키는 것이 결국은 자신을 지키는 일임을 아이가 인식해야 합니다. 요즘은 학교 폭력의 경우도 대부분이 사이버 폭력입니다. 온라인상에서 아이들의 갈등이 심각한데요. 딥페이크나 개인 사생활 정보 침해, 막말이나 허위 정보 퍼트리기 등 다양한 유형의 갈등 상황이 존재합니다. 아이들이 온라인상에서의 매너가 약하기에 발생하는 문제들입니다. 아이들에게 분명하게 알려주셔야 합니다. 온라인과 오프라인의 매너가 결코 다르지 않음을 말이에요. 바로 내 곁에서 웃고 대화하는 친구가 오프라인상에서 아이디를 가지고 미디어를 생산하고 소비하고 있는 존재입니다. 함부로 대하거나 매너 없이 행동하는 것이 결국 자신에게 안 좋은 결과로 되돌아옵니다. 친구들과 사이가 멀어졌을 때 마음이 상하고 갈등이 생길 수 있는 것처럼요. 온라인상에서도 상대방과 마음 상하는 일이 없도록 행동해야 합니다.

## 💬 Talk to you

---

### 1. 온라인 미디어에서 악플로 신고당한 사람들의 사례를 찾아보세요.

미디어에서 악플로 신고당한 경우를 종종 볼 수 있습니다. 스토킹을 했다거나 악플로 상처를 주어서 신고를 한 경우 어떻게 처리되었는지 검색해 보세요. 흔히 유명인이나 연예인들의 관한 기사가 많이 나올 겁니다. 악플로 얼마나 상처를 받았는지 악플러는 결국 어떤 처벌을 받았는지 찾아 읽어 보세요. 악플의 무서움에 대해서 확실하게 알 수 있을 거예요. 익명성에 기대어 아무 글이나 쓴 경우 그 글의 책임이 자신에게 있음을 알려주세요.

그 글로 문제가 발생하는 뉴스는 너무나도 많습니다. 아이들이 관심을 갖고 온라인에서도 에티켓을 살려서 글을 쓸 수 있도록 알려주세요. 모르겠지 하다가 덜미를 잡히는 일이 너무 많잖아요. 온라인은 언제나 흔적을 남긴다는 사실을 아이들은 잘 모릅니다. 그 흔적을 지우는 것이 너무나도 어렵고 고통스러운 일이라는 것도요. 예전에 썼던 글 때문에 팬덤을 잃는 연예인의 사례를 알려주세요. 누구나 그런 상황이 될 수 있습니다. 그런 어려움을 겪기 전에 매너 있게 행동하도록 네티켓을 읽어 보고 대화를 나눠 보세요. 아이들이 새롭게 온라인을 대하는 태도를 갖게 될 거예요.

## 2. 가족들이 가상공간에 접속해서 대화를 나눠 보세요.

메타버스도 좋고 새로운 가상공간도 좋습니다. 각자 로그인해서 전혀 새로운 캐릭터를 만들어 보세요. 거기서 대화를 시작하는 겁니다. 상상 속의 나 자신을 만들어 보세요. 이제껏 꿈꿔 왔던 나의 모습을 제대로 만들어 보는 거죠. 평소와는 전혀 다른 모습을 한 아바타를 보며 서로를 발견하는 유익한 시간이 될 거예요.

아이들은 가족 아바타에게도 예의는 지킬 것입니다. 내가 보던 가족의 모습과 전혀 다르지만요. 내 가족 중에 한 사람이라는 것을 아니까요. 여기서부터 시작하는 겁니다. 아이들이 온라인상에서 대화를 나누거나 미디어를 통해 만나는 사람이 실존하는 인물임을 깨달을 것입니다. 말로만 설명하고 조심하라면 아이들은 잘 이해하지 못합니다. 잔소리로 받아들이기 쉽습니다. 하지만 실제 가족과 이런 활동을 해보면 확실히 알게 됩니다. 온라인상에도 진짜 사람이 존재하고 매너가 필요하다는 것을 말이죠. 그 안에서 대화하면서 네티켓에 대해서 이야기를 나눠 보세요. 아이들이 실제로 네티켓을 지켜야 하는 이유를 확실하게 알게 될 것입니다.

### 💬 미디어 리터러시 달인 되는 법

인공지능 기술을 활용하여 미디어 리터러시를 향상시키는 방법은 다양합니다. 미디어 리터러시란, 다양한 미디어를 이해하고 활용하는 능력을 의미합니다. 인공지능 기술을 활용하여 미디어 리터러시를 향상시키는 방법은 무엇일까요?

인공지능 기술을 활용하여 개인의 관심사에 맞는 뉴스를 추천해 주거나, 가짜뉴스를 걸러내는 필터링을 해주는 서비스를 이용할 수 있습니다. 자신이 좋아하는 뉴스, 관심 있는 뉴스를 챗GPT를 활용해서 쉽게 찾아볼 수 있습니다. 또한, 인공지능 기술을 활용하여 유튜브 등 동영상 플랫폼에서 자동 생성되는 자막으로 영어 회화나 외국어 공부를 할 수 있습니다. 챗GPT가 언어의 장벽 없이 세계의 다양한 뉴스들을 접할 수 있는 아주 쉬운 통로가 되어 줍니다.

인공지능 기술을 활용하여 음성 검색을 할 수 있는 AI 스피커 등을 이용해, 쉽고 빠르게 원하는 정보를 찾을 수 있습니다. 지금 사용하고 있는 스피커들은 사람의 언어를 제대로 이해하지 못하고 엉뚱한 대답을 할 때가 꽤 많습니다. 하지만 대화형 인공지능인 챗GPT는 사람들의 대화를 이해하고 그에 적절한 답변을 합니다. 더더욱 개인 맞춤형으로 사용하기에 편안합니다. 아이들이 부모님과 대화는 피해도 챗GPT의 대화는 편안하게 여길 상황이 올 수도 있습니다. 그만큼 상대방과의 대화의 톤을 기억하고 위로해 주는 역할로 발전될 것이기 때문입니다. 현재도 음성 분석 서비스를 이용하여 뉴스나 인터뷰 등에서 발생하는 음성의 감정, 강도 등을 파악할 수 있습니다. 앞으로는 더 많은 감정을 읽을 수 있겠지요.

또한, 인공지능 기술을 활용하여 이미지 검색을 할 수 있는 서비스들을 이용해, 원하는 이미지를 쉽고 빠르게 찾을 수 있습니다. 수많은 이미지 중에서 자신이 원하는 이미지를 선택하느라 많은 시간을 사용하고 있는데요. 자신이 원하는 이미지의 조건을 확실하게 분류해서 질문만 해 준다면 더 쉽게 이미지를 검색할 수 있습니다. 이처럼 챗GPT를 활용하여 미디어 리터러시를 향상시키는 방법은 다양합니다. 적극적으로 사용하여 미디어를 더욱 잘 이해하고 활용할 수 있는 능력을 키워 보세요.

수업을 준비하고 있는 춤 선생님께 다가가서 물었습니다.

"춤을 잘 추려면 어떻게 해야 해요? 저희 딸이 기본 동작은 따라는 하겠다는데요. 필…… 있잖아요. 춤의 느낌은 살리지 못하겠다고 하더라구요. 필 (Feel)은 타고 나는 건가요? 춤을 잘 추고 싶다는데 늘지를 않아서 고민이랍니다."

선생님이 나를 빤히 보시더니 웃으시더라구요.

"타고나는 건 아니구요. 기본기가 중요해요. 기본적으로 어깨 쓰는 법, 웨이브하기, 팔 쓰는 방법 등을 익혀 두어야 느낌이 살아요. 필요하시다면 그것만 가르쳐 주는 학원에 등록하면 빠르게 늘지요."

나는 의아한 눈으로 선생님을 바라보았어요.

"축구처럼요? 손흥민 선수가 축구를 하기 전에 기본기만 엄청 다졌다면서요. 춤도 마찬가지인 거예요?"

선생님은 웃으며 맞장구를 치셨습니다.

"맞아요. 축구든 춤이든 기본기를 단단하게 쌓아 놓는 게 중요해요. 공부랑 마찬가지죠. 공부도 왜 더하기 빼기를 잘해야지 그다음 어려운 미적분까지도 확실히 잡을 수 있잖아요. 기초를 탄탄하게 쌓아야 하는 것은 춤도 마찬가지예요. 저 같은 경우도 10년 넘게 기본기를 다졌기에 이렇게 춤을 가르치고 있지요. 춤 선생님들은 기본적으로 오래하시고 연습도 엄청 하세요. 춤을 잘 추려면 자기 몸을 다루는 법에 대한 기본기부터 익혀야 해요. 물론 많은 연습도 해야겠지만요."

고등학교 다닐 때 미술 선생님이 그림은 타고난 재능도 맞지만 연습이 8할이라고 했던 기억이 문득 떠올랐습니다. 내가 전혀 모르던 미지의 분야라서 당연히 재능으로 하는 일이라고 생각했는데 아니었네요. '기본기가 중요하고 연습이 중요하다, 꾸준함이 원천'이라는 말은 춤을 다시 바라보게 했습니다.

집에 와서 쉬면서 유튜브를 보게 되었어요. 김혜수 배우가 나왔더라구요. 연기를 믿고 보는 배우라서 무슨 이야기를 하나 보고 있었지요. 작품 보는 눈이 높고 작품의 운도 좋은 거 같다는 말에 배우는 고개를 저었어요.

"아니, 전혀 아니야. 이삼십 대 때 나는 정말 그런 운이 없었어. 그래서 대종영화상 사회를 맡았지. 열심히 하는 배우들은 뭐가 다른지 보려고 말이야. 그 배우들이 시상식에서 진심으로 열과 성을 다하는 모습을 보면서 느꼈어. '준비가 필요하구나. 준비된 자에게는 언젠가 기회가 온다. 지금의 나는 부족하지만 연습을 게을리하지 않아야겠다.'고 말이야. 내가 준비하고 있으면 언젠가 나에게도 좋은 작품이 오더라. 대본을 보고 보고 또 보다 보면 어느 순간 작품의 인물이 기적처럼 내 안으로 들어오더라. 그때 희열은 말도 못 하지. 공부할 때랑 똑같애. 늘 준비하고 기본기를 탄탄히 쌓고, 누가 보든 안 보든 열심히 하다 보면 결국 기회가 오더라."

전혀 연결되지 않을 것 같은 춤 선생님과 유명 배우가 똑같은 말을 하고 있었어요. 공부하는 자세에서 인생을 배우고 있노라고 말이죠.

오은영 선생님이 그러셨잖아요. 우리가 고등학교 2학년 중간고사 때 국어 몇 점을 맞았는지는 기억 못 하지만, 그때 진짜 열심히 했던 나 자신은 기억한다구요. 그때 '노력하니 되더라'를 깨달은 순간의 동력으로 평생을 산다구요. 공부는 그래서 하는 거라구요.

맞아요. 저도 고등학교 2학년 때 공부하는 시간 벌려고 쉬는 시간에 화장실을 뛰어서 갔거든요. 영어 단어 외우면서 생각했어요. '나 참 멋지다. 나참 열심히 산다.' 그때의 기억으로 성인이 되어서 일하는 것 같아요.

"나는 성실하고 꾸준한 사람이었지. 그렇게 노력하니 되더라."라는 기억으로 말이에요. 아이들이 공부는 도대체 왜 하느냐고 물으면 답을 못하는 날이 정말 많은데요. 오늘은 공부해야 하는 이유에 대해서 아이와 나눌 말이 있을 것 같네요.

## CHAPTER 3 ··· 뉴스 리터러시

## 1. 뉴스에 담긴 정보 정리하기

### 💬 바름이의 미디어 생활

'유퀴즈 온더 블록'이라는 텔레비전 프로그램에서 서울대 공부법으로 유명해진 서울대 교육학과 신종호 교수는 학생들의 문해력 저하가 걱정이라고 말했다. 단순히 글을 읽고 이해하는 것을 넘어서 읽은 것을 다른 것과 연계시키는 능력, 중요한 정보인지 아닌지 판단하는 능력, 정보들을 연결해 자신의 아이디어로 만드는 능력이 낮아졌단다. 그 이유가 영상을 많이 봐서란다. 영상은 모든 정보를 모아서 만든 것인데, 영상만 보니 스스로 만들 힘이 떨어졌단다. 글을 읽고 보고서를 쓰거나 발표할 때 구성하는 힘이 낮다며 걱정을 했다.

신 교수는 서울대 신입생 OT 때, 고3 때 일주일에 책 세 권 읽은 사람을 조사했는데 의외로 손드는 학생들이 많았단다. 그런 학생들은 기본적으로 문해력과 사고력이 탄탄하다고 했다. 결국 학생들이 리터러시, 즉 읽고 쓰는 능력을 기르기 위해서 책을 읽을 수밖에 없다. 또한, 각 분야에서 뛰어난 리더십을 발휘한 사람들이 책을 많이 읽는단다. 책을 읽고 중심 내용이 무엇인지 정리할 수 있어야 한다고도 했다. 아이들의 리터러시 능력을 기르기 위해 책 읽기가 시급하다.

## 문해력은 낮지만 책 읽기는 싫어하는 세대

사흘을 4일로, 금일을 금요일로 이해한 친구들 덕분에 한동안 시끄러웠지요. 아이들의 문해력이 낮아졌다는 우려 때문인데요. 굳이 서울대 교육학과 교수님의 말씀을 듣지 않더라도 공감하실 거예요. 몇 년 전만해도 줄글을 읽지 않고 학습 만화를 읽는 아이들 때문에 고민하는 부모님들이 종종 있었는데요. 지금은 학습 만화조차 배부른 고민이 되었습니다. 아이들은 실물 책을 거들떠보지도 않습니다. 만화건 문학이건 관심이 없지요. 문학을 읽고 싶을 때는 웹소설을, 만화를 보고 싶을 때는 웹툰을 읽습니다. 만화 한 권을 보더라도 실물 책으로 보던 우리 세대와는 차원이 다릅니다. 보드게임을 해 보자고 하면 방법을 안내문으로 절대 읽지 않습니다. 유튜브에서 보드게임을 검색해서 영상으로 게임 방법을 배웁니다. 복잡하지 않고 단순한 글조차 읽지 않으려 하는 아이들이 정말 많습니다. 우리 집 아이도 여느 아이 못지않지요.

어릴 때는 엄마의 노력으로 책을 읽는 척이라도 했지요. 스마트폰을 만난 이후로는 책과는 멀어지게 되었습니다. 이런 아이들 때문에 걱정이 많으실 겁니다. 활자라면 치를 떠는 아이들을 어떻게 책 앞으로 데려갈 수 있을까요. 차라리 스마트폰으로 모든 정보를 모으는 것을 인정했으면 싶어요. 거기서 필요한 정보를 정확하게 찾아 목적에 맞게 활용하는 시험을 치른다면 좋겠지요. 하지만 그게 아니잖아요. 중고등학교 시험이나 대학수학능력시험은 지필 고사로 치러집니다. 물론 중고등학교에서 평가의 방법이 수행평가나 과정 중심 평가, 프로젝트 수업 참여와 체험을 통한 팀플레이 등으로 바뀌는 추세긴 하지만요. 주된 평가 방법은 변화하지 않았잖아요. 여기서 문제가 발생하는 것이지요. 아이들은 글자로 써 있는 것을 해독하기만도 벅찹니다. 그런데 수학능력시험에서는 다양한 분야의 지문을 다룹니다. 영상을 통해 얻은 배경지식의 깊이는 얕고 지문 이해도가 떨어지는 아이들에게 도대체 어떻게 지식을 전달해 줄 수 있을까요. 아이들이 그나마 즐겁게 활용할 수 있는 미디어 뉴스를 활용해서 교육을 시켜봐야겠지요. 재미있는 미디어를 읽고 쓰는 능력을 조금이라도 늘리는 방법을 생각해 봐야 합니다.


## 골라 읽기로 뉴스에 담긴 정보를 얻으세요.

뉴스 중에 아이들에게 가장 익숙한 것이 카드 뉴스일 것입니다. 아이들은 긴 지문의 신문이나 뉴스를 읽거나 보려고 하지 않아요. 그것을 요약해서 카드 뉴스로 만들어야 겨우 볼까 말까입니다. 글의 길이가 길어지면 벌써 지문을 포기하니까요. 이 아이들에게는 카드 뉴스로 가볍게 시작하는 것이 좋습니다. 길지 않은 지문을 읽고 카드 뉴스의 핵심을 정리해 보는 겁니다. 이를 통해서 아이들이 짧은 글을 요약하는 연습이 됩니다. 처음 시작은 쉬워야 합니다. 그래야 아이들이 거부감을 갖지 않습니다.

또 하나 중요한 것이 있습니다. 바로 뉴스나 글을 읽을 때 끝까지 읽을 것을 종용하지 않는 것입니다. 책 한 권을 사거나 뉴스 하나를 읽더라도 처음부터 끝까지 읽어야 한다는 생각을 버리세요. 완독을 요구하면 질려 버리고 맙니다. 요즘 아이들은 모든 지식과 정보를 받아들이기보다는 관심 있는 분야의 앎을 추구합니다. 영상 하나를 찾아봐도 그렇잖아요. 모든 영상을 보는 게 아닙니다. 자신이 관심 있는 분야를 선택해서 보지요. 책이나 지식을 자신만의 방식으로 짜깁기하는 것을 좋아합니다. 관심이 없는 분야는 잘 모를 수 있어요. 이것이 기성세대가 볼 때 문해력이 낮아진다고 판단하는 기준이지요.

하지만 과연 금일이나 사흘같이 잘 사용하지 않는 단어를 모른다는 것이 문해력의 판단 기준이 될 수 있을까요? 그 단어를 모르더라도 다른 단어를 적재적소에 쓸 수 있으면 되는 겁니다. 대체할 수 있는 쉬운 단어를 쓸 줄 알면 괜찮습니다. 지식을 받아들이는 것도 마찬가지예요. 모든 지식을 받아들이는 것보다 중요한 것이 자신이 필요한 정보를 골라서 찾아내는 능력입니다. 처음부터 끝까지가 아닌 필요한 부분을 발췌해서 읽어도 괜찮습니다. 이를 통해서 아이들이 필요한 정보를 얻을 수 있으면 됩니다. 그 뉴스를 읽은 목적은 이룬 것이지요. 아이들이 신문이나 기사의 일부를 읽더라도 그 관심 분야를 정리하고 요약할 수 있도록 하는 것, 그것이 요즘 아이들에게 필요한 문해력을 기르는 방법일 것입니다. 문해력을 타박하지 마시고 그 행동을 격려해서 반복하게 하는 힘이면 가능성은 충분합니다.

💬 **Talk to you**

---

### 1. 관심 있는 신문 기사를 골라서 함께 읽어 보고 카드 뉴스를 만들어 보세요.

관심 있는 신문 기사를 골라 함께 읽어 보세요. 핵심 내용을 간추려 나만의 카드 뉴스를 만들어 보는 겁니다. 캔바나 미리 캔버스처럼 직관적이고 쉬운 도구를 활용해서 개인마다 카드 뉴스를 만들어요. 결과물을 비교해 보세요. 뉴스 아나운서처럼 발표하는 시간을 가져도 좋습니다. 이를 통해서 어떤 뉴스를 어떻게 정리하고 요약할 수 있는지를 나눠 보세요. 정답이 있는 것은 아니지만, 서로 좋은 점, 잘한 점을 배울 수 있는 시간이 될 것입니다.

대화는 엄마나 아빠가 아이를 가르치는 시간이 아닙니다. 서로가 가진 것을 나누고 배워가는 시간이지요. 부모님의 잔소리만 이어지는 대화라면 안 하는 것이 나을 수도 있습니다. 아이에게 부모의 생각이나 가치관을 말로 가르치려 하지 마세요. 카드 뉴스처럼 활동 결과물로 공유하세요. 아이만 배우는 것은 아닙니다. 부모님도 생각하지 못했던 부분을 배울 수 있습니다. 아이의 가능성을 보고 잠재력을 키우며 좋은 영향을 주는 시간이니까요. 분위기를 만들어 주세요. 못했다고 윽박지르거나 무시하지 마시고 아이의 잘한 점과 가능성을 봐주시는 것이 가족 대화의 철칙이랍니다.

### 2. 카드 뉴스를 보고 기사를 써 보는 것도 좋습니다.

반대로 카드 뉴스를 보고 기사문을 작성해 봐도 좋겠습니다. 글쓰기라고 하면 아이들이 싫어하죠. 한 가지 카드 뉴스를 나눠서 작성해 보셔도 좋습니다. 가족이 힘을 모아서 의논하여 한 가지 뉴스 기사를 완성해 보는 것입니다. 핵심에서 글에 살을 붙이는 연습을 하는 건데요. 이 과정에서 필요하고 보충하고자 하는 부분을 검색해서 뉴스를 확장해 보는 겁니다. 아이들이 핵심 메시지를 어떻게 전달하는 것이 효과적일지를 생각해 볼 수 있는 기회가 됩니다. 예시를 들어 설명하는 것이 효과적인지, 비교나 대조의 방법을 쓸 것인지 알아보는 거죠.

두괄식 기사문이나 반전이 있는 미괄식을 선택해도 좋습니다. 다양한 글의 구성을 연구하면서 아이는 효과적인 기사문 쓰기에 대해 배우게 될 거예요. 혼자서는 어려우니까요. 가족이 힘을 합쳐 써 보는 겁니다. 가족이 함께 결과물을 만들어 보는 것은 과정을 즐기는 것 이상의 효과가 있습니다. 아이들이 그 과정에서 가족의 구성원으로서 역할을 해냈다는 자신감을 갖게 될 것입니다. 어떤 미디어 리터러시 교육의 효과보다 의미 있지요. 하나의 결과물을 만들어 내는 기쁨을 함께 해 보세요.

## 2. 사전을 활용해서 뉴스 내용 파악하기

### 😬 바름이의 미디어 생활

**바름:** 엄마 뉴스에서 문해력 문해력 하는데 그게 무슨 뜻이야?

**엄마:** 우리 바름이가 그게 궁금했구나. 궁금하면 찾아봐야겠지. 저쪽 책장에 사전 있는데 찾아보지 그래.

**바름:** 사전을 찾아보라고? 사전을 찾는 거 나는 너무너무 어색해. 인터넷에서 검색해서 찾는 게 훨씬 빠르잖아.

**엄마:** 그래도 한번 사전을 찾아보면 어떻겠니. 인터넷에서 검색하면 단어

뜻이 금세 나오긴 하지. 하지만 사전을 활용해서 사전 찾는 법도 배우고 좋잖아. 사전을 넘기다 보면 새로운 단어들이 얼마나 많이 나오는 줄 아니? 그 단어 뜻 읽어 보고 예시문을 보면서 뜻을 알아가는 게 얼마나 재미있는데 그래. 너 그런 재미 모르지

**바름:** 그런 재미라는 건 생각해 본 적도 없는걸. 도대체 왜 시간도 오래 걸리고 찾기도 어려운 사전을 찾으라는 거야. 답답하잖아. 진짜 싫어.

**엄마:** 국어든 영어든 대화나 공부의 기본은 어휘력이야. 단어 뜻을 모르는데 어떻게 대화가 되고 공부가 되겠니. 단어를 익히는데 사전만큼 좋은 게 없단다. 너 해 보지도 않고 싫다는 거잖아.

**바름:** 또 잔소리. 우리는 우리만의 방식이 있어. 누가 요즘에 사전으로 단어 뜻을 찾아. 파파고라면 모를까. 세대에 맞는 공부를 해야지. 엄마 방식은 너무 옛날 버전이야. 완전 '라떼는 말이야'라니까. 몰라. 문해력 핸드폰으로 검색해 볼래. 검색하자마자 나오는구만. 얼마나 빠르고 좋아.

**엄마:** 빠른 게 모두 좋은 건 아닌데 어떡하니. 쉽고 빠른 것만 하는 우리 바름이를 어쩌면 좋아.

## 뉴스는 어려운 단어가 너무 많다는 아이들

이건 비단 아이들만의 이야기는 아닐 거예요. 우리도 뉴스 기사를 읽으면 모르는 단어가 많이 나오잖아요. 생경한 단어들 때문에 무슨 말인가 싶어 어리둥절할 때가 있죠. 특히 전문 분야의 뉴스를 읽게 되면 단어들이 정말 어렵습니다. 그런 뉴스를 보는 순간 우리들도 더 이상 읽기가

싫잖아요. 아이들은 오죽할까요. 그래서 아이들에게 맞는 수준의 어린이 신문이나 쉬운 단어를 쓰는 휴먼에이드 포스트 같은 기사를 읽어주기도 하지만 그것도 한계가 있죠. 한정되어 있어 많은 뉴스를 실을 수 없고 빠르게 업데이트되지도 않아요.

그야말로 진퇴양난입니다. 그런 이유로 뉴스를 점점 멀리하는 아이들이 많아지는 게 아닌가 싶은데요. 우리 어릴 때를 생각해 봐요. 아빠가 항상 9시 뉴스를 보시죠. 곁에 앉아서 이것저것 물어봤었잖아요. 아빠는 내가 알아듣기 쉽게 설명을 해 주시죠. 그때 보던 뉴스가 참 재미있었어요. 말 없는 아빠도 뉴스 이야기만큼은 재미나게 들려주셨으니까요. 그때처럼 우리 아이들도 뉴스에 대해서 쉽고 재미있다는 기억을 가졌으면 좋겠는데요. 어떻게 도와줄 수 있을까요?

명문가의 뉴스 교육에서 그 비법을 배워 보면 좋겠어요. 케네디가에서는 신문으로 자녀 교육을 했다고 하죠. 그 방법을 활용해 보는 거예요. 각자 오늘의 뉴스를 하나씩 고르는 거예요. 그걸 자기 식으로 설명해 주는 거죠. 타인에게 무언가를 설명하면서 더 잘 이해하게 되는 경험 누구나 있잖아요. 최상위 공부법으로 알려진 설명하기를 신문을 통해서 하는 거죠. 아이들이 일단은 자신이 소화할 수 있는 쉬운 뉴스를 고를 거예요. 어려운 단어가 없는 기사로 말이죠.

물론 거기에도 한두 가지 어려운 단어는 섞여 있을 겁니다. 신문이나 뉴스에서 일상어만 사용하기는 쉽지 않으니까요. 맥락을 통해서 단어 뜻을 짐작해 보겠지요. 자연스럽게 단어와 어휘력이 증가하게 될 것입니다. 모르는 단어가 있더라도 전체의 맥락 안에서 내용을 이해하는 훈련을 하는 거죠. 처음에는 아주 쉬운 뉴스를 고르겠지만 걱정 마세요. 반복하게 되면 아이들도 뉴스 읽는 힘이 생겨서 조금씩 어려운 뉴스도 접하게 될 거예요. 부모님도 마찬가지죠. 아이에게 설명하려면 본인이 뉴스를 읽고 소화해야 하잖아요. 그 과정에서 부모님도 새롭게 알게 된 어휘를 아이에게 설명하는 일이 생길 거예요. 차차 시야가 넓혀지겠지요. 아이와 함께 세상을 보는 견문을 넓힐 수 있는 아주 좋은 방법이랍니다.

## 그럼에도 모르는 단어가 나온다면

맥락으로 모든 단어를 이해할 수는 없어요. 그때는 사전이 필요하겠지요. 하지만 아이들은 사전이 너무 낯설어요. 필요도 없는 단어까지 나와 있는 사전을 보려고 안 합니다. 사전 자체를 멀리하는데요. 부모님들은 사전과 가까운 아이였으면 하고 바란단 말이에요. 이 둘 사이의 괴리를 어떻게 채울 수 있을까요? 일단 사전 놀이로부터 시작해 보세요. 어릴 때 우리가 했던 놀이처럼 말이에요. 사전과 친해지는 게 우선이니까요.

사전의 아무 장이나 펴서 아는 단어가 많이 나오는 사람이 이기는 게임을 해 보면 어떨까요. 혹은 사전을 돌아가면서 펼쳐서 가장 긴 단어가 나오는 사람이 이기는 놀이 말이에요. 사전과 친숙해져야 사전을 이용해야겠다는 생각도 할 수 있어요. 사전으로 놀이를 해 보세요. 사전이 낯선 게 나아지면 사전을 펼쳐서 거기 나오는 단어로 문장 만들기 놀이를 해 보세요. 혹은 거기 나온 단어로 끝말잇기를 하는 겁니다. 그 단어들을 이용해서 문장 만들기도 할 수 있겠죠. 사전으로 할 수 있는 놀이가 무궁무진하답니다. 사전을 단어의 뜻을 찾는 용도로만 고정해서 사용하니까 재미가 없는 거예요. 사전이 이렇게 살아 움직이는 장난감이 될 때 아이들도 거리감을 줄일 수 있답니다.

우리는 아이들에게 실천적 역량을 키워 줘야 해요. 이론적으로 해결하려고 하기보다는 경험해 보며 해결 방법을 배우도록 가르쳐 줘야 합니다. 단어 뜻을 사전에서 찾아보라고 해봤자 아이들은 그 말을 따르지 않아요. 사전을 찾거나 어휘력을 늘리는 게 현실적인 문제 해결 능력이라고 생각해야 아이들이 실천하거든요. 하지만 지금 아이들에게 사전은 그렇게 필요한 존재가 아니에요. 사전을 통해서 키워 주고자 하는 어휘력도 마찬가지구요. 아이들은 지금의 어휘로도 큰 문제가 없다고 생각해요. 많은 어휘를 알게 되면 얼마나 현실적으로 좋아지는지 알려줘야 해요.

재미있는 놀이와 게임을 통해서 어휘를 익히고 그것을 일상에서 활용하다 보면 아이가 느끼게 될 거예요. 그래야 아이들이 뉴스에서 나온 어려운 단어도 배우고 싶은 욕구가 생긴답니다. 아이들이 뉴스의 지식과 정보를 일상으로 가지고 와서 자신의 삶에 적용시키는 연습을 하려면 재미있게 접근하세요. 재미있으면 또 하고 싶은 마음이 저절로 생기니까요.

### 💬 Talk to you

---

### 1. 뉴스 하나를 택해서 자신이 좋아하는 단어를 찾아 동그라미 해 보세요.

아이들이 어떤 어휘를 주로 사용하는지 알 수 있습니다. 아이는 익숙하고 쉬운 단어를 찾을 거예요. 그걸로 아이 어휘 수준을 알 수 있지요. 누가 빨리 혹은 많이 찾는지로 게임을 해 보세요. 승부욕에 불탄 아이들이 이기려고 열심히 찾게 될 거예요. 게다가 아이들이 찾은 단어는 조금이라도 아이가 흥미 있는 단어라는 점이 중요해요. 이때 찾은 단어들이 아이의 흥미를 찾는 데도 도움이 된답니다.

아이가 어려운 단어가 있어서 뉴스를 읽기 싫다는 생각보다 '그래도 내가 관심 있는 부분이 있구나'라고 생각할 수 있게 해 주세요. 그래야 아이들이 뉴스가 어려워도 읽으려는 시도를 하니까요. 재미있게 놀이로 찾은 단어를 활용해 보세요. 수준과 취미를 찾아 어휘 공부의 시작점을 잡는 데 도움이 될 거예요.

## 2. 목표 단어를 하나 정해서 뉴스나 신문에서 그 단어를 빨리 찾기 게임을 해 보세요.

목표 단어를 정해서 빨리 찾기 게임을 하는 겁니다. 아이들의 집중력을 기르고 핵심 단어를 찾아 익히는 데도 좋습니다. 아이들이 먼저 찾으려고 얼마나 열심인지 모릅니다. 부모님과 함께라면 더 하겠지요. 잘하는 모습을 보여 주고 싶을 테니까요. 부모님이 기사문에서 가장 중요하고 어려운 단어를 선택해서 아이와 찾아보세요. 단어를 익숙하게 하는 아주 좋은 방법이랍니다.

## 3. 사전을 이용한 게임도 함께해 보세요.

사전을 무작위로 펼쳐서 아는 단어가 많은 사람이 승리하는 게임을 해 보세요. 혹은 그 장에 나온 단어를 연결해서 문장 만들기를 하는 거죠. 한 사람이 한 단어를 이용해서 문장을 만들면 다음 단어를 이용해서 문장을 연결해 보는 거예요. 이렇게 사전에 재미를 붙인 아이라면 진짜 단어를 사전에서 찾기로 넘어가도 좋습니다. 가장 먼저 사전에서 단어를 찾는 사람이 간식 결정권을 갖는다거나 제일 느린 사람이 설거지하기 등 사전 찾기를 게임과 연결해 보세요. 아이가 사전을 가까이 두고 훨씬 더 친숙하게 느끼게 될 거예요.

# 3. 뉴스 검색으로 신뢰도 높은 정보 찾기

## 💬 바름이의 미디어 생활

---

**바름:** 엄마. 친구들 카톡방이 야단났어. 기사 링크 타고 가서 나도 봤는데 장난 아니더라. 엄마 그 뉴스 봤어?

**엄마:** 엄마 바빠서 오늘 뉴스 못 봤는데 무슨 일인데 그래.

**바름:** 그 아이돌이랑 배우랑 사귄다고 해서 야단났어. 둘이 같이 있는 사진이 나온 건 아닌데 남자 아이돌 좋아하는 애들이 흥분해서 여자 배우 인스타에 가서 악플 달고 야단이 났나 봐.

**엄마:** 그래? 너희 세대 아이들이 좋아하는 친구들 이야기라 엄마는 몰랐네.

**바름:** 그게 가짜 뉴스였나 봐. 뉴스의 당사자인 남자 아이돌이 기자회견을 했거든. 그 여자 배우 만난 적도 없대. 검증되지도 않은 뉴스에 이렇게 야단이었던 거야.

**엄마:** 요즘에 이목 끌기로 언론사 기자들이 가짜 뉴스를 많이 싣더라. 뉴스 클릭률만 높이려고 거짓 기사를 쓰나 봐. 성인 10명 중에 6명이 가짜 뉴스를 접해 봤다지 뭐니. 신문은 그나마 덜하지만 유튜브는 가짜 뉴스의 온상이라더라. 친구들 반응은 어때?

**바름:** 사실이 아니라서 다행이라는 반응이지 뭐. 그런데 여자 배우 인스타에 악플 단 친구들이 문제야. 악플 단 사람들 찾아내서 고소한다고 했다네. 확인되지도 않은 사실로 무차별 공격을 했으니 여배우도 가만히 있지 않겠다고 했나 봐.

**엄마:** 그러게. 정확하고 믿을 수 있는 뉴스인지 확인을 했어야지. 확인되지도 않은 사실로 악플을 다니 문제지. 악플 단 친구들은 이제 어쩌니.

걱정이 이만저만이 아니겠는걸. 바름이 너 혹시 악플 단 건 아니지? 엄마한텐 숨기지 말고 말해도 돼.

**바름:** 아니야. 친구들이 단톡방에 퍼다 나른 뉴스를 무턱대고 믿으면 안 되는 구나. 당연히 기사니까 믿을 수 있다고 생각했는데 아닌가 봐.

**엄마:** 그럼. 오늘은 뉴스 검색하는 법과 신뢰도 높은 뉴스를 찾는 법을 생각 해 보자.

## 뉴스 제대로 검색하고 있나요.

바름이는 카더라 통신을 친구들에게 전달받았습니다. 바름이와 친구들은 신이 나서 그 소식을 퍼다 나릅니다. 검증하거나 비교해 보지도 않고 말이지요. 이런 행동들이 뉴스의 신뢰도를 낮춰 버렸어요. 아이들이 전파시킨 가짜 뉴스가 일파만파로 퍼졌지요. 뉴스가 빠르게 퍼지는 속도만큼 피해자도 마음의 상처를 입었을 거 같은데요. 아이들이 뉴스를 전달받았을 때 이 뉴스가 사실인지 증명할 수 있는 자료를 요구했다면 어땠을까요. 아마 이 뉴스가 이렇게 빠르게 퍼지지도, 피해자가 악플에 시달리지도 않았을 거예요.

아이들에게 뉴스를 제대로 검색하는 방법을 알려줘야 합니다. 뉴스를 가십거리나 흥미 위주로 소비하는 친구들도 있지만, 꼭 필요한 정보를 찾기 위해 뉴스 검색을 하는 경우가 많아요. 이럴 때는 뉴스가 문제를 해결할 수 있는 단초가 되어 주지요. 어떻게 제대로 된 뉴스를 찾을 수 있을까요. 제대로 된 뉴스를 찾으려면 우선 내가 찾고자 하는 문제 상황의 우선순위를 정해야 해요. 내가 찾고 싶은 것이 어떤 정보인지, 가장 선행되어야 할 뉴스가 무엇인지 생각해 보는 겁니다.

찾아야 할 문제가 정해졌다면 여러 가지 미디어를 검색해 봐요. 문제를 해결하기 위해서 한 가지 뉴스만 찾아서는 안 되지요. 각자의 목적에 따라 뉴스에서 제공하는 정보도 다르니까요. 그 뉴스들 가운데에서 어떤 미디어의 뉴스가 나의 필요를 해결할지 생각해 봐요. 다양한 미디어에서 검색했다면 필요한 정보를 선별해야겠지요. 모든 정보를 다 활용할 수는 없으니까요. 필요한 정보들이 정리가 되었으면 문제 해결책을 정리해서 미디어로 공유해 보세요. 다른 사람들의 의견이 더해져서 더 확실한 정보로 자리 잡을 수 있으니까요. 여러 가지 매체를 통해서 뉴스의 핵심 사실을 선별하고 그것이 필요한 정보인가를 분별해야 합니다.

아이들은 다양한 뉴스를 찾아보기 귀찮아해요. 한 가지 뉴스를 그대로 믿어 버리기도 합니다. 의심할 여지가 있다거나 거짓 뉴스가 포함되어 있을 거라는 생각을 안 합니다. 어쩌면 이런 사고방식은 지식을 비판적인 사고 없이 그대로 받아들이도록 가르친 어른들의 잘못인지도 몰라요. 아이들에게 알려줘야 합니다. 모든 정보가 옳지 않을 수 있음을 말이죠. 정보를 객관적인 시각과 자료를 통해 검증해야 한다는 것을 알아야 해요. 그래야 아이들도 정보의 가치와 신뢰도에 대해서 한 번 더 생각하고 뉴스를 소비하고 공유할 수 있답니다.

## 신뢰도 높은 뉴스의 조건

우리 아이들을 디지털 네이티브라고 부릅니다. 태어나면서부터 손에 스마트폰을 갖고 논 세대입니다. 어릴 때부터 많은 자극을 미디어로 받았던 아이들이죠. 안타깝게도 이들은 미디어에서 가짜를 말할지도 모른다는 사실을 인지하지 못합니다. 미디어의 정보가 모두가 참이라고 생각하기 쉽습니다. 어려서부터 자연스럽게 미디어를 통해 정보를 얻어왔으니까요. 이런 아이들에게 갑자기 뉴스의 신뢰도를 검증해야 한다고 말하면 당황할 것입니다. 어떻게 해야 하는지 갈피조차 잡지 못할 가능성이 많지요.

뉴스가 어떤 정보를 담고 있는지부터 차근차근 분석하게 해 주세요. 주장하는 내용을 담은 뉴스라면 그 주장이 타당한지 생각을 해 봐야겠지요. 주장의 타당함이란 근거의 힘에서 나옵니다. 근거가 얼마나 합당한지, 그 주장을 적절하게 뒷받침하고 있는지 살펴보는 것이지요. 바름이처럼 스캔들을 주장하는 기사를 봤다면 말이에요. 그에 합당한 사진 자료나 본인의 의사 표현이 있어야겠죠. 기자의 짐작만으로는 주장을 받아들일 수 없잖아요. 그 기사문에는 그 어떤 근거도 나와 있지 않았어요. 신뢰도가 낮은 뉴스라고 생각하고 거르면 되겠죠. 이런 식으로 차근차근 따져 보면 됩니다.

내용을 설명하는 뉴스라면 어떻게 신뢰도를 판단할 수 있을까요? 뉴스 제작자의 의도부터 생각해 봐야 합니다. 왜 이 뉴스를 만들었으며, 어떤 방식으로 설명하고 있는지를 봐야죠. 그 뉴스 안에 어떤 가치관과 관점이 포함되어 있는지 생각해 보는 것입니다. 설명하는 콘텐츠의 형식을 취하고는 있지만 그 안에 교묘하게 자신의 주장을 담는 경우도 있습니다. 혹은 객관적인 설명이 아니라 한쪽으로 치우친 관점에서 설명을 이어 나가는 경우도 많아요. 사람은 정보에 대해서 확증편향이 있거든요. 자신이 맞다고 생각하는 쪽으로 계속해서 생각을 몰고 가니까요. 아이들이 뉴스가 치우치지 않은 방향에서 기술되고 있는지를 판단할 수 있어야 해요. 물론 이것은 어른들도 찾아내기가 쉽지 않습니다. 내가 보던 방식으로 세상을 보고자 하니까요. 다른 방향에서 세상을 바라본다는 것이 어렵지요. 그래서 부모님 또한 바른 가치관을 편향되지 않게 받아들이는 관점을 찾아보셔야 해요. 그래야 아이들과 함께 찾아보고 검증할 수 있겠지요.

가장 쉬운 방법은 핵심 검색어를 담은 다양한 뉴스를 찾아 읽어 보는 거예요. 그 뉴스와 반대 입장, 혹은 다른 방향에서 바라본 관점이 있을 것입니다. 다른 관점에서 설명하는 미디어를 찾아요. 한 가지 뉴스라도 여러 미디어의 관점을 비교하며 읽어 보는 것이 필요합니다. 이것이 신뢰도 있는 뉴스를 골라내는 데 도움이 된답니다.

## 💬 Talk to you

### 1. 한 가지 주제에 대해서 반대의 입장을 가진 뉴스를 읽고 가족 토론을 해 보세요.

찬반 토론의 주제를 잡기 가장 쉬운 뉴스가 사설입니다. 사설에는 글쓴이의 주장이 들어 있으니까요. 주장의 근거가 타당한지 시험하기 위해서 사설을 읽어 보면 좋습니다. 지금은 사라졌지만 '사설속으로'라고 한겨레신문과 중앙일보의 사설을 비교해 주는 사이트가 있었습니다. 시간이 지난 뉴스긴 하지만, 이 사이트에서 다룬 사설을 찾아 읽어 보세요. 두 가지 사설에서 주장하는 바를 비교해 주고 차이점을 골라 문제적 시각을 제시해 주는 좋은 콘텐츠입니다.

사설들을 읽어 보면서 뉴스의 신뢰도를 검증해 보세요. 같은 주제에 대해서 각각 어떤 근거를 잡았는지, 그 근거가 얼마나 타당한지 비교해 보는 데 도움이 될 거예요. 가족들이 한 가지 주제의 사설을 읽어 보고 토론을 해보세요. 두 사설 중에서 어떤 것이 더 객관적인 근거를 담고 있는지 말이죠. 이렇게 해 보면 뉴스를 객관적인 시선으로 검색하게 될 거예요. 그 검색의 과정이 신뢰도 있는 뉴스를 찾아보는 첫 번째 과정이랍니다.

## 2. 한 가지 주제를 잡아서 다양한 뉴스를 수집해 보세요.

사설로 연습이 되었다면 한 가지 주제를 가진 다양한 미디어의 뉴스를 찾아 보세요. 어떤 매체라도 좋습니다. 그 뉴스들을 종합해서 주제에 대한 뉴스를 직접 만들어 보는 겁니다. 쉽지 않을 거예요. 객관적인 근거를 토대로 치우치지 않는 관점으로 글을 쓴다는 것이 어렵거든요. 아무리 중립을 지킨다고 해도 그래요. 사람은 그동안의 경험으로 어느 방향으로든 치우칠 수 있으니까요.

가족의 경우 더욱 그렇지요. 비슷한 사고관과 가치관을 가졌을 가능성이 높아요. 그럼에도 최대한 공정하게 아이디어를 모아 보세요. 가족이 힘을 합해서 프로젝트를 완성해 봐요. 신뢰도 높게 뉴스를 만든다는 것이 얼마나 힘든 것인지 알게 될 거예요. 뉴스를 만들어 보면 뉴스를 보는 관점이 조금 더 깊어진답니다. 뉴스를 판별해 낼 때도 도움이 될 거예요. '백짓장도 맞들면 낫다고 하잖아요. 가족이 힘을 합쳐 신뢰도 높은 뉴스를 써내는 동안 아이들도 배우게 될 겁니다. 뉴스의 신뢰도를 높이는 방법을 말이에요.

# 4. 뉴스의 사실과 의견 구분하기

## 💬 바름이의 미디어 생활

---

**바름:** 엄마, 사춘기가 지나치게 빨리 오면 키가 크다가 만다는데, 나도 그런가?

**엄마:** 네가 지금 사춘기가 오는 게 지나치게 빠른 것 같니?

**바름:** 지나치게 빨리 온다는 게 무엇을 의미하는지 잘 모르겠어.

**엄마:** 그래. 뉴스에서 '지나치게'라는 말을 사용한 게 판단을 어렵게 했구나. 지나치다는 기준이 뭔지 알 수가 없잖아. 초등학교 2학년이 지나치게 빠른 건지, 4학년이 빠른 건지 구분이 안 되니까. 기자는 정확한 사실을 전달해야 하는데 애매한 부사를 쓰면 어떻게 정확하게 뉴스를 받아들이겠어. 어디 기사를 한번 자세히 읽어볼까. 여기 있네. 지나치다는 기준이 여아 8세, 남아 9세 미만을 기준으로 한대. 이 나이 때 또래보다 2년 이상 빨리 성장이 시작되면 그걸 지나치다고 판단하나봐. 너는 해당이 안 되는 거 같은데.

**바름:** 그렇네. 지나치다고 하니까 나도 그런가 싶어서 말이야. 나도 또래보다 키가 큰 편이니까 언제 성장이 멈출지 걱정돼. 이게 지나친 건지 구분이 안 되잖아. 만 나이로 내 나이는 지난 거니까 상관이 없네. 왜 '지나치게'라는 표현을 써서 애매하게 표현하는 거야. 사람 헷갈리게.

**엄마:** 제목만 보고 본문을 정확히 안 읽은 네 잘못도 있어. 기자는 일단 이목을 끄는 게 중요하니까 그랬겠지. 정확한 사실은 기사 본문에서 써주면 되니까. 너처럼 '지나치게 빠르다'는 제목을 보고 관심을 가져서 기사를 보게 하려고 그랬을 거야. 뉴스를 대할 때 의견과 사실을 구분

하면서 읽을 줄 알아야 해.

**바름:** 어떻게?

**엄마:** 우리 바름이가 조르는 거 보니 관심이 많은 모양이다. 좋았어. 너의
지나친 관심을 채워 주마.

## 뉴스는 사실과 의견으로 구분됩니다.

뉴스는 사실과 의견으로 구분됩니다. 우리가 보통 '뉴스'라고 보는 것
은 새로운 사건이나 현상을 사실적으로 전달하는 데 초점을 두고 있습
니다. 하지만 사설이나 칼럼처럼 의견을 담은 뉴스도 존재해요. 사실과
의견을 구분하면서 읽어야 합니다. 의견을 사실처럼 착각하게 되면 곤
란하지요. 정확한 정보를 얻을 수 없으니까요. 사설이나 칼럼처럼 따로
뉴스를 만드는 경우도 있지만, 사실을 전달하는 뉴스에 의견이 포함되
기도 합니다. 그걸 구분할 줄 알아야 해요. 사실이란 그 내용을 입증할
수 있어야 합니다. 증거를 통해 검증해야 하죠. 검증이나 통계, 문서를
통해서 입증되는 실제 사건을 기반으로 하는 것을 말합니다. 의견은 어
떨까요. 의견은 사실이나 지식에 의해서 입증되느냐 여부는 중요하지
않습니다. 주관적이고 개인적인 판단을 말합니다. 개인이 어떻게 느끼
는지를 표현하는 것이지요. 통계를 통해서 입증할 필요가 없습니다. 사
실은 관찰이나 연구로 뒷받침되지만 의견은 가정에서 근거를 찾습니다.
사실은 편견 없는 단어로 표현되지만 의견은 편향될 수 있습니다. 사실
은 실제 정보라서 도전하거나 토론할 수 없지만 의견으로는 토론이 가
능하지요.

뉴스에는 사실과 의견이 섞여 있습니다. 아이들이 판단하기 쉽게 이것은 사실과 의견을 나눠서 표기해 주면 좋겠는데, 전혀 그렇지 않아요. 그래서 사실과 의견을 구분해 보라면 혼란스러워합니다. 뉴스에서 전하는 게 사실이라고 생각하고 생산자의 의견 또한 믿고 싶어 합니다. 사실과 의견을 구분하기가 어려우니까요. 앞에서 설명한 것처럼 검증할 수 없는 주관적인 의견을 믿게 되면 자기만의 생각의 방향을 결정하기가 어렵습니다. 자기 생각을 끌어내는 것이 아니라 기자의 생각을 따라가게 되니까요. 어렵지만 뉴스에서 사실과 의견을 분별해야 합니다. 이를 분별한 후 자신이 취할 것과 버릴 것을 구분해야 하니까요.

## 사실과 의견을 구분하면서 읽는 방법

사실과 의견은 어떻게 구분할 수 있을까요? 사실과 의견을 구분하기 위해서는 부사와 형용사를 잘 판단해서 읽어야 합니다. 부사와 형용사는 꾸며 주는 말이잖아요. 그 단어에 의견이 담기는 경우가 많습니다. 바름이와 엄마의 대화에서처럼 '지나치게'라는 단어는 주관적인 의견이 담긴 부사입니다. 뉴스를 읽다 보면 형용사나 부사를 포함해서 의견을 담는 기사문이 있습니다. 형용사와 부사를 포함해서 자신이 바라는 방향으로 기사를 작성하기도 하지요. 이 형용사와 부사를 찾아내서 의견이 어떤 방향으로 흐르고 있는지를 분별하면 됩니다. '~이 지나치게'라는 표현이 있다면 지나치다는 것이 무엇을 의미하는지 알아보는 거죠. 2년 정도의 차이를 이야기한다고 기사 본문에는 쓰여 있지만요. 그 '지나친'이라는 단어를 쓴 이유를 생각해 봐야 해요. 지나치게 빠르다는 표현이 강조하기 위해서 그 단어를 썼을 수 있습니다. 이 부분은 사실을 왜곡하고자 하는 의도는 느껴지지 않지만, 다른 경우도 있습니다.

'MZ세대의 지나친 공정 의식으로 인해 오히려 공정에 문제가 발생할 수 있을까 우려됩니다.'

위 문장에서의 '지나친'은 또 다른 의미로 쓰였지요. 기준이 드러나지 않은 주관적인 의견인데요. 이 '지나치다'라는 말을 통해서 어떤 것을 얻고 싶었을까 생각해 봐야 합니다. 아무래도 MZ세대에 대한 부정적인 시각을 드러내고 있는 듯하죠. '지나친 공정 의식'이라는 표현을 굳이 썼어요. 너무 지나쳐서 문제를 일으킬 수 있다는 자신의 편협한 의견을 강조하고 뒷받침하려고요. 이런 기사를 보면서 스스로 '진짜 MZ세대의 공정 의식이 너무 지나쳐'라고 생각하지는 않았는지 되돌아봐야 합니다. 이런 형용사와 부사가 담은 개인의 의견이 마치 검증된 사실인 것처럼 부풀려져서는 안 되겠지요.

의견에 좌우되어서는 제대로 된 가치관을 가질 수 없습니다. 점점 편협해질 수밖에 없으니까요. 아이들과 함께 기사문을 살펴보면서 사실과 의견을 구분하는 활동을 반드시 해 주셔야 합니다. 물론 개인이 의견을 가지는 것은 자유지요. 하지만 보도 속에 의견을 첨가해서 읽는 이의 생각을 조종하고자 하는 것은 위험한 발상입니다. 주어가 개인인지, 객관성을 갖추고 있는지, 형용사와 부사를 써서 객관적인 묘사를 하는지, 의견을 주장하는지를 살펴야겠습니다.

유튜브 콘텐츠 제목을 보면 이런 형용사들이 남발하는 것을 볼 수 있습니다. 클릭률을 높이기 위해 형용사와 부사를 남발하는 건데요. 이런 콘텐츠에 익숙해진 아이들이 뉴스에서도 이런 표현들을 자연스럽게 사실화해서 받아들이지 않도록 조심해야겠습니다. 정확한 사실을 구별하고 그에 따른 의견은 하나의 생각으로 분류하도록 형용사와 부사의 쓰임을 주의하도록 알려주세요.

💬 **Talk to you**

---

### 1. 형용사와 부사를 사용하여 만들어진 콘텐츠 제목을 모아 보세요.

꾸미는 말을 사용해서 제목을 지은 콘텐츠를 모아 보세요. 자극적이고 기사의 내용과 상관없는 제목들이 난무할 것입니다. 자극적이고 강한 제목은 그만큼 클릭하기가 쉽기 때문이죠. 이런 제목들을 모아서 말해 보세요. 지금까지 가족들이 소비한 콘텐츠의 수위를 느낄 수 있을 거예요. 가장 자극적이고 강한 어조의 제목을 투표로 몇 개 뽑아 보세요. 다 함께 그 콘텐츠를 보고 제목과 내용의 연관성에 대해서 나눠 보세요.

제목과 전혀 관계없이 사람들의 눈길을 끌기 위해서 제작된 콘텐츠의 경우 내용과 제목의 상관성이 낮다는 것을 알게 될 것입니다. 가뜩이나 공격적이고 나쁜 일만 뉴스로 만들어집니다. 세상에 행복한 일은 없나 싶을 정도로 놀랍고 무서운 일을 다룬 뉴스 천지에요. 안 그래도 세상에 대해 부정적인 생각이 만들어질 수밖에 없는 아이들인데요. 실제 내용과 상관없이 제목이 불안감을 키우고 있음을 아이들도 느끼게 될 것입니다.

### 2. 사실과 의견을 구분해서 이야기를 나눠 보세요.

위에서 대화 나눠 본 콘텐츠 하나를 정해서 콘텐츠에 담긴 사실과 의견을 구분해 보세요. 의견을 나타내는 분야가 아닌데도 사실인 척 의견을 섞어 놓은 콘텐츠가 많을 거예요. 게임하듯이 콘텐츠에서 제작자의 의견을 추려 내보세요. 얼마나 많은 의견이 사실인 것처럼 둔갑해서 콘텐츠의 방향에 영향을 주고 있는지가 보일 거예요.

사실과 의견을 구분해서 받아들여야 하는 이유를 발견하는 시점입니다. 아이들이 비판적 안목 없이 제작자의 의견이 섞인 콘텐츠를 보면 안 되는 이유를 알게 될 거예요. 그런 사고가 얼마나 위험한지도 알겠죠. 거기서부터 콘텐츠를 비판적으로 해석하는 힘을 기를 수 있어요. 제작자의 의견이 정말 합당하고 객관적인지, 그렇지 않다면 어떤 방향에서 의견을 제시할 수 있을지 대화를 나눠 보세요. 아이들에게 다양한 시각에서 의견을 제시할 수 있는 기회가 될 거예요. 세상엔 많은 의견이 존재하죠. 그 다양성을 인정할 때 우리는 더 합당한 의견의 합일점에 도달할 수 있잖아요. 이것을 이해하는 대화가 되었으면 좋겠습니다.

# 5. 뉴스의 저작권 알아보기

## ☺ 바름이의 미디어 생활

**Q&A로 알아보는 뉴스 저작권** (한국저작권위원회 청소년저작권교실 제공)

**Q. 인터넷에서 침해 없이 저작물을 이용하는 방법은 없나요?**

**A.** 비영리 한도 내에서 출처를 밝히고 퍼갈 수 있음을 공지해 둔 미디어를 사용하면 됩니다. 상업적인 목적이 아니라면 일정 한도 내에서 누구나 마음대로 퍼가도 되는 것으로 이해할 수 있으며 퍼가는 사람도 저작권 침해를 신경 쓰지 않고 이용할 수 있습니다. 다만 출처 표시는 꼭 해야 합니다. 신문 기사의 경우는 무단 복제, 배포 금지라는 이용 금지 표시를

하므로 퍼가는 행위는 금지됩니다. 자신의 홈페이지에 쓰고 싶을 때 기사를 간단히 요약하거나 해당 기사 자체를 링크하는 방법으로 활용할 수 있습니다. 그러나 해당 저작물의 원저작자가 이용 허락을 한 것인지는 확인이 불가능할 수도 있습니다. 원저작자의 홈페이지에서 이용 허락 여부를 확인하고 사용하는 것이 안전합니다.

**Q. 타인의 글을 퍼온다거나 하는 식으로 사이트 게시판에 글을 올리는 경우가 많은데요. 저작권에 적법하게 글을 올리는 방법이 있을까요.**

**A.** 다른 사람의 글이나 자료를 인터넷에 공유하는 것은 저작권법의 정의에서 인용에 해당이 되므로 문제가 발생합니다. 퍼온 글이라고 표시를 하면 문제가 없는 것으로 알지만 아닙니다. 정확한 출처를 표시하지 않은 경우이므로 책임을 면할 수 없습니다. 다만 자신이 작성한 내용이 주요 부분을 차지하고, 핵심이며, 인용한 부분이 보충하는 정도가 비율적으로 훨씬 적을 때는 정당한 범위 안에서 사용한 것으로 판단합니다. 이때는 인용한 부분을 정확히 밝혀야 합니다. 다른 사람의 자료가 자신이 작성하는 내용과 관련되거나 인용이 꼭 필요한 경우도 공정한 관행에 해당됩니다. 꼭 출처를 밝히고 자신의 글과 구분하여 표시하도록 하세요.

**Q. 신문 기사를 홈페이지나 카페, 블로그 등에 올리는 것은 출처를 밝히면 허용되나요?**

**A.** 신문 기사는 사설이나 논평, 칼럼의 경우 저작물로 인정됩니다. 다만 사실의 전달에 불과한 시사 보도는 비보호 저작물로 규정하여 저작권 보호를 하지 않습니다. 즉 육하원칙에 의하여 작성한 사건 사고의 단신 등은 저작권자의 허락 없이 자유롭게 사용 가능합니다. 저작물을 인터넷

에 게시하는 경우는 해당 신문사나 기자의 허락을 받아야 합니다. 영리를 목적으로 하지 않는 개인 홈페이지에서 출처를 밝히더라도 허락을 꼭 받아야 합니다. 신문 기사는 인터넷에 올릴 때 사이트 주소를 링크하는 것이 가장 안전한 방법입니다.

**Q. 뉴스 기사의 제목 또는 제목 및 일부 내용과 작은 이미지로 축소한 사진을 게재하면서 원저작물이 게시된 웹페이지로 직접 연결해도 저작권 침해 행위에 해당하나요?**

**A.** 이런 경우 저작권 침해 여부를 단언적으로 말할 수 없고 제반 상황과 조건을 고려해야 합니다. 저작권자의 허락 없이 작은 크기로 축소해 게시한 것은 복제권 및 전시권이 침해된 사실은 맞습니다. 다만 이용자들에게 쉽고 빠른 접근을 제공한 측면(공공성)이 인정되고 상업적으로 이용하였다고 보기 어려운 점(비영리성)이 있어요. 오히려 저작권자가 많은 방문자를 얻게 되는 이익을 보았다고 판단되는 점 등을 고려하여 이는 공표된 저작물의 인용에 해당한다고 판단하고 있습니다.

## 모든 미디어에는 저작권이 있어요.

저작권이란 창작물을 만든 저작권자가 자기 저작물에 대해서 가지는 배타적인 법적 권리입니다. 사람의 생각이나 감정을 표현한 결과물에 대하여 표현한 사람에게 주는 권리입니다. 저작물에서 창작이 있으면 저작권은 자연히 발생합니다. 미디어를 만든 사람의 권리를 보호하여 문화를 발전시키는 것을 목적이지요. 저작권은 지식재산권의 하나로 인

격권과 재산권으로 나뉩니다. (위키백과 참고)

뉴스나 미디어의 내용을 합법적으로 이용하려면 저작권자로부터 이용 방법과 조건 사용에 대한 허락을 받아야 해요. 개인이든 영리 단체든 무단으로 뉴스를 게시하거나 배포하면 저작권 침해에 해당이 됩니다. 저작권이 있는 저작물은 저작 재작권자의 허락 조건 안에서만 이용할 수 있습니다. 일반적으로 개인이 창작자인 저작물의 경우 저작자의 생존 기간과 그의 사망 후 70년간 저작권이 보호됩니다. 저작권자가 미리 허락 조건을 명시해 놓은 경우에는 따로 허락을 받지 않아도 되지요. 예를 들어 위키백과나 구글에 실린 글이나 이미지 중에서 크리에이티브 커먼즈 라이선스로 공개된 것이 여기에 해당이 됩니다.

요즘에 디지털 뉴스가 많은 만큼 저작권 보호가 중요한데요. 쉽게 복제나 도용이 가능하기 때문에 저작권 문제가 많이 발생하고 있습니다. 디지털 형태의 뉴스 또한 저작권 보호를 받아야 함에도 불구하고 뉴스를 얼마나 변형해서 사용한지에 대한 개념조차 약한 게 사실이지요. 아이들도 뉴스를 드래그해서 퍼다 나르는 경우가 있습니다. 가장 많이 나타나는 저작권 침해가 학교 과제 시 생기는데요. 과제를 할 때 인터넷에서 검색을 해서 뉴스를 복사해서 그대로 가져다 붙입니다. 아이들은 이 기사나 뉴스가 저작권자가 있다는 생각조차 하지 못합니다. 학교에서 저작권 보호에 관한 교육을 꾸준히 실시하고 있지만, '이 정도는 괜찮겠지' 하는 안일한 생각을 가지고 있어요. 얼마나 위험한 행동인지 알려줘야 합니다.

저작권 침해를 한 경우 저작권법에서는 "저작재산권 그 밖에 이 법에 의하여 보호되는 재산권 권리를 복제, 공연, 방송, 전시, 전송, 배포, 2차적 저작물 작성의 방법으로 침해한 자는 5년 이하의 징역 또는 5천만 원이하의 벌금에 처하거나 이를 부과할 수 있다."라고 규정하고 있습니다. 저작권자의 출처 명시 의무를 지키지 않는 경우만 해도 500만 원 이하의 벌금을 부과받습니다. 프랑스에서는 2005년 온라인에 1만여 곡의 노래를 업로드한 사람이 벌금형을 받았으며, 일본에서도 동영상을 무단으로 공유한 사람이 징역 1년에 집행 유예 3년 처벌을 받았습니다.

온라인을 통해 저작물을 무단 배포하거나 공유하는 일은 일상에서 가장 많이 보이는 형태입니다. 우리 아이들이 그럴 일을 할 경우는 없다고 생각하실 텐데요. 일상에서 저작권 시비가 자주 일어나지 않아서 의식을 못 할 뿐입니다. 아이들도 많은 경우 저작권 침해를 할 수 있음을 간과하지 말아야겠습니다.


## 이럴 때 저작권 침해에 해당돼요.

저작권 침해 사례를 한국저작권위원회의 배움터 안내를 통해서 알아볼까요. 아이들이 인터넷에서 떠도는 글·그림·사진을 퍼서 내 홈페이지나 카페·블로그·페이스북에 옮기는 행위입니다. 친구가 퍼온 글을 함께 즐기면서 자신의 SNS에 올리는 경우가 많은데요. 출처가 분명하지 않은 글을 허락 없이 공유하는 것은 저작권 침해에 해당됩니다. 허락을 받았는지 알 수 없기에 더 위험한 행동입니다. 저작권자가 없는 미디어는 존재하지 않는다는 것을 인식해야 해요.

공유 사이트나 웹하드에 자료를 공유하는 것도 마찬가지입니다. 다른 사람의 저작물은 허락을 받아야 사용할 수 있답니다. 영화나 음악 파일을 공유하는 것도 마찬가지예요. 저작권자가 있는 창작물을 정당한 대가도 없이 나누는 것은 큰 문제입니다. '친구한테 받은 걸 공유한 것이니 괜찮겠지'라는 생각은 위험합니다. 컴퓨터 프로그램을 무단 복사해서 공유하거나 저작권 프리가 아닌 음악을 배경 음악으로 지정하는 것도 안 됩니다. 인기 드라마나 방송의 캡처 화면을 인터넷상에 공유하는 것도 문제가 되지요. 글짓기나 그리기 대회에서 다른 사람의 글이나 그림을 베껴서 제출하거나 문제집이나 참고서의 학습 자료를 스캔해서 인터넷 업로드하는 것도 모두 저작권 침해에 해당합니다. 저작권에 대해 잘 알고 있다고 생각하는 아이들조차 자칫하면 실수할 수 있는 부분들이에요.

저작권에 상관없이 그 기사를 공유하고 싶다면 방법이 없는 것은 아닙니다. 뉴스의 경우 저작물을 합법적으로 이용할 수 있는 방법이 생겼어요. 디지털저작권거래소를 통해서 뉴스 저작물 이용 허락 계약 서비스를 이용하는 것입니다. 한국언론진흥재단 및 유통 대행 업체와 협업해서 진행을 하는데요. 뉴스 온라인 사용을 간단하게 이용할 수 있도록 계약을 지원하는 시스템입니다. 음악·어문 분야의 저작권 협약이 이뤄지고 있는데요. 권리자 찾기 정보 시스템을 통해 저작권 위탁관리업자가 보고하는 저작물의 권리 정보와 유관기관 등이 제공하는 저작권 정보를 체계적으로 수집·통합해 저작권 관리번호를 부여하지요. 이용자가 저작권자를 간편하게 찾을 수 있도록 합니다. 수집한 권리 정보를 바탕으로 온라인에서 저작권 이용 허락 계약 체결을 돕지요. 아이들이 뉴스를 활용해야 한다면 이 시스템을 활용하도록 알려주시는 것이 좋겠지만요. 저작권이 보호되어야 함을 알고 함부로 공유하지 않는 것만으로도 저작권에 대한 교육은 가능합니다.

---

### 1. 저작권 침해 사례 뉴스를 검색해 보세요.

저작권 침해 사례가 심심치 않게 발견되지요. 특히 아이들 사이에서 저작권을 지키지 않는 사례가 존재합니다. 어떤 것이 문제가 되는지 확실하게 알아야 합니다. 아이들과 생활에서 쉽게 접할 수 있는 저작권 침해 사례에 대해서 찾아보세요. 쉽게 사용했던 자료들이 문제가 될 수 있음을 알게 될거예요. 부모님 또한 인터넷에 글을 쓸 때 조심하는 부분이 있다면 경험을 나눠 주세요.

가족이 서로 저작권 보안관이 되어야 합니다. 몰랐던 부분을 공유하고 저작권이 아리송할 때는 확실하게 찾아보고 자료를 사용해야 해요. 특히 과제를 할 때 인터넷 자료를 복사-붙이기 해서 사용하는 친구들이 있는데요. 각별히 조심해야 합니다. 저작권 보호는 대단한 작품을 만드는 사람들만의 문제가 아닙니다. 우리도 언제나 저작권 시비에 휘말릴 수 있음을 기사를 통해 확인해 보세요. 특히 음악을 많이 듣거나 공유하는 친구들을 특별히 조심시켜야 해요. 사실 아이들과 대화를 나누다 보면 자녀들이 더 많이 알고 있을 수 있어요. 학교에서 거의 매년 교육을 하니까요. 부모님도 몰랐던 부분을 배우시고 아이들도 확실하게 정리하는 시간으로 만들어 보세요.


### 2. 저작물 이용 단계를 확실하게 정리해 보세요.

모든 미디어의 자료를 저작권자에게 허락받고 사용하기는 실상 쉽지 않지요. 저작권으로 보호받지 않고 자유롭게 쓸 수 있는 자료를 활용하는 것이 현명한 방법일 거예요. 어떻게 그것을 확인할 수 있는지 저작물 이용 단계를 함께 정리해 보세요. 먼저 어떤 저작물을 이용할지를 정해야 합니다. 그

저작물이 보호받는 것인지를 확인해야지요. 저작물 보호 기간이 혹시 지났다면 이용 가능하겠지요. 또한, 저작권법에서 저자의 허락 없이도 이용할 수 있는 미디어인지 확인해 봅니다. 예를 들어 신문 기사의 경우 육하원칙에 의한 사건의 전달 내용은 저작권에 의해 보호되지 않고 활용할 수 있는 것처럼요.

저작권 신탁 관리 단체나 저작권 대리 중개업체를 통해서 저작권을 이용하려는 의도를 알리고 허락을 받으면 됩니다. 이때 제작자나 출처 표시를 정확히 하고 나서 이용을 허락받은 범위 내에서 사용하면 되겠지요. 바른 저작권 사용을 통해 저작권을 지켜 주는 성숙한 시민으로 성장해 나가야겠습니다.

## 6. 개인정보 관리하기

### 💬 바름이의 미디어 생활

**바름:** 오늘 학교에서 완전 대박 사건이 있었어.

**엄마:** 뭔데?

**바름:** 우리 반 친구 둘이서 싸우는 거야. 그것도 아주 심하게. 무슨 일인가 알아봤더니 한 친구가 다른 친구에게 공유 사이트 아이디랑 비밀번호를 가르쳐 줬나 봐. 그걸로 접속해서 다른 친구 욕을 썼대. 욕의 대상이 된 친구는 너무 화가 나서 아이디 주인에게 따졌겠지. 그랬더니 아이디 주인은 전혀 그런 글을 쓴 일이 없대. 오늘 아이디 주인이 친구에게 엄청 따지는 거야. 자기 아이디랑 비밀번호를 아는 건 너뿐이라

면서 말야.

**엄마:** 그래서?

**바름:** 아이디를 알고 있는 친구는 순순히 인정하지 않았지. 인터넷에 욕이 올라간 친구가 가만히 안 둔다고 했거든. 서로 네가 썼다 안 썼다 싸우고 얼마나 야단이었는지 몰라. 절친 맞나 싶게 무섭게 싸우더라니까.

**엄마:** 정말 무서운 건 싸우는 모습이 아니야. 진짜 문제는 자신의 아이디랑 비밀번호를 친구에게 무방비 상태로 알려 줬다는 거지.

**바름:** 그게 어때서? 친하면 그 정도는 알려 줄 수 있는 거 아냐?

**엄마:** 바름아. 오늘은 엄마가 우리 바름이 개인정보 지킴이가 되어야겠다.

**바름:** 그게 뭔데?

**엄마:** 그런 게 있어. 이리 앉아 봐.

## 개인정보가 빠르게 유출되고 있어요.

모르는 번호로 문자가 오는데 필요한 정보를 알려 준 적 있으시죠. 필요한 물건을 공유해 준다거나 정보를 알려 주는 것처럼 말이에요. 도대체 어디서 내가 이런 것들이 필요하다는 것을 안 걸까 궁금해진 적이 있으실 텐데요. 내 개인정보가 어딘가에 뿌려진 건 아닐까 싶을 정도입니다. 대형 사이트가 해킹당해서 수백만 건의 개인정보가 유출되었다는 소식이 심심치 않게 들리는데요. 그 해킹을 통해서 내 정보가 샌 건 아닌가 싶기도 해요. 때로는 내가 이용했던 오프라인 상점을 통해서 정보가 알려지기도 한다니까요. 개인정보 유출이 뉴스에만 나오는 이야기는 아닙니다.

개인정보 유출이란 법령이나 개인정보를 다루는 법인·단체·개인 등이 개인정보에 대한 통제를 상실하거나 권한 없는 자의 접근을 허용한 것을 말합니다. 개인정보 유출은 개인정보호법에서 정의하고 있으며 유출했을 경우 형사 처벌 대상에 해당됩니다. 개인정보 유출은 개인정보가 포함된 서면·이동식 저장 장치·휴대용 컴퓨터 등을 분실하거나 도난당한 경우 발생할 수 있어요.

　개인정보 데이터베이스 등 시스템에 정상적인 권한이 없는 자가 접근한 경우도 마찬가지예요. 고의 또는 과실에 의해 개인정보가 포함된 파일 또는 종이 문서, 기타 저장 매체가 권한이 없는 자에게 잘못 전달된 경우도 해당돼요. 기타 권한이 없는 자에게 개인정보가 전달된 경우도 포함되지요. 그런데 아이들의 개인정보는 전혀 다른 방향에서 손쉽게 노출된다는 거 알고 계세요?

　바름이 이야기처럼 아이가 스스로 개인정보를 공유하는 일이 일어납니다. 친구에게 아무 생각 없이 정보를 공유하기도 하구요. 흔히 사용하는 SNS 계정에 간단한 개인정보를 스스로 남기기도 해요. 예를 들어 인스타그램에 자신의 학교 학년 반을 프로필로 지정해 두는 경우죠. 이름과 학교 정보가 노출된다는 건 어마어마한 정보에요. 사는 곳과 이름이 노출된 것이니까요.

　학생에게 학교만큼 중요한 개인정보도 없습니다. 그런데 아이들은 이것의 심각함을 모릅니다. 대수롭지 않게 생각합니다. 개인정보와 함께 사진을 업데이트합니다. 이건 정말 위험한 일입니다. 한번 노출된 개인정보나 신상은 어디로 퍼져 나갔는지 알 수 없습니다. 사진은 더합니다. 자신이 지운다고 해도 누군가 다운로드하면 끝입니다. 어디서 어떻게 악용될지 알 수가 없지요. 개인정보를 철저히 관리하고 특히 온라인상에서는 자신의 신분이나 정보를 알 수 있는 어떤 게시물도 조심해서 공유해야 합니다. 개인정보를 통해 피해를 받지 않기 위해서 각별히 조심해야 할 부분이랍니다.

## 개인정보 보호하기

개인정보를 보호하기 위해서는 어떻게 해야 할까요? 회원 가입을 할 때 개인정보 처리 방침 및 약관을 꼼꼼하게 살펴야 합니다. 내 개인정보를 안전하게 관리해 주는 사이트인지 확인하시고 가입해야 해요. 또 비밀번호를 쉽게 알아차리지 못하도록 설정하세요. 요즘은 비밀번호에 연속된 세 자리를 입력하지 못하게 하거나 영문과 한글, 숫자나 특수문자를 넣어야 가입이 되는 사이트가 늘어나고 있는 추세죠. 쉽게 타인에게 노출될 비밀번호를 막기 위해서예요. 비밀번호를 안전하게 설정했다고 해도 6개월에 한 번씩은 바꿔 주는 것이 좋습니다.

되도록 개인정보에 안전한 아이핀으로 회원 가입을 하세요. 꼭 필요하지 않은 정보는 다 입력하지 않는 것이 좋아요. 회원 가입 칸에 정보를 다 채울 필요는 없습니다. 꼭 써야만 회원 가입이 되는 정보만 기입하도록 알려주세요. 바름이 친구처럼 자신의 아이디나 비밀번호를 가까운 친구라도 공유하지 않아야죠. 아이들은 친하다는 이유로 쉽게 자신의 개인정보를 노출하기도 하니까요. 그 부분을 살펴 주실 필요가 있습니다.

인터넷에 자료를 올릴 때 개인정보를 포함하지 않도록 해요. 개방적인 환경의 컴퓨터를 통해서 로그인하는 일은 자제해야 합니다. 인터넷에서 자료를 다운받으면서 해킹당할 수도 있으니 조심해야겠죠. 아무 자료나 다운받는 일은 자제해야 합니다. 한 번 접속한 공용 pc의 경우 웹사이트에서는 반드시 로그아웃하고 창을 닫도록 하구요. 의심스러운 문자나 메일은 열어 보지 않도록 해야겠죠. 바이러스 백신 프로그램을 업데이트해서 컴퓨터나 스마트폰을 자주 점검해 주시구요. SNS를 사용할 때 친구에게만 공개하는 것이 좋답니다. 업로드하면서 혹시 모를 개인정보가 포함되어 있지는 않은지 꼼꼼하게 살핀다면 더욱 좋겠지요.

이러한 하나하나의 행위들을 부모가 실천하면서 아이와 공유해 보세요. 부모가 먼저 아이에게 모범이 된다면 자녀는 부모의 행동을 보고 자랄 것입니다. 개인정보도 보호하면서 아이에게 정보 보호의 중요성도 알려 줄 수 있는 행동이니까요. 부모인 나부터 실천해 보자구요.

💬 **Talk to you**

---

### 1. 개인정보 유출 여부를 확인해 보세요.

개인정보보호위원회와 한국인터넷진흥원이 2021년부터 운영하고 있는 털린 내 정보 찾기 서비스(https://kidc.eprivacy.go.kr)에서 부모의 개인정보 유출 이력을 검색해 보세요. 자주 사용하는 사이트의 아이디와 비밀번호를 입력하면 되는데요. 최대 10회까지 조회가 가능하니까 주로 사용하는 사이트를 체크해 봐도 좋을 거 같아요. 이 서비스는 입력한 계정정보를 암호화하여 단순 비교만 해요. 데이터를 저장하거나 보호하지 않기에 안전하게 사용할 수 있답니다. 유출 이력이 있다면 내 정보 찾기 서비스 내에서 안전한 패스워드 선택 및 이용 안내 메뉴에 따라서 비밀번호를 변경하면 됩니다. 아이들과 이 사이트에서 체크해 보면서 개인정보의 안전성에 대해서 생각해 볼 수 있을 거예요.

---

## 2. 사용하지 않는 사이트는 정리해 볼까요.

사용하지 않는 웹사이트가 있을 텐데요. 무슨 사이트인지 아시나요? 모르실 거예요. 사용도 안 하는데 그 사이트에 개인정보가 남겨져 있다면 곤란하겠지요. 'e프라이버시 클린서비스(https://www.eprivacy.go.kr)'를 통해서 해결할 수 있답니다. 흩어져 있는 내 개인정보를 조회하고 변경되었거나 잘못된 개인정보 확인과 수정을 지원해 줍니다. 개인정보 유출이나 명의도용, 사생활 침해 등을 예방하고 대응할 수 있게 도와줘요. 주민등록번호·휴대전화·아이핀·신용카드 등 본인 확인 내역을 통합 조회 해요. 장기간 미사용 웹사이트나 회원 탈퇴 거부 웹사이트의 회원 탈퇴를 지원합니다. 내 개인정보에 대한 결정권을 행사할 수 있도록 개인정보 열람이나 정정 및 삭제, 처리 정지를 신청할 수도 있어요. 아이들과 함께 이 사이트에서 개인정보 관리하기를 연습해 보세요. 아이들이 자라서 자신의 개인정보에 대해서 책임을 져야 할 때 부모님의 모습을 기억하고 현명하게 개인정보를 관리할 수 있을 거예요.

## 챗GPT를 활용하여 미디어 리터러시 달인 되기 3

### 💬 뉴스 리터러시 달인 되는 법

뉴스를 보면서 뉴스의 출처나 신뢰성, 편향성 등을 파악하는 것에 챗GPT를 활용할 수 있어요. 뉴스나 보도자료를 보여 주면서 사실과 의견을 구분하게 하는 거죠. 서로 다른 뉴스와 보도자료를 검색하여 비교하게 할 수도 있습니다. 둘 사이에서 차이가 생긴다면 어떤 것이 바른 주장을 하는지 판단해 보는 것도 도와줄 수 있어요. 뉴스나 보도자료가 취재 보도 준칙을 준수하고 있는지도 살펴볼 수 있습니다. 이렇게 비판적으로 미디어를 읽는 자세를 배운다면 뉴스를 다루는 미디어 리터러시 달인이 될 수 있겠지요.

물론 챗봇이 제시한 부분에 대해서도 또 다른 시각과 검색을 해 봐야 합니다. 무조건 받아들이면 안 돼요. 챗GPT는 자료를 모아서 분석할 뿐 자료의 진실성에 대해서는 판단할 줄 모르니까요. 챗GPT가 제시한 자료를 보고 또 다른 시각으로 검증해 보세요. 검색과 비교를 통해 비판적인 시각을 가져야 할 필요도 있습니다. 미디어는 자료를 모으는 데 편리하긴 하지만, 그 진위 여부를 판단하고 비판적으로 선택하는 것은 각자의 몫이자 역량이니까요. 챗봇이 방대한 양을 공부하였다고는 하지만, 그것 또한 검색자의 가치관에 따라 영향을 받습니다. 어떤 생각을 가지고 질문을 하느냐에 따라서 답은 달라집니다. 자신의 가치관이 편향되어 있지는 않은지 늘 비판적인 시각으로 바라보아야 합니다. 아이가 뉴스를 접할 때 신중함과 비판적 시각으로 선택해야 챗GPT 또한 치우치지 않는 내용을 검색해 줍니다. 자신의 가치관을 가지고 검색할 때 인공지능을 활용해서 뉴스 리터러시를 할 수 있습니다. 인공지능은 거들 뿐 핵심 키는 검색하는 사람의 손에 달려 있다는 것을 잊지 말아야겠습니다.

# MOM CAFE

아이가 평생 살면서 어떤 삶을 살았으면 싶으세요?

"좋아하는 일하면서 행복하게 살았으면 좋겠다. 자존감 높은 사람으로 즐거웠으면 좋겠다. 건강하고 유쾌하고 긍정적이었으면 싶다."

이것 외에 더 많은 걸 바라는 부모는 많지 않을 거예요. 나처럼 고생을 안 했으면 좋겠고, 안 아팠으면 싶고, 돈에 안 쪼들렸으면 등의 소소한 바람이 더해질지는 모르겠지만요. 대부분 맘 편히 큰 고생 안 하고 살았으면 좋겠다고 생각하실 겁니다. 부모가 나이를 먹고, 아이가 성인이 될수록 더더욱 그것을 바라게 될 텐데요. 생각해 보면 아이 어릴 때 부모의 바람과 맞닿아 있습니다.

어린 시절 부모는 아이에게 큰 것을 바라지 않습니다. 그저 잘 먹고, 잘 자고, 잘 싸고가 다지요. 거기에 걷기만 해도, 글자 하나만 읽어도, 그림을 조금만 그려도 신기해하고 대견해합니다. 인생을 살면서 제일 중요한 게 잘 먹고 잘 자고 잘 싸는 것이니까요. 그것이 몸과 마음의 건강을 모두 담는 바람이라는 것을 우리는 알고 있지요.

그런데 중간에 복병이 등장합니다. 바로 학령기 성적입니다. 학교에 다니기 시작하면서 그 세 가지 바람이 퇴색되어 가기 시작합니다. 조금 더 공부를 잘했으면, 조금 더 다른 친구보다 뛰어났으면 하는 욕심들이 부모와 아이들을 힘들게 합니다.

결국 나이 들어 보니 아무것도 아닌데 말이에요. 학벌이 아무리 중요하다 한들 마음이 건강하지 않으면 아무 소용이 없다는 것을 알겠는데도요. 아이에게는 그 학벌을 위해 쉬지 말고 공부하라고, 너는 나처럼 공부 못해서 받는 하대를 피하라고 채찍질을 해댑니다.

아이는 조금 부족한 부모의 모습이라도 그대로 사랑하겠다고 하는데요. 애원의 눈길을 보내고 도와달라고 말하지만 소용이 없습니다. 부모의 불안 때문에 아이를 밀어붙이고 몰아칩니다. 그렇게 사이가 나빠지고 나서야 뒤늦게 깨닫지요. 아이의 존재만으로도 얼마나 사랑하고 감사한지를 말이에요. 하지만 이미 마음이 다쳐 너덜너덜해진 아이는 부모 곁을 떠나가 버린 뒤죠. 학교 다닐 때 질려 버린 아이는 더 이상 부모 말을 듣지 않습니다. 이제 네 행복이 중요할 뿐이라고 말하려 한들 아이는 부모 곁을 떠난 뒤입니다. 아무 반응도 하지 않습니다.

학령기. 그래요, 중요해요. 다만 열심히 살아 보고 거기서 좋아하는 것을 찾을 수 있다면 됩니다. 아이를 너무 다그치지 않았으면 좋겠어요. 결국 부모가 가장 원하고 바라는 것은 아이의 행복, 그것 하나니까요. 그 과정에서 모진 말과 몰아붙임으로 아이의 작은 행복을 빼앗지 않았으면 좋겠습니다.

학령기. 그래요, 중요해요.

다만 열심히 살아 보고 거기서 좋아하는 것을

찾을 수 있다면 그걸로 족합니다.

아이를 너무 다그치지 않았으면 좋겠어요.

결국 부모가 가장 원하고 바라는 것은 아이의 행복, 그것 하나니까요.

그 과정에서 모진 말과 몰아붙임으로

아이의 작은 행복을 빼앗지 않았으면 좋겠습니다.

**CHAPTER 4** ··· **이미지 미디어**

## 1. 이미지 보고 생각이나 느낌 나누기

💬 **바름이의 미디어 생활**

---

**엄마:** 바름이 뭐하니?

**바름:** 핀터레스트에서 배경 화면 고르고 있었어. 내가 좋아하는 이미지를
핸드폰 배경 화면으로 하고 싶은데 마음에 드는 게 없네.

**엄마:** 어떤 느낌을 찾고 있는데. 찾은 거 있어? 어디 한번 보자.

**바름:** 센 이미지를 찾고 싶거든. 호랑이나 야생동물이 있거나 강렬한 빛이
나오는 이미지를 찾고 있어. 마음에 드는 게 너무 많아. 하나 고르면
관련 이미지에 뜨는 게 또 마음에 들어. 고르지 못하겠네. 핸드폰에
다운받은 이미지가 이렇게 많아.

**엄마:** 진짜 많네. 그중에서 세 장만 뽑아 봐.

**바름:** 호랑이랑 이 빛 사진 두 장이 마음에 드는데 하나만 고르기가 어려워.

**엄마:** 네가 드러내고자 하는 이미지랑 맞으면 되지 않을까. 너는 이 사진으로 어떤 이미지를 나타내고 싶은 거야?

**바름:** 힘세고 멋지지만 약간 고독한 이미지? 나는 그런 사람이고 싶거든.

**엄마:** 멋진데. 그 이미지를 생각하고 사진을 골라 봐.

**바름:** 이거 좋겠다. 이 호랑이 사진. 나의 늠름한 자태와 뭔가 잘 맞아.

**엄마:** 이미지 한 장으로 너를 나타낼 수 있다니 근사하다. 우리 바름이 멋지다. 호랑이처럼 근사해.

## 이미지 미디어는 빠른 파급력을 가집니다.

아이들은 줄글보다 학습 만화를 좋아합니다. 당연히 라디오보다 유튜브를 더 좋아하죠. 이 차이가 어디서 생길까요? 바로 이미지가 있느냐 없느냐의 차이입니다. 아이들은 이미지를 훨씬 쉽게 받아들입니다. 이미지가 이해하기가 쉽거든요. 글을 통해 이해하는 것은 또 한 번의 인지 처리 과정을 거쳐야 합니다. 내가 알고 있는 것이 무엇인지를 인식하고 새로운 정보를 기존의 것과 연결시켜야 하잖아요. 그런데 우리 뇌는 생각보다 게으릅니다. 새로운 것을 받아들이는 것을 좋아하지 않지요.

이미지는 글과 다르게 인지 과정을 많이 요구하지 않습니다. 이미지는 그대로 받아들이는 경우가 많아요. 한 번 더 곱씹어 보고 생각해 보는 과정이 생략되지요. 그래서 이미지가 훨씬 빠르게 소비되는 것입니다. 공유도 쉽고요. 자신을 드러내면서 이미지를 사용하는 게 편하지요. 이미지를 소비하고 생산하는 것에 익숙합니다. 빠르게 이미지 미디어가 소비되는 이유입니다.

아이들은 다른 의미의 이미지에도 익숙합니다. 자신을 드러내는 이미지 말입니다. 시각적으로 자신을 꾸미고 스스로가 꿈꾸는 이미지로 보이는 것을 좋아합니다. 그와 맞게 자신을 치장하기도 하지요. 온라인에서도 이미지로 자신을 포장합니다. 특히 오프라인에서 자신의 이미지가 자신 없다면 더 그렇지요. 스마트폰 앱을 사용하면 자신의 모습을 얼마든지 꾸밀 수 있잖아요. 아이들 사이에서 글 공유를 하는 페이스북보다 이미지 중심의 플랫폼인 인스타그램이 인기를 얻는 이유입니다. 직관적이죠. 설명 없이도 자신의 이미지를 표현할 수 있다는 장점이 있으니까요. 아이들이 쉽사리 포기하기 힘들어요.

그러나 이미지를 사용해서 자신을 드러낼 때 유의할 부분이 있습니다. 특히 자신의 사진을 이용할 때 조심해야 합니다. 자신의 이미지가 언제든지 도용될 수 있다는 것을 알아야 해요. 얼굴 사진은 함부로 사용하지 않도록 해야죠. 사진 대신 자신이 말하거나 드러내고자 하는 부분을 나타낼 수 있는 이미지를 사용할 수 있도록 해 주세요. 그러려면 이미지가 나타내는 느낌이나 메시지를 분별할 수 있어야겠죠. 이미지가 보편적으로 인식되는 느낌을 알면 좋겠어요. 그러면 아이들이 이미지를 제대로 소비하는 방법을 배울 수 있으니까요.

## 강제 발상법을 활용해 볼까요.

　이미지를 보고 생각을 나누기엔 아이들의 배경지식이 너무 없다고 생각하실 수도 있는데요. 자유롭게 발상을 하는 것이 결코 쉬운 일은 아니랍니다. 그럴 때는 강제로라도 생각을 해낼 수 있는 강제 발상법을 활용해 보세요. 첫 번째로 활용할 수 있는 것이 랜덤 워드입니다. 주제나 이미지와 전혀 관계없는, 하지만 누구나 알고 있는 쉬운 단어를 하나 선택합니다. 그 단어와 이미지를 연결시켜 보는 거예요. 누구나 생각할 수 없는 엉뚱한 생각이 마구 튀어나올 거예요. 엉뚱할수록 좋습니다. 단순하고 일차원적인 생각이라도 좋아요. 일단 시작하는 것에 의미가 있으니까요. 단어와 이미지를 어떻게 연결시킬까를 궁리하면서 이미지의 느낌과 의미를 생각할 수 있답니다. 이미지를 소비하면서 자신이 생각하지 못했던 다양한 분야의 발상을 해 볼 수 있어서 재미있지요. 아무것도 주어지지 않은 것보다 주어진 과제를 통해 연결해 나가는 것을 아이들은 더 좋아할 거예요.

　두 번째 방법은 아이디어 빙고입니다. 부모님과 함께 빙고 게임을 하는 건데요. 이미지를 보고 떠오르는 것들을 빙고판에 적는 거예요. 게임을 해서 이기는 사람에게 상품을 주는 것도 좋겠지요. 이기고 싶어서 열심히 적을 걸요. 강제 연상이 빛을 발하는 순간입니다. 각자 적은 단어로 이미지 빙고를 해 보세요. 내가 생각하지 못했던 것들을 서로의 단어를 통해 이미지와 연결시킬 수 있습니다. 생각을 확장하는 데 타인의 생각만큼 좋은 방법도 없지요. 세계관이 확장된 부모님과 함께라면 아이가 생각을 넓히는 데 도움이 될 거예요.

　마지막으로 다중 조합법도 있습니다. 이미지를 보고 떠오르는 주제를 여러 개 적습니다. 이미지의 필요성이나 상상되는 것들을 다양하게 적어 보세요. 마구잡이로 조합을 하는 겁니다. 이미지에서 떠오르는 주제 1번과 필요성 3번, 상상되는 것 5번을 연결해 보는 거죠. 재미있는 단어 조합이 탄생하게 될 텐데요. 이미지를 다양하게 바라볼 수 있는 좋은 기회가 될 거예요. 이렇게 세 가지 연상법을 활용해서 이미지를 분석해 보면 기대했던 것보다 다양한 생각들을 나눌 수 있어요. 한번 도전해 보세요.

## 💬 Talk to you

**1. 말하고자 하는 메시지를 나타낼 수 있는 이미지를 함께 골라 보세요.**
아이들은 말보다 이미지로 자신의 마음을 나타내는 것이 쉽다고 느낄 수 있습니다. 이미지의 메시지는 강렬하니까요. 긴 말을 하지 않아도 자신의 생각을 전달할 수 있어서 아이들이 많이 활용하고 좋아하지요. 어느 날은 식탁에서 이미지로만 대화하는 시간을 가져 보는 건 어떨까요? 말은 오해를 불러일으킬 가능성이 있어요. 날카롭게 내뱉으면 상처가 되기도 하잖아요. 그럴 때 이미지를 사용하는 거죠. 이미지는 해석의 여지를 남겨 두기 때문에 다양하게 읽어 보는 재미가 있어요. 한 가지 이미지가 하나의 메시지만 전달하는 건 아니거든요.

아이들과 함께 이미지 주고받기를 하다 보면 대화가 훨씬 더 부드러워질 거예요. 때로는 해석이 달라 한바탕 웃을 수 있는 기회도 만들어 주니까요. 한번 활용해 보세요. 순서를 정해서 맨 앞사람이 어떤 이미지를 보여 줍니다. 나머지 가족들이 그 이미지에 화답할 만한 이미지를 골라서 대화를 이어가는 거예요. 이미지로의 대화가 끝나면 서로 미소 지으면서 대화를 마칠 수 있을 거예요. 해석은 각자의 몫으로 남겨 두시구요. 훨씬 더 편안한 대화가 될 것입니다.

## 2. 아이들과 대화할 때 경청의 기술을 사용하고 계신가요?

대화에서 가장 중요한 것이 뭐라고 생각하세요. 아이들이 생각을 가감 없이
발산할 수 있도록 도와주는 겁니다. 뭔가를 가르치고 깨우치겠다는 생각은
위험해요. 아이들 내면의 생각들을 끄집어내 주는 것이 우선이 돼야 해요.
대화를 하다 보면 부모라는 이유로 욕심을 부리게 돼요. 생각을 강요하거나
틀렸다고 지적하기 쉽습니다. 그러면 아이는 다시 부모와 대화하기가 싫어
져요. 아이들이 어떤 말을 하더라도 안전하게 수용된다는 생각이 들어야 합
니다. 그래야 아이가 자유롭게 말을 할 수 있고 생각을 발산할 수 있습니다.
대화는 즐거워야 해요. 윽박지르거나 혼내거나 가르치는 대화라면 차라리
안 하는 것이 낫지요.

어떻게 대화를 잘 이끌 수 있을까요? 이때 필요한 것이 경청입니다. 무엇보
다 아이의 이야기를 잘 들어 주는 게 필요해요. 아이가 말한 문장을 그대로
따라 말하거나 키워드나 주요 문구를 반복해 줍니다. 말한 내용을 확인하
고 정리해 주는 것이죠. 단어는 그대로 사용해도 되지만, 음조는 조금 더 부
드럽게 맞춰 주는 것이 좋습니다. 아이가 대답을 못 하고 생각이 나지 않는
다면 기다려 주고 재촉하지 않습니다.

아이의 마음을 알아주고 생각나는 사람 누구든 이야기해도 좋다고 하시구
요. 다른 가족 구성원이 이야기를 나누면 됩니다. 때로는 아이의 생각이 나
와 다를 수 있습니다. 그럴 때라도 아이의 의견과 감정을 받아들이고 유효
화해 주는 게 좋습니다. 동의 여부와 상관없이 아이의 의견을 지지한다고
표현해 주는 거죠. 흔히 알고 있는 공감하기도 경청의 기술입니다. 공감은
타인의 감정을 이해하고 공유하는 것이죠. 화자의 입장에서 생각해 보는 건

데요. "나라도 힘들었을 거 같다.", "나도 그 부분은 어려웠을 거야."라고 솔직하게 인정해 주는 겁니다. 이를 통해 아이에게 이해받는다는 느낌을 줄 수 있습니다.

질문을 사용할 때는 비지시적이고 개방적인 질문을 하는 것이 좋습니다. "그것이 어떤 의미야? 그 지점에 대해서 다시 설명해 줄래? 그 일에 대해서 어떻게 생각해? 예를 들어 말해 줄래? 어째서 그랬을까?"와 같은 질문을 사용하는 겁니다. 아이가 자신의 생각을 공격받지 않고 발언할 수 있다는 믿음을 주면서 신뢰를 높일 수 있는 대화 스킬이니까요. 가족 대화에서 많이 활용해 보세요.

## 2. 웹툰 속 은어와 욕설에 대처하는 법

### 💬 바름이의 미디어 생활

**엄마:** 바름아 주말에 뭐하고 싶어?

**바름:** 나 아무것도 안 하고 싶은데. 혼자 있고 싶어. 학교에 학원에 너무 바빴잖아.

**엄마:** 너 아무것도 안 한다는 게 무슨 뜻인지 아니? 진짜 아무것도 안 하고 멍때리는 거야. 숲에서 나무를 보면서 좋은 공기 마시면서 명상하는 것처럼 말이야. 너 아무것도 안 한다고 하면서 스마트폰 하면서 놀려고 그러지?

**바름:** 나는 스마트폰 하는 게 쉬는 거야. 아무 생각도 없이 가볍게 있으면 쉬는 거지 뭘 그래.

**엄마:** 스마트폰이 뭐가 그렇게 재미있니?

**바름:** 밈도 따라하고 SNS도 봐야지. 틱톡에서 유행하는 영상도 보고 챌린지도 하고 싶어. 무엇보다 재미있는 건 바로 웹툰이지. 진짜 웹툰은 스마트폰으로 할 수 있는 최고의 활동이지. 킹정 레알.

**엄마:** 너 그 킹정 레알 이런 거 어디서 배웠어? 가끔 엄마 몰래 욕도 하는 거 같더라. 친구들이랑 단체 톡방에 쓴 거 엄마는 읽을 수가 없을 정도야. 급식체라나 뭐래나. 너네들이 쓰는 말이 뭐니 도대체. 세종대왕님이 아시면 깜짝 놀라실 거야.

**바름:** 그게 우리 문화야. 엄마는 그런 것도 이해 못 하니까 대화가 안 통해. 이러니까 엄마 앞에서는 무슨 말을 못 해. 난 아무튼 주말에는 쉴 거니까 계획 세울 거면 나는 빼줘.

**엄마:** 스마트폰을 강제로 뺏을 수도 없고, 아이고 걱정이다. 나도 너랑 말 안 하고 싶다.

## 웹툰 속으로 빠져들어 가는 아이들

아이들이 가장 좋아하는 것을 뽑으라면 스마트폰으로 하는 모든 것일 텐데요. 그중에서도 게임 말고 많이 소비되는 것이 웹툰입니다. 네이버나 카카오에서 매주 새롭게 공개되는 무료 웹툰을 기다리는 아이들이 많습니다. 요즘 제작되는 드라마들이 웹툰을 소재로 하는 경우가 무척 많아요. 웹툰 캐릭터와 싱크로율이 얼마나 비슷한지에 따라서 드라마의 성패가 좌우된다고 할 정도래요. 시청자들이 비슷한 연예인으로 가상 캐스팅을 하죠. 그게 실제로 반영되기도 하구요. 그만큼 아이들 사이에서 웹툰의 관심과 위력은 대단합니다.

인기를 얻은 웹툰이 종이책으로 발매되기도 하지만, 아이들은 종이책 웹툰을 많이 좋아하지는 않습니다. 스마트폰으로 보는 웹툰만의 맛이 있다고 하더라구요. 아이들이 한번 웹툰을 보기 시작하면 온종일 보기도 합니다. 웹툰 속 상상의 세계에선 못 하는 게 없으니까요. 내가 마치 웹툰의 주인공이 된 것 같은 상상 속에서 아이들은 행복해합니다. 좋아하는 분야와 관련된 웹툰을 찾아 읽습니다. 매일 새롭게 쏟아지는 웹툰의 홍수 속에서 아이들은 헤어 나올 줄을 모릅니다. 부모님들이 청소년 시기에 소설이나 하이틴 로맨스에 빠졌던 그때처럼 말이죠. 아이들이 열광하는 만큼 웹툰 시장의 크기는 커지고 있고요. 아이들은 점점 웹툰에 빠져들 수밖에 없지요.

왜 아이들이 이렇게 웹툰에 집착할까요? 웹툰에는 아이들의 시선을 끄는 매력이 있습니다. 화려하고 멋진 그림들은 정말 환상적이죠. 작가마다 개성이 가득 담긴 화려하고 멋진 그림체는 웹툰 속으로 빠져들 수밖에 없어요. 또한, 웹툰의 내용은 얼마나 매력적인가요. 무력하고 따분한 일상에 판타지를 심어 주기에 부족함이 없습니다. 너무 재미있고 감동적인 이야기들이 펼쳐지죠. 스마트폰으로 보기 때문에 접근성도 뛰어납니다. 언제 어디서든 가볍게 즐길 수 있고 제약이 없다는 게 정말 큰 매력이죠. 하나하나 짚어 보니 아이들이 웹툰을 마다할 이유가 없겠지요.

# 웹툰 속 표현의 문제

아이들에게 무한 상상력과 재미, 감동을 주는 웹툰이 긍정적인 역할만 했으면 얼마나 좋을까 싶지만요. 걱정스러운 부분이 존재합니다. 바로 표현의 문제입니다. 웹툰에서는 표현이 정제되지 않습니다. 과격한 표현도 거르지 않고 사용할 수 있습니다. 10대를 타깃으로 한 게 아니니까요. 폭력적인 상황이나 언어도 자주 등장하지요. 그래야 눈길을 끌기 쉬우니까요. 이것을 소비하는 아이들은 아직 정제 능력이 없습니다. 웹툰 속의 표현을 그대로 따라하기도 합니다. 아이들의 언어가 거친 것에는 물론 다른 SNS 영향도 있겠지만 웹툰의 파급력도 무시 못 할 것입니다.

게다가 웹툰에는 제대로 된 문장도 많지 않습니다. 상상력을 자극하고 긴 문장을 싫어하는 독자들을 배려한 것이죠. 사실 만화의 특성상 긴 문장으로 설명을 할 필요가 없습니다. 상상하고 독자가 그려 보는 맛이 있는 것이 만화니까요. 웹툰으로 글을 접하다 보니 아이들의 생각도 짧아지고 단순해질 수밖에 없습니다. 깊은 사유를 하기가 힘들어지지요. 얼마 전까지만 해도 아이들이 독서 행위 중에서 학습 만화가 괜찮은가에 대한 학부모들의 걱정이 많았는데요. 학습 만화는 교육적인 내용이며 자극적인 표현이 많지 않은데도 걱정을 했었잖아요. 얼마 전부터 학습 만화로 된 실물 책마저 아이들과 멀어져 가고 있습니다. 아이들이 학습 만화든 뭐든 실물 책을 멀리하게 되었으니까요.

아직 웹툰에 노출되지 않은 아이들은 최대한 접촉을 뒤로 미루고 싶으실 텐데요. 이것 또한 쉽지가 않습니다. 온갖 드라마가 웹툰 기반으로 나오기 때문이죠. 드라마가 인기를 얻으면 아이들은 웹툰을 찾아봅니다. 앞의 회차는 무료로 볼 수 있기 때문에 접근하기가 쉽지요. 한 편만 봤다 하면 자극적인 내용과 재미 때문에 계속 빠져들게 됩니다. 자칫하면 불법으로 다운받는 사이트에서 볼 수 있는 기회도 산재해 있습니다. 분별력도 낮은 아이들이 자극적이고 때로는 성적인 내용까지 포함하고 있는 웹툰에서 벗어나기는 쉽지 않아 보입니다. 특히 성에 대한 관심이 늘어나는 아이들에게 그런 콘텐츠는 너무나 매력적인데요. 여과 장치 없이 아이들에게 노출되어 잘못된 성 의식을 갖게 하기도 합니다. 물론 웹툰이 아이들에게 무한 상상력을 키워 주고 스트레스를 풀어 주는 순기능이 있다는 점은 인정합니다. 그러나 이런 순기능을 하지 못하는 콘텐츠들이 무작위로 아이들에게 노출되니 걱정인 거지요. 친구들 사이의 흐름인데 우리 아이만 무작정 막을 수도 없구요.

한번 맛들이면 벗어날 수 없는 웹툰의 표현들을 어떻게 분별하도록 도와줄까요. 웹툰을 보긴 하더라도 분별력을 갖고 자신의 생활까지 연결시켜서 가져오지 않도록 해 주는 방법은 없을까요. 일단 표현의 문제에 대해서 이야기를 나눠 봐야 합니다. 과격하고 잔인한 표현을 걸러 볼 수 있도록 말이죠. 아이들이 웹툰을 보겠다면 함께 골라 보는 것이 좋겠지요. 아이가 분별력을 갖출 때까지는 부모가 함께 웹툰을 즐겨 주세요. 부모가 선별해서 골라준 작품을 통해 웹툰의 순기능을 충분히 활용할 수 있을 것입니다. 대화할 거리도 늘어날 거구요. 어차피 노출될 상황이라면 부모님과 함께 슬기로운 웹툰 생활을 준비해 주세요.

💬 **Talk to you**

## 1. 웹툰 속에서 사용하는 단어를 정리해 볼까요.

아이들이 너무나도 재미있게 접하는 웹툰 속 표현들에 아이들은 무딘 경우가 많아요. 재미있게 보면 되는 거 아닌가 생각하죠. 문제점은 전혀 신경을 쓰지 않으니까요. 하지만 욕설이나 과격한 표현, 줄임말 등을 자주 접하다 보면 일상생활에서 나의 언어 패턴도 변화할 수 있습니다. 사람은 오래 대하는 것들의 영향을 받게 되니까요. 아이들이 웹툰을 즐긴다면 표현을 정제하여 받아들이려는 노력을 해야 합니다. 웹툰을 안 보면 좋겠지만요. 공개 시간을 기다려서 밤새더라도 볼 기세잖아요. 막을 수 없다면 제대로 받아들이는 방법을 가르쳐 줘야겠죠.

웹툰 하나를 정하세요. 그 안에서 사용된 문법에 맞지 않는 표현이나 과격한 표현, 줄임말 등을 찾아보는 거예요. 웹툰의 문제점을 찾자는 게 아니에요. 좋아하는 데 비난하면 아이들의 감정이 상할 수 있으니까요. 아이들과 함께 그 표현을 순화해서 어떻게 일상어로 바꿀 수 있는지 이야기를 나눠 보는 게 좋습니다. 나라면 이런 표현을 썼을 텐데 하고 말이죠. 아이가 바꿔서 표현해 보면 다음에 그런 표현을 만났을 때도 인지할 수 있습니다. 나쁜 표현들을 자기 것으로 만들지 않아야겠다는 경각심을 갖게 되니까요. 표현을 순화해 보는 활동을 해 보세요.

## 2. 대화를 하면서 금지해야 할 단어가 표현들이 있어요.

아이들과 대화하다 보면 부모가 주도적으로 대화를 이끄는 일이 많죠. 특히 욕설이나 은어에 대한 대화는 더욱 그럴 거예요. 요즘 아이들의 대화 습관부터 시작해서 줄임말 소비까지 할 말이 많을 테니까요. 일상생활에서 젊은 세대와 부딪히며 겪은 스트레스를 일반화해서 아이들에게 대입하는 경우도 생깁니다. 그런 식의 대화는 백해무익합니다. 아이들이 부모의 과대 일반화 오류의 피해자가 되지 않도록 해 주세요. 아이들이 외부에서는 그런 말을 사용한다고 해도 부모님 앞에서는 잘 드러내지 않거든요. 잔소리를 들을 것도 뻔하지만 부모님께 멋진 모습을 보여 주고 싶으니까요. 그렇게 참고 있는데 부모님이 공격적으로 나온다면 아이도 섭섭하고 화가 날 거예요. 과도하게 일반화해서 혼내는 일은 자제해 주세요.

대화에서 어떤 표현들이 아이의 생각을 가로막을까요? 샘 케이너의 『민주적 결정 방법론』에 보면 "잘 이해가 안 돼, 시간이 다 되었으니 빨리 말해, 장황해, 너무 말이 길어, 엉뚱한 말이잖아, 너무 어려워." 같은 말들이 그 예시입니다. 아이들과 대화하다 보면 아이의 말을 판단하고 내가 조정하고 싶은 마음이 생길 때가 있어요. 그럴 때 이런 발언들이 나오게 되거든요. 대화하면서 행여나 내가 아이들의 생각을 막고 있는 것은 아닌지 나의 발언들을 점검해 보세요. 이런 표현만 줄여도 아이와의 대화 장면이 부드러워 질 거예요.

# 3. 이모티콘 소비 패턴

## 💬 바름이의 미디어 생활

**아빠:** 바름아. 잠깐 핸드폰 빌려줘. 내 핸드폰이 지금 배터리가 없어서 그래. 카톡 가족방에서 찾아볼 게 있거든.

**바름:** 여기 있어.

**아빠:** 바름아. 잘못하다 너희 반 단체 톡방에 들어갔거든. 근데 너희들 참 재미 있다. 말이 필요 없네. 다들 이모티콘으로 대화하는 거니?

**바름:** 아빠. 남의 핸드폰을 그렇게 막 보면 어떡해. 그 방만 그래. 선생님이 만드신 방은 안 그래. 우리끼리 얘기할 때는 말하는 거 귀찮아. 이모 티콘으로 해도 충분히 대화 가능하잖아.

**아빠:** 재밌네. 이모티콘만으로도 대화가 가능해?

**바름:** 그럼. 이모티콘이 얼마나 다양한데, 상황에 맞는 이모티콘이 다 있어.

**아빠:** 우리 가족도 가족 대화방에서 이모티콘만으로 대화해 볼까? 재미있 을 거 같은데.

**바름:** 에이, 그건 아니지. 정서가 다르잖아. 엄마 아빠랑은.

**아빠:** 아빠가 꼰대라서 대화가 안 통한다 이거야?

**바름:** 이모티콘으로는 한계가 있잖아. 이모티콘도 나이대별로 인기 있는 게 다 다르잖아. 그만큼 하고 싶은 얘기가 세대별로 다르다는 거 아니겠어?

**아빠:** 그래. 말 그만하자. 이모티콘으로만 말 안 통하겠니. 대화도 안 되지. 안 그래도 회사에서도 꼰대 취급받는데 집에서도 마찬가지네

**바름:** 아빠. 왜그래. 그러니까 진짜 꼰대 같아.

## 이모티콘으로 대화를 이어가는 세대

아이들 대화방을 보면 그야말로 휘황찬란합니다. 아이들이 대화를 하는 건지 이모티콘 꾸미기를 하는지 모를 만큼 이모티콘으로 대화를 이어가죠. 이미지를 소진하는 세대인 만큼 직관적으로 볼 수 있는 이모티콘이 대화하기 편한가 봐요. 어쩜 그렇게 대화에 적합한 이모티콘을 사

용하는지 센스가 정말 대단한데요. 10대의 이런 흐름에 발맞춰서 카카오에서는 이모티콘 플러스라는 상품도 내놓았다고 해요. 유튜브를 볼 때 내가 관심 있는 영상이 알고리즘을 통해서 추천되는 거 아시죠. 그것처럼 대화창에 단어를 입력하면 이모티콘이 자동으로 추천되는 서비스랍니다. 월정액을 내고 자유롭게 이모티콘을 골라서 사용할 수 있는 상품이라고 하는데요. 아이들이 이 소식을 알면 당장 상품에 가입하고자 할 만큼 매력이 있습니다. 긴 대화체의 문장을 써내는 것을 귀찮아하는 아이들이 많으니까요.

이모티콘은 감정을 뜻하는 영어 단어 이모션(emotion)과 유사 기호를 말하는 단어 아이콘(icon)의 합성어입니다. 인터넷 초장기에 ·· 같은 기호를 사용해서 감정 표현을 했던 거 기억나시죠. 그것을 시작으로 이모티콘은 페이스북, 트위터 등 각종 SNS 플랫폼 시장에서 그림이나 움직임을 추가하며 진화되었습니다. 처음에는 젊은 세대들만 이모티콘을 사용하였지만, 이제는 세대를 가리지 않고 사용하지요. 물론 사용하는 양에는 차이가 있겠지만요.

어떻게 이모티콘이 사람들의 열광을 받게 되었을까요. 다양한 그림체와 움직임을 통해 이용자들의 감정뿐 아니라 취향까지 나타낼 수 있기 때문이에요. 자신만의 특별함을 드러내고 싶은 아이들에게는 인기가 많지요. 대화 상대에 따라서 사용하는 이모티콘도 달라져요. 비대면 소통에 익숙한 아이들에게는 익숙한 소통 도구입니다. 실제 만나서 대화하는 상황이 아닐 때 이모티콘이 적절한 반응을 대신해 주니까요. 리액션이 중요한 요즘 세대 아이들에게 이모티콘이 자신의 감정을 나타낼 수 있는 아주 좋은 수단이 되지요. 학생들이 쓰기에도 많이 부담이 가지 않는 가격도 활용성에 도움을 줍니다. 자기의 개성을 드러내고 감정을 대신해 주는데 많은 비용이 들지 않으니까요. 아이들은 상황별로 여러 종류의 이모티콘을 구매합니다. 단체 대화방에서 자신의 존재감을 나타내고 대화를 원활하게 하는 이모티콘의 인기는 갈수록 상승할 수밖에 없을 것입니다.

## 이모티콘의 다양한 쓰임새

카카오 프렌즈 이모티콘 아시죠? 이 이모티콘이 카카오톡 대화방에서만 쓰이는 것은 아닙니다. 다음과 멜론, 카카오 페이지 등 카카오의 여러 서비스로 이모티콘의 이용 범위도 늘어나고 있어요. 숏폼 콘텐츠와 연계해서 이모티콘 활용 분야를 넓히려 하고 있는데요. 아이들이 좋아하는 카카오 캐릭터가 인형이나 각종 문구에 쓰이는 등 온라인과 오프라인에서 사용 영역이 확장되고 있습니다.

이모티콘은 누구나 만들 수 있습니다. 카카오는 이모티콘 스튜디오를 통해 제약 없이 이모티콘을 창작할 수 있도록 하였는데요. 일반인들도 많이 참여하구요. 10대부터 60대까지 작가층도 다양합니다. 해외에서 활동하는 작가들도 많대요. 물론 쉬운 건 아니에요. 제안과 심사, 상품화와 출시 단계를 거쳐야 최종 판매가 됩니다. 경쟁률이 30대 1 정도로 높은 편이긴 해요. 한 달에 3,000건 정도의 제안 중에서 100건 정도만 통과한다고 하네요. 어렵지만 못하는 건 아니지요. 이모티콘이 대박나면 그야말로 잿팍이 터진다고 할 정도로 꾸준하게 수익을 창출할 수 있으니까요. 이모티콘을 만들기 위해서 그림을 꼭 잘 그려야 하는 것은 아니에요. 그림체가 단순하더라도 생활 속에서 센스 있는 대화법이나 감정 표현으로 인기를 얻기도 하지요. 글자만으로 이루어진 이모티콘도 있으니까요. 그림보다 아이디어가 더 중요해진 셈입니다.

아이들은 생산자로서 도전해 보는 것도 의미가 있습니다. 그림을 좋아하지 않는 아이라도 위트 있는 멘트로 도전이 가능해요. 안 쓰는 사람이 없다고 할 정도로 뜨거운 시장이잖아요. 누구에게나 열려 있으니까요. 그것보다 더 의미가 있는 것은 아이가 소비자로서만 임할 때와 생산자가 될 때의 입장 차이를 이해하는 것입니다. 아이들이 이모티콘을 좋아하는 이유가 '평소에 자신이 하는 말을 그대로 대신해 줘서'랍니다. 다양한 상황에서 대처할 수 있으면서도 가성비가 좋지요. 이모티콘에서 자신의 콘셉트와 개성을 드러내서 좋다는 친구들도 있어요. 시리즈가 나올 때마다 구매하기도 하지요. 물론 이유 없이 귀여워서 좋아하기도 해요. 이렇듯 이모티콘을 좋아하는 이유를 생산자의 입장에서 바라보는 거죠. 미디어를 소비하고 있지만 언제든지 생산자가 될 수 있음을 인식하게 해 주는 활동입니다.

생산자가 되어 본다면 상대방의 입장과 생각을 기본으로 하잖아요. 타인의 마음을 이해하는 데 도움이 된답니다. 꼭 이모티콘을 출시하지 않아도 구상하고 어떤 문구를 넣을지 고민해 보는 것만으로도 의미가 있어요. 그 과정에서 배우는 점이 많을 거예요. 보편적인 정서와 상대방의 감정에 대해서도 이해하게 될 겁니다. 무엇보다 만들어 보면 느끼겠죠. 이모티콘을 만드는 것이 쉬운 게 아니라는 것을요. 창작자의 인내와 고통이 담긴 이모티콘을 소중하게 사용할 수 있을 거예요. 미디어의 소비자로서만 존재하던 아이들이 입장을 바꿔 생산자 모드가 되어 보면 훨씬 진중하게 미디어를 사용할 수 있답니다. 이것이 미디어 리터러시 교육에서 생산자 교육을 하는 이유랍니다. 이를 잘 활용하셔서 아이들이 책임감을 갖고 미디어를 활용할 수 있도록 도와주시면 좋겠습니다.

**1. 가장 좋아하는 이모티콘을 소개해 보세요.**

가족 구성원들이 각자 가장 좋아하는 이모티콘을 소개해 볼까요? 공유하면서 어떤 유형의 대화 방식을 추구하는지 살펴보세요. 매사에 진중한 유형도 있구요. 장난치는 것을 좋아하거나 귀여운 이모티콘으로 감정을 잘 표현하는 가족도 있을 거예요. 왜 그 이모티콘을 좋아하는지, 이모티콘마다 쓰임새가 어떤지 나눠 보세요. 서로가 주로 쓰는 이모티콘을 통해서 다양한 감정을 읽어 주는 데 도움이 됩니다.

사람은 어느 정도 편향된 부분이 있습니다. 그 부분을 유지하려고 하는데요. 감정과 정서도 마찬가지입니다. 한쪽으로 치우쳐 있지만 잘 느끼지 못할 수 있거든요. 대화를 통해서 아이가 주로 발산하는 감정의 종류를 알게 될 거예요. 주로 쓰는 감정 말고도 다양한 감정이 존재함을 알면 아이의 세계관이 확장됩니다. 이런 대화는 아이들이 좋아하는 소재로 시작해야 무겁지 않고 지적받는 느낌이 덜합니다. 이모티콘이 딱이지요. 너무나 간단하고 손쉽게 자기 감정을 나타내는 도구니까요. 아이들이 좋아하는 것에서부터 대화를 시작하는 센스를 발휘해 보세요.

**2. 이모티콘을 함께 만들어 볼까요?**

이모티콘을 만들면서 가장 중요한 것이 그림 실력이라고 생각하시나요? 대부분이 그러실 거예요. 그림도 못 그리는데 무슨 이모티콘을 만드나 하실 텐데요. 이모티콘에서 가장 우선시해야 할 것이 기획입니다. 어떤 감성을 어떤 문구로 담을 것인가가 기본입니다. 20~25개 정도의 이모티콘 대화가 있어야지만 그림도 그릴 수 있답니다.

비슷한 문구는 걸러낸다고 할 때 더 많은 이모티콘 아이디어가 필요해요. 해 보시면 놀라실 거예요. 생각보다 쓸 말이 없답니다. 이토록 내 감정이 메말랐었나 싶은 생각이 드실 거예요. 그럴 때 아이들과 아이디어를 모으는 겁니다. 대상은 누구로 할 건지, 상황은 어떻게 할지 구체적으로 정합니다. 아이가 대상이라면 학교 친구, 혹은 가족 사이에서 쓰는 이모티콘이 다르겠지요. 상황마다 아이와 의논해서 어떤 문구를 쓸지 정해 보세요. 아이들의 생활이나 언어 습관을 엿볼 수 있는 기회가 될 거예요. 아이가 주로 느끼는 감정에 대해서도 알 수 있지요.

그 아이디어가 모아지면 그림체를 선택하는 거예요. 그림을 잘 그리는 가족이 있다면 좋겠지만 아니라도 괜찮습니다. 요즘에는 글씨로만 나오거나 그림이 단순해도 잘 나가는 이모티콘도 많으니까요. 글씨를 끄적거리든, 그림을 정성스럽게 그리든 완성해 보세요. 그다음 이모티콘 제안 심사를 신청하는 겁니다. 다 함께 심사 결과를 기다리는 거죠. 가족이 모두 참여해서 만들어 본 이모티콘에는 각별한 사랑이 담겨 있을 거예요. 또한, 아이들에게 경제 교육을 할 수 있는 좋은 기회입니다. 돈 벌기가 만만치 않고 각고의 노력이 필요하다는 것을 아이도 느끼게 될 것입니다. 최선을 다하고 협업한 후에 학수고대하는 경험을 아이와 공유해 보세요. 아주 의미 있는 기억이 될 것입니다.

# 4. 딥페이크 주의보

## 💬 바름이의 미디어 생활

10대 학생 A군은 얼마 전 섬뜩한 경험을 했다. 500만 원을 보내지 않으면 A군 얼굴을 딥페이크 한 음란물을 유포하겠다는 협박성 메시지를 받은 것이다. A군은 이 사실을 부모에게 알려 경찰에 신고했다. A군이 부모에게 말하지 않고 혼자 해결하려 했다가 어떤 결말을 맞았을지는 생각만 해도 아득하다. 10대를 대상으로 한 딥페이크 피해가 사회적 문제가 되고 있다.

딥페이크를 전문적으로 생산하고 있는 텔레그램 딥페이크봇의 전 세계 피해 통계를 보면 놀랍다. 딥페이크봇이란 텔레그램에 인물 이미지를 올리면 자동으로 여성의 나체에 그 인물의 얼굴을 합성해 주는 이미지 자동 생성 알고리즘이다. 네델란드 AI연구소 센서티가 발간한 보고서에 따르면, 2020년 7월까지 텔레그램 딥페이크봇을 이용한 전 세계 딥페이크 합성물 63%가 알고 지낸 여성을 합성한 것으로 조사되었다. 이는 현실에서 만나는 지인의 얼굴이 얼마든지 딥페이크 대상이 될 수 있다는 점이다.

딥페이크의 과정을 살펴보면 조작할 정보를 가짜 이미지를 만들 알고리즘에 넣고 조작할 이미지와 원본 사진을 함께 제시한다. 진위 여부 판독 알고리즘이 판독 결과를 학습하는 활동을 반복한다. 이를 통해 조작 이미지가 원본 사진과 합성돼 업데이트될수록 가짜를 진짜라고 분류해 결과를 내놓는다. 국가수사본부 발표에 따르면, 지난해 12월부터 5개월간 딥페이크 불법 합성물을 만들고 유포한 디지털 성범죄 피의자 중 94명 중 69.1%가 19세 미만 청소년이었다. 피해자도 19세 미만이 57.9%로 가장 많았다. 학교 선생님, 동급생 등이 피해자가 되고 같은 반 학생이 가해자가 되는 방식이다.

## 딥페이크를 아세요?

딥페이크란 인공지능을 기반으로 활용한 인간 이미지 합성 기술입니다. 기존에 있던 인물의 얼굴이나 특정한 부위를 영화의 CG처럼 합성한 영상 편집물을 총칭합니다. 과거 인물의 사진이나 영상을 조악하게 합성해 게시하던 것이 디지털 기술과 인공지능의 발전으로 몇 단계 정교해진 결과라 볼 수 있습니다. 원리는 합성하려는 인물의 얼굴이 주로 나오는 고화질의 동영상을 통해 딥러닝하여 대상이 되는 동영상을 프레임 단위로 합성시키는 것입니다. (나무위키 참고) 예를 들어 해외에서 드라마 방영을 앞두고 한 배우가 물의를 일으켰습니다. 사전 제작된 작품을 다시 찍을 수도 없어 딥페이크로 해당 배우의 얼굴만 바꿨다고 합니다. 2021년에는 일론 머스크가 노래하는 영상이 퍼졌는데요. 이 중 딥페이크 영상도 있었습니다. 키아누 리브스가 마트에 든 강도를 막는 영상이 이슈가 되기도 했지요. 하지만 모두 딥페이크 영상임이 알려져 논란이 되기도 했는데요. 이렇듯 알게 모르게 딥페이크 영상이 일상에서 퍼지고 있습니다. 아직은 대부분이 가짜임을 짐작할 수 있지만요. 영상의 화질이나 데이터의 질에 따라서 고급 영상 실현이 가능하게 발전되고 있다고 해요. 특히 유명인은 공개된 정보가 많잖아요. 더 많은 자료를 이용한 진짜 같은 딥페이크 때문에 문제가 되는데요. 이러한 딥페이크가 정치적으로 사용되는 경우 위험할 수 있겠지요. 발언하지도 않은 내용을 만들어 진실인 것처럼 퍼트릴 수 있으니까요. 특히 성적으로 악용되는 사례는 너무 위험해요. 얼굴 사진만 가지고 딥페이크 기술을 활용해서 포르노를 만들 수도 있다니, 생각만 해도 아찔합니다.

그런데 기사문에서도 봤듯이 이것이 유명인들만의 문제가 아닙니다.

학생들이 딥페이크 영상을 만들고 피해자가 되고 있는 상황에 주목해야 합니다. 정치인들이 악용하거나 연예인들 이용 목적으로만 사용하는 게 아니에요. 주변의 누구나 피해자가 될 수 있고 아무 생각 없이 딥페이크를 할 수도 있다는 겁니다. 그 대상이 내 아이라면 생각만 해도 너무 끔찍하지요. AI나 할 수 있는 딥페이크를 아이들이 어떻게 만든다는 것인지 의문이 생기실 텐데요. 딥페이크 기술을 사용하지 않고도 단순히 포토샵으로 합성하는 사진도 딥페이크라고 부릅니다. 이런 것들은 아이들이 쉽게 만들거나 자신이 대상이 될 수도 있겠지요.

## 딥페이크의 위험성

아이들의 SNS 활동이 많아지면서 인터넷에 자기 사진을 공유하는 경우가 많습니다. 이렇게 공유된 사진들이 딥페이크의 대상이 될 수 있습니다. 페이스북에 올린 사진 두어 장으로 딥페이크 영상을 합성해서 성적인 관계를 가졌다는 식으로 업로드하는 겁니다. 이런 일은 연예인한테만 일어나는 것은 아닙니다. 일반 학생들이 친구들을 대상으로 이런 범죄를 저지르고 있는 것이 사실입니다. 왜냐하면 스마트폰 애플리케이션을 이용해서 합성을 너무나 쉽고 빠르게 할 수 있기 때문입니다. 트위터 등에 딥페이크를 검색하면 영상을 만들어 싸게 판다는 글을 어렵지 않게 찾을 수 있습니다.

이렇게 딥페이크 문화가 퍼질수록 아이들은 이런 행동이 단순한 놀이일 뿐 범죄라고 생각하지 않습니다. 점점 범죄에 대한 인식이 약해지는 것입니다. 딥페이크에 많이 노출된 아이들은 감정이 둔감해져 범죄라고 인식하지 않고 이러한 행동을 할 수 있는 거죠. 이 정도의 장난으로 법적으로 처벌받지는 않을 거라고 생각합니다. 하지만 이것은 엄연한 불법 행위입니다. 인터넷에 업로드한 사진 한두 장이 이런 결과를 부를 때 내 친구일지도 모르는 상대방의 괴로움을 생각한다면 당장 멈춰야 해요. 하지만 한번 재미를 붙인 아이들은 쉽게 벗어나지 못합니다. 이런 이유로 N번방 사건에서도 청소년들이 많이 연루가 되었잖아요.

인터넷 세상에서 내 아이가 어떤 활동을 하는지 알지 못합니다. 속이자면 얼마든지 숨길 수도 있구요. 부모로서는 조심시키는 것이 최선의 방법입니다. 내 사진을 인터넷에 업로드하는 것을 주의해야 합니다. 특히 학교나 학년을 기재하여 공유하면 사진과 함께 정보까지 노출되어 무척 위험할 수 있습니다. 특히 틱톡 같은 영상 플랫폼에 업로드된 실제 얼굴은 딥페이크의 대상이 될 수도 있어요. 업로드할 때 각별히 조심해야겠지요.

재미로 그런 영상을 만들어 공유하는 것도 문제가 될 수 있음을 알려줘야 합니다. 아이들은 친구와 놀다가 장난으로 그런 행동을 했다고 말을 합니다. 몰랐다고 하는데요. 한두 번의 장난이 깊이 빠져들 수 있게 만듭니다. 별문제 아니라고 생각하면서 점점 과감해질 수 있습니다. 아이들에게 딥페이크 만들기 및 공유는 법적 처벌을 받을 수 있는 중대 범죄임을 알려줘야겠지요. 미성년자라도 형사 처벌 또는 보호 처분이 될 수 있음을 확실하게 교육해야 합니다.

# 5. 광고 바로보기

## 💬 바름이의 미디어 생활

**바름:** 엄마, 이거 봐. 나 이 크림 사고 싶다.

**엄마:** 뭔데 그래? 보자, 이거 여드름 크림이네.

**바름:** 맞아. 이 영상 봐. 진짜 여드름이 깨끗하게 하나도 없이 사라졌잖아.
나도 이 크림 발라서 깨끗한 피부 갖고 싶어.

**엄마:** 그 크림이 진짜 효과가 있을까?

**바름:** 여기 봐. 인증을 엄청 받았잖아. 모델 얼굴 보면 진짜 깨끗해졌어.

**엄마:** 광고니까 다 믿을 수는 없지. 효과는 개인차가 있을 수 있다고 써 있
네. 후기는 찾아봤어?

**바름:** 광고만 보고 내가 이러는 게 아니야. 너무 좋다는 후기가 엄청 많아.

**엄마:** 후기가 추천순으로 되어 있네. 요즘은 광고로만 팔리지 않으니까 후기
를 조작하는 경우도 많아. 추천 후기는 물건을 공짜로 지급받고 쓴 경
우가 많아서 다 믿을 수 없지. 후기를 찾아볼 때는 최신순으로 찾아보
는 게 좋아. 게다가 이런 사이트는 좋은 후기만 담겨 있는 경우가 많
지. 꼭 사고 싶다면 다른 사이트에서 후기를 최신순으로 찾아보는 게
가장 안전해.

**바름:** 그렇게까지 찾아봐야 해? 광고에서 거짓말을 할 리는 없잖아. 써 보
고 싶다는 마음이 중요한 거 아니겠어. 일단 사 보자 엄마.

**엄마:** 후기를 최신순으로 20개씩만 찾아봐. 그래도 좋으면 생각해 보자.

**바름:** 나는 빨리 사고 싶은데. 엄마는 너무 깐깐해.

## 광고가 몰려온다.

아이들은 광고를 구분할 줄 모릅니다. 광고를 재미있고 흥미롭게 바라보고 광고가 진짜라고 믿습니다. 광고에 나오는 짤막한 노래가 아이들 사이에서 퍼지기 시작하면 그 광고는 대성공입니다. 선화공주를 차지하기 위해 서동이 퍼트렸던 노래 못지않습니다. 하지만 파급력은 그때와 비교도 안 될 정도지요. 아이들은 광고가 떠도 스킵할 줄을 모릅니다. 빨리 돌리거나 건너뛰기를 하지 않고 끝까지 보지요. 광고주들에게 아이들은 그만큼 좋은 타깃이 됩니다. 아이들이 게임을 할 때 혹시 지켜보신 적이 있으신 분들이라면 동의하실 겁니다. 아이들이 게임을 하면서 중간에 나오는 광고를 끝까지 봅니다.

광고를 워낙 재미있게 만들다 보니 아이가 어느 순간 게임 내려받기를 클릭하고 있습니다. 이런 식으로 광고는 아이들의 혼을 빼놓고 게임을 하게 만듭니다. 시간 관리 개념이 약한 아이들은 오랜 시간 게임을 하고 광고를 봅니다. 매일 쏟아져 나오는 게임들이 퍼지는 원리죠. 한번 게임에 빠진 아이가 헤어나오기 힘든 이유도 마찬가지입니다. 광고와 게임이 재미있어 보이기 때문이지요.

광고는 우리 생활에서 너무나 많은 형태로 존재합니다. 텔레비전을 보다가도 중간 광고가 나옵니다. 좋아하는 유튜버들의 영상 사이에도 광고가 존재하죠. 대놓고 광고라고 표시라도 하니까 괜찮습니다. 아이들이 주로 보는 콘텐츠에 광고인 줄 인식도 못 한 채 포함되어 있는 경우도 많습니다. 예전에는 드라마에서 사용하는 소품이나 의상이 광고 효과를 입어 완판이 되었다면요. 이제는 쇼트폼 영상에서 광고가 자연스럽게 흘러나옵니다.

내돈내산인 것처럼 몰래 광고하다가 적발되어 사회적인 이슈가 된 적이 있지요. 그때부터는 '협찬을 받았다. 유료 광고가 포함되어 있다.'라는 자막만 포함하면 콘텐츠 안에도 얼마든 광고를 녹여낼 수 있게 되었어요. 예를 들어 아이돌을 너무 좋아하는 아이에게 아이돌이 직접 사용해 보니 너무 좋다는 후기와 함께 판매하는 물건이 있다고 해 볼게요. 이를 의심하지 않고 아이는 받아들입니다. 실제 그 아이돌이 얼마나 그 물건을 써서 효과를 보았는지는 중요하지 않지요. 자신이 좋아하는 스타가 과장 광고를 할 리가 없다고 생각하니까요. 믿음을 저버리지 않기 위해 물건을 구매하는 것이 아이들입니다. 그것이 사랑을 표현하는 방식이라고 믿는 것이지요.

물론 아이들이나 연예인들도 자기 이름을 걸고 광고를 하는 만큼 열심히 검증을 하겠지만요. 모든 물건이 모두에게 맞거나 효과를 가질 수 없다는 점을 간과하면 안 됩니다. 아이들은 광고인 줄도 모른 채 흔들릴 수밖에 없습니다. 바름이처럼 엄마를 졸라 반드시 그 물건을 가지려는 욕심을 가질 수밖에 없지요.

## 광고 바로보기

과장 광고와 허위 광고라고 하지요. 효과를 과장해서 광고하거나 사실이 아닌 것을 왜곡하여 사실처럼 전달하려는 광고를 일컫는 말입니다. 바르고 정직한 광고로 어떻게 효과를 보겠냐 싶어서 부풀립니다. 너무 과장되거나 허위로 만들어진 광고는 광고에 대한 신뢰도를 떨어트립니다. 한번 거짓 광고로 피해를 보게 되면 건전한 광고들마저 믿지 못하는 사태를 만들게 되니까요. 아이들이 그런 광고의 폐해에 노출되어 믿을 수 있는 광고조차 불신하지는 않게 해 줘야겠죠. 어떻게 광고를 제대로 볼 수 있을까요?

필요한 물건만 구매하는 습관을 가지는 것이 좋습니다. 꼭 필요하지도 않은데 광고를 보다 혹해서 물건을 구매하는 경우가 많지요. 아이들은 더 합니다. 친구들 사이에서 입소문이 났다거나 광고가 재미있어 물건을 사 달라고 떼쓰는 경우가 많지요. 꼭 필요한지를 구분하는 지혜가 필요합니다. 자신이 진짜 좋아하는 유형인지 판단하고 선택할 필요가 있다는 것이지요.

바름이 엄마가 말했듯이 광고를 보고 사고 싶은 마음이 강하다면 후기를 참고하는 방법도 있습니다. 광고에 포함되어 있듯이 모든 사람에게 안성맞춤이며 효과가 좋은 상품을 찾기는 쉽지 않지요. 그때 활용할 수 있는 것이 후기입니다. 최신의 후기와 여러 사이트의 후기를 보고 구매하는 것입니다. 생각보다 좋은 후기를 가진 경우가 적어요. 후기에 적힌 솔직한 리뷰를 보면 광고에 속아서 물건을 구매하려던 마음이 사라지죠. 아이들이 광고를 보고 사 달라고 말하면 후기를 찬찬히 살펴보도록 알려주세요. 아이들이 실사용자들의 리뷰를 비교해 보면서 광고의 문제점에 대해서 느낄 수 있을 거예요. 모든 광고를 믿어서는 안 된다는 것을 말이에요.

일상생활에서 광고는 여러 형태로 우리를 유혹합니다. 광고에 이끌려서 필요하지도 않은 것을 구매한 경험이 누구나 있을 텐데요. 아이들이 분별력을 가질 수 있도록 믿고 거르는 방법을 알려줘야겠습니다. 우리 아이들이 광고의 호구로 살아가게 놔둘 수는 없으니까요.

---

### 1. 가족 구성원이 좋아하는 광고를 소개해 보세요,

재미있고 아이디어가 번뜩이는 광고부터 대화를 시작해 보세요. 처음부터 광고의 문제점에 대해서 이야기하다 보면 잔소리로 변할 가능성이 많습니다. 아이를 호구 취급하거나 바보로 대할 수도 있으니까요. 그런 잘못을 피하기 위해서 일단 광고의 요소와 믿을 수 있는 광고 구분법을 알아보면 좋겠어요. 가족 구성원이 재미있게 본 광고를 소개해 보는 거예요. 아이가 어떤 광고에 쉽게 마음을 뺏기는지 알아볼 수 있답니다. 시각적으로 화려함으로 눈을 뗄 수 없는 광고를 좋아하겠죠. 대부분의 사용자가 좋아한다는 일반성을 따라가기도 할 거예요.

아이들이 어떤 면을 중요하게 여겨서 광고에 좌우되는지 알아보세요. 광고를 만들 때 무엇에 중점을 두고 만드는지도 알 수 있겠죠. 그게 소비자가 좋아하는 점이니까요. 다양한 유형의 광고를 통해 강조하는 것들을 알 수 있게 될 거예요. 이런 구별을 통해서 광고를 분석할 수 있게 됩니다. 그리고 자신이 어떤 광고에 혹해 물건을 구매하려고 할 때 멈출 수 있습니다. 내가 광고의 어떤 면에 홀려서 물건을 구매하려고 했는지를 알 수 있게 되니까요. 가족들이 말하는 광고의 예를 보면서 어떻게 소비자를 유혹하는지 알게 되지요. 다양한 관점을 통해 세상을 바라보는 분별의 눈을 키우게 된답니다.

부모님이 공익 광고를 슬쩍 끼워 넣어 소개해 보세요. 공익 광고를 접한 아이들은 광고의 계몽성과 긍정적인 측면도 이해하게 될 거예요. 뭐든지 나쁜 면이나 좋은 면만 존재하는 경우는 드물잖아요. 광고에도 좋은 점과 나쁜 점이 있다는 것을 알게 되면 광고를 보는 눈이 달라지게 됩니다. 광고를 판단하게 되니까요. 광고에 홀려서 물건을 구매하는 일이 줄어들 거예요.

## 2. 과장 광고나 허위 광고의 문제점에 대해 살펴볼까요.

광고를 다양한 관점으로 보았다면 과장이나 허위 광고의 문제점에 대해서 확실하게 인지할 수 있도록 해야겠죠. 과장이나 허위 광고에 대한 기사문을 찾아 나눠 보세요. 예를 들어 한창 성장기에 있어 키에 관심 있는 친구들이 많잖아요. 그 친구들을 대상으로 한 성장 약품의 경우를 살펴보는 거죠. 키 성장을 위해 특별히 필요한 성장 물질이 포함되어 있다거나 성장 특허 물질이 담겨 있다는 광고가 많지요. 성장 호르몬 분비 증가에 도움을 준다든가 성장판 길이 증가에 관여한다는 광고도 있는데요. 과연 그게 진실일까요. 식약처에 따르면 이러한 광고 물품 중에 객관적이고 과학적인 근거 자료가 미흡하거나 특허 물질의 양이 인체에 유익할 정도보다 훨씬 적게 들어 있는 경우가 많았다고 해요. 의약품도 아니면서 의약적 효능 효과가 있는 것처럼 표시하거나 과장한 광고도 많았다지요.

특히 SNS를 통한 광고에서 이러한 경우가 많아서 피해 사례가 많다고 해요. 한국소비자원에 따르면, 2019년 기준으로 SNS에서 광고를 접한 10~50대의 47%가 하루 평균 최소 6편 이상의 광고를 접한답니다. 소비자원의 사례에 따르면, 광고와 다르게 효능이 없거나 미비한 경우가 많고요. 광고와 다른 상품을 팔거나 하자 있는 물건을 파는 경우도 많다고 하네요. 특히 다이어트 등 건강 기능 식품의 오인이나 혼동, 원재료 기만 광고, 비만 등 질병 예방 치료 및 효능 효과에 대한 광고에서 허위·과장 광고가 적발되었다고 해요.

이러한 광고들을 찾아보고 피해 사례를 함께 나눠 보세요. 아이들이 광고를 재미로만 볼 것이 아니라 실제적으로 구매해서 손해를 본 경우를 알게 될 거예요. 거기서 깨닫고 배울 겁니다, 광고를 바로 보는 눈이 필요하다는 것을 말이죠. 광고를 제대로 구분하고 소비자로서 바른 판단을 하기 위해 내가 할 수 있는 일을 함께 찾아보세요. 광고에 흔들려서 즉흥적으로 물건을 구매하려는 마음이 줄어들 거예요.

## 6. 콘텐츠의 생산과 활용

### 💬 바름이의 미디어 생활

**아빠:** 바름아, 같이 영화 볼래?

**바름:** 좋지. 아빠 보고 싶은 거 있어? 난 요즘에 애니메이션 영화가 보고 싶더라. 소재가 독특하고 세계관이 뚜렷한 영화 없나.

**아빠:** 애니메이션이라. 애니메이션은 일본 영화가 재미있잖아.

**바름:** 안 그래. 우리나라 애니매이션도 재미있어. k-movie가 얼마나 파워가 세졌는데. 내가 말한 독특한 세계관은 우리나라에서 요즘에 제일 잘하는 건데. 아빠는 일본 애니메이션을 좋아해?

**아빠:** 그건 아닌데, 예전에 애니메이션은 무조건 일본 거만 보던 습관이 있었거든. 우리나라 영화도 많이 괜찮아졌나? 본 지가 오래돼서 모르겠네.

**바름:** 난 친구들하고 영화 볼 때 우리나라 영화를 더 많이 봐. 넷플릭스 드라마를 비롯해서 우리나라 영화가 세계에서 위상도 엄청 높아졌잖아. 세계적인 유명 영화제에서 상도 많이 받구. 되도록 우리나라 예산이 투입된 영화를 보는 게 좋잖아. 우리 문화 산업 발전에도 이바지하고 재미도 있어.

**아빠:** 우리 바름이한테 요즘 세대 문화는 배워야겠는 걸. 바름이가 아빠도 재미있을 만한 영화로 하나 선택해서 알려줘. 미래의 k-문화를 선도할 바

름이의 판단을 믿어 보겠어.

**바름:** 좋지. 기대하시라구. 아빠가 아마 깜짝 놀랄 테니까. 오늘은 영화를 골라야 해서 공부는 못 하겠네.

**아빠:** 뭐야? 아휴, 참!

## K-콘텐츠 파워

한류라고 부르던 K-콘텐츠의 성장 속도가 무섭습니다. 영화·드라마·음악 같은 대중문화에서부터 이제는 패션·화장품·음식·관광·무술·산업 등으로 확대되었는데요. 한국에서 만들었다면 그 퀄리티를 인정받을 만큼 세계적으로 열풍을 일으키고 있습니다. 특히 완성도 높은 작품을 통한 대중문화가 그 선도 역할을 하고 있지요. 이제는 대중문화에서 세계 시장을 염두에 두고 투자를 하고 있습니다. 전 세계적인 오디션을 통해 인재를 발탁하고 몇 년간 집중적인 트레이닝을 합니다. 세계 최고 전문가들과의 협업을 통해 생산해 퀄리티가 높지 않을 수가 없습니다.

또한, 한국적인 특색이 잘 녹아 있는 문화에 세계인들이 더욱 뜨겁게 열광을 합니다. 가족주의나 분단 국가의 아픔, 동방예의지국의 예의범절에 대한 내용 등이 세계인의 눈을 사로잡습니다. 요즘은 독특한 아이디어와 참신한 발상으로 더욱 인기를 얻고 있는데요. SNS의 발달이 K-콘텐츠의 보급을 확대하는 데 많은 기여를 했지요. 기획사에서 유튜브나 페이스북 등에 소속 가수의 뮤직비디오를 올려 홍보하면서 세계 각국에 K-pop 열풍이 생겨났습니다.

아시아나 중동에서는 K-팝으로 불리는 대중음악이 퍼지면서 K-드라마나 K-영화, K-뷰티, K-웹툰 등으로 확장되어 가고 있습니다. 특히 K-

음식에 대한 관심이 폭발하고 있는데요. 아시아나 태평양에 있는 국가에서 인기가 높습니다.

이렇게 K-콘텐츠가 전 세계적으로 인기를 얻으면서 아이들도 그 문화를 향유할 수 있게 되었어요. 내가 즐기던 문화를 세계인이 함께 즐기고 있어 더욱 뿌듯해 합니다. 좋아하는 연예인이나 스타, 문화가 인기를 얻는 것을 보면 우리나라에 대한 자부심도 생기구요. 아이들은 K-콘텐츠를 마음껏 향유합니다. 부모님께서 보기에 걱정될지도 몰라요. 그러나 아이들이 커서 문화를 만들어 나가기 위해서는 콘텐츠를 즐기면서 활용할 수 있는 방법을 배워야 할 텐데요. 단순히 소비자로서만 즐기는 것이 아니라, 생산자로서의 역할을 강조해 주신다면 아이들도 건강하게 문화를 향유할 수 있을 거예요.


## 소비자를 넘어 생산자로서의 역할

요즘 아이들은 스타를 만나는 방식이 부모님 세대와는 다릅니다. 예전에는 스타라고 하면 무작정 따라 하는 선망의 대상에 가까웠습니다. 함부로 가까이 다가가지 못하는 존재였지요. 그 당시에 연예인들이 신비주의를 추구했던 것도 그런 이유였어요. 신비해 보일수록 따르는 팬이 많았으니까요. 하지만 요즘 아이들은 다릅니다. SNS 활동을 통해 스타를 함께 키워 나가는 입장이지요. 방탄소년단이 전 세계적으로 유명해질 수 있었던 시작점에 SNS가 있었습니다. 방탄소년단이 유명해지기 전부터 그들의 음악과 생각과 삶을 소셜 네트워크에 공유했습니다. 친구같고 편안한 그들의 이미지에 많은 팬이 생기기 시작했습니다.

아이들이 그들의 음악을 소비만 한 것은 아닙니다. 스스로 좋아하는 뮤지션의 음악을 전파하는 역할을 했지요. 스타의 음악과 삶에 깊이 있게 관여하고 함께 음악과 활동 방향을 논의해서 결정했다고 해요. 내가 직접 만든 뮤지션이라는 생각이 강해지자 팬층의 신뢰도와 활동성은 늘어났습니다. 내 의견이 반영된다고 생각하면 열심히 활동에 참여할 수밖에 없잖아요. 그런 의식을 활용해서 방탄소년단이 성장한 것이죠. 팬들의 주체적인 생산 능력이 빛을 발한 것입니다. 이러한 아이돌 생태계의 변화를 우리 아이들이 일상 미디어 사용에서 적용할 수 있도록 해야겠습니다.

아이들이 꿈이 없다고 말들 하지요. 꿈이 없는 이유가 무엇일까요. 좋아하는 것을 마음껏 해 보지 못했기 때문입니다. 스스로 판단해서 좋아하는 것들을 해 본 경험이 적으니까요. 학교에 입학하면서 획일화된 교육을 하고 비슷한 환경 속에서 생활합니다. 대학 입시를 위해 한 방향만 바라보면서 같은 방향으로 나아가죠. 그렇게 정해진 것들만 해 본 아이들은 삶에서 좋아하는 것과 재미를 찾기가 어려워져요. 그래서 아이들이 동기도, 의욕도 없는 겁니다. 하지만 이런 아이들에게 자기 스스로 키워 나가는 K-콘텐츠는 어때요. 매력적일 수밖에 없습니다. 그래서 요즘 아이들이 그렇게 열심히 덕질을 하는지도 모르겠습니다. 나만이 할 수 있고 내 생각이 반영될 수 있으니까요.

미디어를 활용할 때도 이런 자세를 갖게 하면 좋습니다. 아이들이 스스로 미디어를 생산하고 키워 보는 경험을 갖게 하는 것입니다. 좋아하는 것에 몰두할 수 있는 시간과 기회를 주세요. 덕질에 빠져 있는 아이가 필요한 시대입니다. 한쪽으로 치우친 관심사 때문에 걱정하실 수도 있는데요. 사람은 원래 편협합니다. 재능도 관심도 편중되어 있을 수밖에 없어요. 그 편중된 관심사를 나무랄 것이 아니라 아이가 성장할 수 있는 발판으로 삼는 거예요.

이 아이가 관심을 갖고 몰두해서 생산해 낸 것을 의미 있게 다뤄 주세요. 자주 생산 활동에 참여하도록 기회를 주세요. 그 과정에서 아이는 벅차오르는 감정을 느끼구요. 실질적인 관심사를 찾을 수 있을 거예요. 이 아이들이 앞으로 만들어 나갈 세상이 K-콘텐츠 시장이잖아요. 자부심을 갖고 관심사 있는 내용을 생산할 수 있는 아이로 키워야겠습니다. 모두가 가는 길을 따라가는 것이 아니라 내가 길을 개척하는 아이로요. K-콘텐츠 확장 방법을 배워서 적용해 보세요. 아이들의 관심사도 잡고 재능도 키워 줄 수 있는 현명한 방법이 될 거예요.

💬 **Talk to you**

### 1. 소비하고 있는 K-콘텐츠의 장점을 찾아보세요.

우리가 소비하고 있는 K-콘텐츠에는 어떤 매력이 있나요? 자신이 소비하고 있는 콘텐츠의 장점을 찾아서 이야기해 주세요. 아이가 잘 못 찾으면 함께 찾아봐도 좋습니다. 한 명 한 명이 주로 이용하고 있는 콘텐츠를 보여 주고 어떤 점이 끌리는지 말해 보는 거죠. 아이도 부모님이 소개하는 모습을 참고해서 자신이 몰두하는 이유를 설명할 수 있을 거예요. 서로 대화하면서 배워 나가는 거지요. 대화의 가장 큰 장점이랍니다. 각자가 소개한 콘텐츠의 장점을 정리해 보세요. 왜 그토록 사람들이 K-콘텐츠에 열광하는지 알수 있을 거예요.

보편적인 이유를 알았다면 나만의 이유도 찾을 수 있겠지요. 내가 좋아하는 것이 독특한 소재라든지 플롯이 단단한 이야기, 혹은 비주얼상으로 뛰어난 콘텐츠인지 생각해 보는 겁니다. 이것이 중요한 이유는 내가 소비하고 즐겁게 참여하는 이유를 알아야 생산에도 참여할 수 있기 때문이에요. 내가 좋아하는 것이 나의 특화된 분야거든요. 그 부분이 도드라지는 콘텐츠를 선별해서 소비하고 생산하려면 나 자신의 기호에 대해서 알아야 합니다. 이건 가족과의 대화를 통해 찾아내면 좋을 거예요. 타인과의 대화는 나를 이성적이고 객관적으로 보게 하니까요. 대화를 나누다 보면 알게 될 거예요. 내가 좋아하는 것이 무엇인지 말이에요.

## 2. 내가 생산할 수 있는 K-콘텐츠에 대해 나눠 보세요.

내가 좋아하는 분야와 주로 소비하는 콘텐츠의 성질을 알았다면 본격적으로 자신만의 콘텐츠를 기획해 보면 좋겠어요. 혼자서 다 만들기 쉽지 않을 거예요. 가족이 아이디어를 모으고 만들어 보세요. 가족 영화를 만들어도 좋고, 광고나 브이로그를 촬영해 봐도 좋습니다. 시나리오를 작성하거나 소설, 시를 쓰는 일도 함께할 수 있겠지요. 한 가지 콘텐츠라도 만들다 보면 알게 돼요. 각자 어떤 부분에 재능이 있는지 말이에요. 아이가 촬영에 흥미를 보이거나 편집이나 연기에 관심을 가질 수도 있어요. 물론 모든 활동이 어설프겠지만요. 그렇게 시작하는 겁니다. 피카소의 첫 작품을 보면 실망할 수도 있잖아요. 그것과 마찬가지예요. 지금은 각자의 잘하는 부분을 찾는 과정이니까요.

콘텐츠의 질에 너무 신경 쓰지 마세요. 함께 완성작을 만들어 낸 것만으로도 즐거운 경험이 될 것입니다. 그 과정에서 아이에게 다양한 역할을 부여해 보는 것도 좋아요. 촬영도, 연기도 해 보고 시나리오도 써 보는 거죠. 아이가 정말 재미있어 할 거예요. 가족과 자유롭게 작품을 만들어본 아이들은 콘텐츠를 소중하게 다룰 줄 알게 됩니다. 얼마나 어렵게 공을 들여 만들어진 것인지 아니까요. 콘텐츠 생산 과정에 참여해 보면서 소비하는 자세까지 배울 수 있는 값진 시간이지요.

가족이 만든 광고 한 편, 브이로그 하나가 유대를 높여주는 것은 말할 필요도 없구요. 함께 무언가를 만들고 고민하는 과정을 통해 협업 능력도 기를 거예요. 가족 간에 사이가 더 좋아질 겁니다. 연말에 만든 콘텐츠들을 모아서 상영회도 가져 보세요. 일 년을 추억하는 아름다운 시간이 될 거예요. 이렇듯 다양한 가치를 주는 미디어 생산 교육, 꼭 한번 도전해 보세요. 아이들을 소비자에만 멈추게 하지 마세요. 생산자로서 업그레이드할 수 있도록 성장시켜 주자구요.

## 챗GPT를 활용하여 미디어 리터러시 달인 되기 4

### 💬 미디어 콘텐츠 분석하는 법

챗봇을 활용하여 미디어 콘텐츠(영화, 드라마, 동영상 등)를 분석할 수 있습니다. 미디어가 주고자 하는 메시지와 주제가 무엇인지 분석하고 관련 이슈 등을 챗봇을 이용하여 파악한다면, 미디어 콘텐츠를 쉽게 따라잡을 수 있지요. 예를 들어 '한국 영화 기생충이 주는 메시지와 이슈'라는 질문을 챗GPT에 해 보았습니다. 아래는 답변입니다.

**"한국 영화 '기생충'은 서로 다른 사회 계층 사이의 갈등과 격차를 다루고 있습니다. 이 영화에서는 서로 다른 계층에 속한 가족들이 어떻게 서로의 삶과 가치관을 인식하고 공존할 수 있는지를 다루고 있습니다.**

이를 통해, 현대 사회에서 계층 간 갈등과 격차가 어떻게 형성되고, 이를 극복하는 방법에 대한 메시지를 전달하고 있습니다.

또한, 이 영화는 국내외에서 큰 인기를 끌며 많은 이슈를 불러일으켰습니다. 2019년 칸 국제영화제에서 황금종려상을 수상하며 세계적인 인기를 얻었고, 국내에서는 대한민국 역사상 최초로 아카데미 작품상과 감독상, 원어민상 등 4개 부문을 수상하며 역시 큰 화제를 불러일으켰습니다. 또한, 이 영화를 통해 대한민국이 가진 사회적 이슈와 문제들이 다시 한번 논의되었습니다."

이처럼 챗GPT를 이용하여 미디어 콘텐츠를 분석할 수 있습니다. 미디어 콘텐츠를 대할 때 어떤 가치 판단을 염두에 두고 시청하는 것이 좋을지 모르겠거나 후기가 궁금하다면 챗GPT를 활용해 보세요. 사람들이 보통 상식적으로 생각하는 논점과 이슈를 파악할 수 있을 것입니다. 자신만의 생각의 관점을 여기서부터 시작하게 해 주세요. 아이들이 내가 다르게 봤던 부분이나 해석이 있다면 더욱더 재미있게 미디어를 즐길 수 있을 것입니다.

# MOM CAFE

"언니, 나는 공사 일을 하시는 아저씨들만 보면 그렇게 짠해. 우리 아빠가 옛날에 공사 일을 하셨거든. 그래서인지 우리 집에 이사하시는 분이나 정비해 주시는 분이 오면 잘하게 되더라. 음료수도 어떤 거 좋아하시는지 물어봐. 간식도 종류별로 사다 드려. 일하시면 목마르고 당이 땡긴대. 아빠가 그랬었어."

난생처음 듣는 이야기였어요. 이사를 하면서 이사 비용을 다 냈는데 또 간식을 준비할 필요를 전혀 못 느꼈지요. 그런데 친한 동생 이야기를 듣고 보니 그럴 거 같더라구요. 이제껏 이사해 주신 분들께 미안한 마음이 생겼어요. 나는 이삿짐 옮기시는 분들에 대해서 한 번도 생각해 본 적이 없었던 거예요.

아침 출근길 아파트 길에서 낙엽을 쓸고 있는 경비 아저씨를 만났어요. 남편이 한마디 하더라구요.

"아저씨들은 왜 여기만 쓸어. 저쪽은 한 번도 안 쓸더구만."

순간 욱하는 마음이 들었어요.

"아저씨들도 힘들지. 어떻게 저길 다 쓸어. 길에 낙엽 쓰는 기계를 설치하든지 해야지. 언제까지 아저씨들을 저렇게 부려 먹어."

평소엔 그렇게 이해심이 많지 않은 사람인데 (특히 남편한텐 그렇죠.) 웬일인가 싶어 남편이 의아한 눈으로 쳐다보더라구요.

"우리 아빠가 옛날에 경비 일을 잠깐 했었거든. 경비 아저씨들만 보면 아빠 생각이 나. 짠하고 그래. 아빠가 경비할 때 힘들었던 이야기해 주고 그랬었거든."

생각해 보니 나도 그렇더라구요. 한창 청소년기에 아빠에게 들었던 이야기가 나에게 온전히 남아 있었습니다.

"사춘기 때에 경험하지 못한 일이나 감정은 뇌에서 필요 없다고 판단해요. 모두 가지치기합니다. 사춘기에 다양한 경험을 해 봐야 하는 이유입니다."

그렇습니다. 나에게 사춘기에 경험했던 정서가 여전히 흐르고 있었던 거예요. 그날 이후로 나는 우리 아이들에게 어떤 정서를, 어떤 경험을 주고 있는지 다시 한번 생각해 보게 되었습니다. 얼마나 많은 다양한 것들에 노출시켜 세상을 풍부하게 바라보고 있는지 말이에요.

아이가 바라보고 경험하게 될 세상이 사춘기에 만들어집니다. 정말 중요하고 소중한 시기네요. '다양한 시선과 경험을 통해 그늘이 넓은 아이로 키우고 싶습니다.' 아는 만큼 보이는 세상이니까요.

> "사춘기 때에 경험하지 못한 일이나 감정은
> 뇌에서 필요 없다고 판단해서 가지치기합니다.
> 사춘기에 다양한 경험을 해 봐야 하는 이유입니다."
> 그렇습니다.
> 나에게 사춘기에 경험했던 정서가 여전히 흐르고 있었던 거예요.

## CHAPTER 5 ··· 소셜 네트워크

## 1. 온라인 대화 예절

### 💬 바름이의 미디어 생활

한국과학창의재단이 고등학생 500여 명을 대상으로 실시한 설문조사에 따르면 고교생 50.8%가 가족 간 대화 시간이 하루 평균 30분 이내라고 한다. 초록우산 어린이재단이 2018년 조사한 결과를 보면, 하루 평균 가족과 보내는 시간이 13분(평일 기준)에 그쳤다. 거의 매일 자녀와 대화하는 부모의 비율 또한 53.7%밖에 안 됐다. 2018년 학생들이 꼽은 행복의 최우선 조건에서 화목한 가족이 38%로 가장 높은 비중을 차지하는 것과 상반되는 결과다.

부모와 자녀가 대화하는 시간은 식사나 외식 중일 때가 47.5%로 가장 높았다. 따로 둘만의 시간을 갖는 경우는 4%에 그쳐 가족 간의 대화 시간이 턱없이 부족한 것으로 조사됐다. 이렇듯 가족 간의 대화가 줄어든 이유는 맞벌이 부모가 늘어나면서 함께하는 시간이 준 것 때문이다. 학생들이 사교육에 보내는 시간이 늘면서 가족 간 시간이 줄 수밖에 없기도 하다. 초등학생은 주당 평균 6.7시간, 중학생은 6.4시간, 고등학생이 4.9시간을 사교육에 쓰고 있다고 한다. 학교를 마치고 매일 1시간 30분 이상을 학원에서 보낸다. 실제적으로 대화할 시간이 부족한 것이다.

대화 시간이 절대적으로 짧은데 집에서도 얼굴을 마주 보며 대화하지 않는다. 카톡으로 대화하는 경우가 많다. 온라인으로 대화하는 게 편하다는 아이들이지만 제대로 된 온라인 대화 예절을 배운 적은 없다. 어릴 때 부모가 대인관계 기술을 행동으로 보여 줬던 것처럼 온라인 대화 예절을 가르쳐 주고 시범을 보여 줘야 한다. 대화 및 오픈 채팅방 등에서 언어 습관과 매너를 가르쳐 주는 교육이 시급하다. 하지만 대화 시간이 짧고 그것마저 온라인 대화로 이루어져 아이들 교육이 어려운 실정이다.

## 수시로 울리는 스마트폰 대화창

정말 시도 때도 없이 울립니다. 아이들의 스마트폰 대화창 말입니다. 밥을 먹다가도 길을 걷다가도 아이들은 대화창에 대답을 하느라 바쁩니다. 새벽에도 수시로 울리는 단체방 대화 때문에 스트레스를 받는다는 사람들도 많습니다. 궁금한 게 있으면 바로 올리구요. 대답을 하지 않으면 재촉을 합니다. 모든 게 빨라지고 기다림에 익숙하지 않은 아이들입니다. 점점 대화창의 답변 속도에 집착하게 되지요. 물론 아이들만의 문제는 아닙니다. 한참 동안이나 대화창의 읽음 표시가 꺼지지 않으면 급한 마음이 드는 것은 부모들도 마찬가지니까요. 새벽이든 밤늦게든 시간을 가리지 않고 울려대는 대화창 때문에 시달리고 있습니다. 즐겁게 대화하고 있다고 생각하지만 때로는 상처받습니다. 도대체 어떻게 하면 이런 대화창에서 예의를 갖출 수 있을까요?

스마트폰에는 생각이 없으므로 시간 관념을 스스로 챙겨야 합니다. 너무 늦은 시간이나 이른 아침에 온라인 대화를 나누지 않도록 해야겠지요. 시간과 상관없이 질문을 올리는 아이들 때문에 선생님들은 단체 카톡방의 규칙을 정합니다. 대화창을 열면서 규칙을 안내하고 규칙을 지키지 않는 아이들은 학교에서 만났을 때 잘 타이릅니다. 이런 규칙이 생활에서도 필요합니다. 가족 내에서 그런 규칙을 만들어 보세요. '저녁 10시 이후로는 톡 금지' 같은 규칙 말입니다.

또한, 답변이 오지 않아서 시무룩하거나 연락을 기다리느라 아무것도 못 하는 아이들도 있습니다. 아무리 좋아하는 관계라도 자기 생활을 포기하면서까지 시간을 나눌 수는 없잖아요. 아이들이 기다림에 서툰 나머지 조바심을 내지 않도록 알려 주세요. 상대방의 타임테이블을 인정할 수 있을 때 건강한 관계를 유지할 수 있습니다. 빨리 답장을 해달라며 조르는 친구들도 간혹 있는데요. 상대방에게도 그보다 더 중요한 일이 있을 수 있잖아요. 모든 게 빨라진 스마트폰 사용 때문에 기다림에 익숙하지 못한 아이들이 상대에게 집착해서 불쾌해지는 일이 없도록 조심해야 합니다.

대화 중일 때는 되도록 스마트폰 대화에 답장을 하지 않는 모습을 보여 주세요. 아이들이 배울 수 있습니다. 그렇게 해 보면 상대방도 기다릴 여유가 생기니까요. 이건 부모님이 먼저 솔선수범하시는 게 좋습니다. 특히 식사 시간에 중요한 업무 처리라며 스마트폰을 들고 계시는 것은 삼가세요. 아이들이 보고 있잖아요. 금세 배웁니다. 급한 일이라면 일을 보고 나서 다시 식사를 하세요. 상대방과 대화하면서 존중하고 있다는 느낌을 충분히 보여주세요. 그래야 아이들도 온라인 대화에 매몰되어 소중한 사람을 함부로 대하는 실수를 면할 수 있으니까요.

## 온라인 대화 예절이 시급해요.

요즘 아이들은 어른들과 대화할 기회가 무척 적습니다. 학원을 얼마나 많이 다니는데 혹은 만나는 어른이 얼마나 많은데 싶으실 텐데요. 학교나 학원에서 어른들을 만나죠. 하지만 학교나 학원의 목적이 대화는 아닙니다. 수업을 듣고 질문하는 정도의 대화를 나눌 뿐이지요. 어른들과 제대로 자신의 의견을 토론식으로 나눈다거나 심도 깊게 표현해 본 경험이 적습니다. 또래들과 대화하는 게 대부분을 차지하죠. 게다가 부모님과 함께하는 시간도 상대적으로 적어졌습니다. 아이들은 대화 예절을 배우기가 힘들어졌어요. 부모님과도 반말로 대화하는 경우가 대부분이잖아요. 부모님에게서 대화 예절을 배우기도 어렵지요.

일상 대화에서도 잘 지켜지지 않는 대화 예절인데 온라인에서는 어떨까요? 온라인에서는 더 어려운 게 대화 예절입니다. 만나서 대화할 때와 글이나 문자로 대화할 때는 전혀 다릅니다. 말하는 사람의 상황을 미루어 짐작할 수밖에 없기에 오해를 일으키기 쉽지요. 제대로 된 의사소통이 이뤄지기가 쉽지 않습니다. 전화로라도 대화를 하면 그나마 나을 텐데요. 요즘 아이들은 전화 통화를 꺼립니다. 카카오톡 대화를 선호합니다. 그러면 제대로 된 의사소통이 이뤄지지 못할 가능성이 높습니다. 친구와 대화하면서 줄임말이나 은어 등을 흔하게 사용하면서 대화 예절은 더 망가지기 쉽지요.

더 문제가 되는 것은 모르는 사람과 대화할 때입니다. 친구나 가족은 평소 아이의 성향이나 대화 습관, 표현 방식 등을 알기에 괜찮습니다. 하지만 모르는 사람들이 함께 사용하는 오픈 대화방이나 소셜 네트워크에서 자신의 의사를 표현할 때는 더 조심해야 합니다. 오해하기가 쉬우니까요. 하지만 아이들은 크게 신경 쓰지 않습니다. 보이지 않는 공간이고 자신을 모르는 사람들이라서 더 편하게 대화를 주고받습니다. 글을 업로드하고 댓글을 달면서 키득거리기도 하지요.

온라인에는 언제나 흔적이 남습니다. 자신의 존재를 끝까지 숨길 수 없지요. 보이지 않는 공간이라서 더더욱 예의를 갖춰 대화해야 하죠. 온라인 대화를 하면서 불쾌했던 경험을 이야기 하며 어떻게 대화하는 것이 도움이 될지 실질적인 스킬을 가르쳐 줘야겠습니다. 가장 좋은 것이 식사 시간입니다. 조사에서 나왔듯이 그나마 가족 간에 가장 많은 대화가 이뤄지는 시간이니까요. 이 시간을 잘 활용하셨으면 좋겠습니다.

### 💬 Talk to you

**1. 온라인 대화창에서 대화에 오해가 생겼던 경험이나 사례를 찾아보세요.**

온라인 대화창에서 오해가 생겼던 경험이나 사례를 나눠 봅니다. 글에도 뉘앙스라는 게 있잖아요. 뉘앙스에서 오해를 했던 예도 있을 거구요. 혹은 대화하면서 이해가 제대로 안 돼서 내 멋대로 해석한 경우도 생길 거예요. 특히 부모님이 사회생활 경험을 떠올려서 이야기를 주도해 보세요. 예를 들어 설명해 주시면 훨씬 이해가 빠를 거예요. 아이들이 주로 온라인 대화창을 사용하긴 하지만, 의미 있는 대화를 나누지는 않아요. 간단한 약속 잡기나 웃긴 이야기 정도를 나누는 경우가 많지요. 친구들과의 대화에서는 오해를 할 일이 많지는 않을 거예요.

문제가 되는 것이 어른들과의 대화입니다. 어들과의 대화에서 습관적으로 ㅋㅋㅋㅋ를 사용했다거나 친구들과 사용하던 줄임말이나 은어를 사용하는 경우가 있어요. 어른들과 대화할 때 어떤 표현을 써야할지 모르는 경우도 많아요. 상대방이 누구냐에 따라 대화 방법이 달라져야 하잖아요. 친구들에게는 괜찮았던 표현이 어른들에게 결례라는 것을 알려 줄 필요가 있지요. 먼저 부모님과 대화에서 예의를 갖추도록 알려 주세요. 부모님께 편하게 반말을 쓰다 보니 친구에게 쓰던 말을 그대로 사용할 때도 있을 거예요. 그 표현이 왜 문제가 있는 것인지를 기분 나쁘지 않게 잘 설명해 주세요. 아이들은 너무나 익숙해서 문제를 잘 파악하지 못할 수 있으니까요.

## 2. 온라인 대화 예절을 하나하나 대화식으로 풀어서 이야기를 나눠 보세요.

'이럴 땐 이렇게'처럼 상황을 제시해서 그에 적절한 대화 스킬을 알려 주는 게 좋습니다. 아이들은 구체적인 상황 예시를 통해서 쉽게 배우거든요. 직접 대화를 해 보면서 느낄 때 수용할 수 있으니까요. 다양한 상황을 설정하고 대화를 입력하며 배울 수 있도록 해 주세요. 담임 선생님께 숙제를 늦게 냈을 때를 설정하고 부모님과 대화를 나눠보는 겁니다. 아이들은 이렇게 구체적인 예시를 줄 때 더 쉽게 배우니까요. 이런 말투는 이렇게 고치면 좋겠다고 말을 해 주세요. 오픈 대화창이나 소셜 네트워크에서 댓글을 달았을 때 답변하는 법도 연습해 보세요.

특히 악성 댓글에 대응하는 방법을 알려 주는 것은 중요합니다. 아이들이 악성 댓글을 재미로 달기도 하지만요. 자신의 글에 악성 댓글을 받게 되면 굉장히 충격을 받지요. 그럴 때 멘탈이 흔들리지 않기가 어렵습니다. 어떻게 대처하면 좋을지 알려 주세요. 소셜 네트워크에서 악성 댓글을 다는 사람들은 자신의 감정을 악플로 풀어내는 경우가 많아요. 관심받고 싶은 마음을 돌려서 나쁘게 표현하기도 하지요. 이런 상황을 설명해 주시고 아이의 잘못이 아님을 알려 주세요. 아이는 어떤 경우에도 악성 댓글을 받아서는 안되는 귀한 존재라구요. 그 사람들이 아이를 판단할 권리도 없다는 것을 알려 주세요. 그래야 아이들이 악성 댓글을 만났을 때 흔들리지 않을 수 있습니다. 온라인에서 활동을 안 할 수는 없으니까요. 대처법을 꼼꼼하게 나눠 보세요.

## 2. 블로그 광고 걸러내기

### 💬 바름이의 미디어 생활

**엄마:** 바름아, 이번 주말에 여기 가 보면 어때? 엄마가 검색 사이트에서 주말에 갈만한 곳 찾아봤거든. 근데 블로그에 보니까 여기 너무 근사한 거 있지.

**바름:** 어디 봐. 진짜 예쁘다. 음료도 베이커리도 엄청 맛있대.

**아빠:** 모녀가 또 카페 검색이 시작됐구만. 잘 살펴봐. 지난번에도 블로그만 믿고 갔다가 낭패 봤잖아. 블로그에서 진짜 맛있다고 했는데 영 아니었어. 공간도 작고 사진발이었지. 이번엔 광고 아닌 거 확실하지?

**바름:** 아빠, 어쩌다 그런 거겠지. 블로그에서 내돈내산이라고 하고 직접 포
스팅했대.

**아빠:** 우리 회사 직원이 블로그 운영하거든. 조회 수가 꽤 되나 봐. 광고가
그렇게 들어온다고 하더라. 음식이나 장소를 포스팅해 주면 돈을 준
대. 자기가 찾아서 갔는데 좋았던 것처럼 해 달라고 말이야. 그 직원
이 자기 블로그 망치기는 싫은데 경제적으로 이익은 되니 할까 말까
고민이라고 하더라. 엄마가 찾은 블로그 글이 그렇지 않으라는 법은
없잖니.

**엄마:** 진짜? 그럴 수도 있겠다. 지난번에도 블로그 보고 갔는데 전혀 딴판
이었던 것도 광고였나. 글 쓴 사람이 안 가 보고 제공받은 사진만 받
아서 썼는지 다른 블로그에도 비슷한 사진이 올라와 있더라. 이번에
는 절대 속지 않겠어. 바름아, 이 카페 다른 후기들을 더 찾아보자. 그
나저나 블로그 광고 비용이 쏠쏠치 않은가 본데, 나도 블로그나 한번
해볼까.

**바름:** 엄마, 양심 팔지는 맙시다. 엄마가 진짜 가 보고 좋은 데만 올리는 거
라면 찬성이구.

**엄마:** 나도 블로그 광고로 돈도 벌고 인플루언서도 되고 싶다.

## 광고 홍수 시대

그야말로 광고 홍수 시대에 살고 있습니다. 많은 미디어에서 광고를
쏟아내고 있는데요. 광고인 줄 알고 접하면 큰 문제는 아닙니다. 광고가
아닌 척 노출되니 문제인 거죠. 유튜브에서 내돈내산이라던 유튜버들이

사실은 협찬을 받고 있어서 문제가 되었던 적이 있었죠. 자신이 사서 잘 쓰고 있었던 것처럼 말을 했어요. 그 분야에서 믿을 수 있는 커리어가 있었던 사람이라 컨텐츠를 보고 물건을 구매한 사람들이 많았는데요. 알고 보니 협찬을 받은 거였어요. 뒷광고 논란 때문에 유튜브에서도 협찬을 표기하지 않으면 안 된다고 규정을 강화하기도 했는데요. 이때처럼 광고를 인식하지 못한 채 진실로 받아들일 때 문제가 되는 겁니다.

인스타그램에서 물건을 파는 사람들도 마찬가지죠. 인플루언서라는 자신의 위치를 이용해서 자신이 오랫동안 실제 생활에서 잘 쓰고 있는 제품이라고 홍보해요. 팔로우가 많은 인스타의 특성상 물건이 날개 돋친 듯 팔려 나갑니다. 그런데 물건에 하자가 있다거나 검증되지 않아서 순식간에 신뢰가 무너지는 경우도 여럿 있었습니다. 같은 품질의 물건인데 몇 배 더 돈을 붙여서 팔기도 하구요. 자신을 믿고 있던 사람들에게 이름을 걸고 광고하다가 신용을 잃게 되는 경우지요.

광고 문제가 발생하는 또 하나의 공간이 네이버입니다. 아직도 뭔가 궁금한 사항이 생기면 네이버의 녹색창을 검색하는 사람이 많은데요. 지식인 검색마저 하나둘 광고 문구가 뜨기 시작했습니다. 답을 주는 척하면서 자신의 업체를 광고하거나 물건을 파는 일들이 늘어나고 있어요. 아직도 궁금한 답을 네이버에서 찾는 학생들이 걱정입니다. 초등학교 선생님이 숙제를 내주면 네이버 지식인을 그대로 베껴서 제출하는 아이들이 많다고 해요. 아이들은 광고인지 진실인지 구분하는 눈이 제대로 없으니까요. 광고를 거르지 못하고 진실이라고 믿어 버립니다. 이런 아이들을 이용해서 아이들 물건을 광고하기도 하니까요. 이런 부분을 가정에서 다뤄 줄 필요가 있겠지요.

지식인 검색에서 특정 상호가 나오는 경우는 광고에 해당한다는 것을 알려 줘야 합니다. 식품 이름이나 링크가 연결되어 있다면 믿고 거르라고 말이죠. 아이들은 그 링크를 타고 들어가 물건을 구경하는 경우도 많아요. 그만큼 믿음이 가게 멘트를 작성하니까요. 궁금증이 절실한 아이들에게 광고가 작용하는 방식이지요. 부모님이 지식인에도 좋은 의도로 지식을 나누는 사람들만 있지는 않다는 것을 알려 주고요. 나무위키나 구글 검색처럼 광고와 덜 연결될 수 있는 사이트를 통해 정보를 검색하도록 도와주세요.

## 광고와 정보를 구분할 수 있겠어요?

특히 광고임을 구분하기 어려운 것이 있는데요. 블로그 포스팅입니다. 소통을 위해 만들어졌던 것이 블로그예요. 한 가지 분야에 전문적인 사람이 관심 분야의 글을 포스팅하고 대화를 나누는 것이 주요 목적이었는데요. 요즘은 블로그도 광고 천국입니다. 처음 블로그의 역할을 잊고 못하는 사람들이 정보를 찾고자 할 때 블로그를 검색합니다. 그런데 그 블로그에 광고가 포함된 경우가 늘어나고 있는 거지요. 주말에 갈만한 곳에 발품을 열심히 판 내용을 포스팅하기보다 업체에서 사진을 받아 마치 자신이 간 것처럼 업로드하는 사람들이 있습니다.

물건에 대한 포스팅은 더욱 심각하지요. 자신이 사용하지도 않은 물건을 좋다고 홍보하다가 물건의 하자 때문에 어려움을 겪는 경우도 있습니다. 블로그 포스팅을 보고 구매했노라고 말해 봤자 블로거들이 책임지지 않습니다. 금세 블로거의 행동은 잊히고 또 다른 광고를 하면서 물건을 파는 경우도 있습니다. 이는 대다수의 양심적으로 포스팅하는 블로그들에게 민폐를 끼치는 행동이지만, 사라지지는 않습니다. 광고비 수입이 쏠쏠하기 때문이지요. 물질적으로 보상을 받았을 경우 객관적인 자세로 포스팅을 유지하기는 쉽지 않습니다. 자신을 믿고 따르는 사람들이 존재하는 인플루언서나 파워블로거의 힘은 막강하지요. 사람들에게 소통과 신용이라는 두 마리 토끼를 줬기 때문인데요. 그걸 믿고 광고하다가 신용이 깨지는 경우는 되돌리기가 힘듭니다.

2022년 기준으로 네이버의 포털 점유율이 58%로 막강한 영향력을 가지고 있습니다. 구글이 31%로 따라잡고 있지만, 가장 편안하고 익숙한 게 네이버 검색이죠. 네이버에 검색하면 상위에 노출되는 것들이 광고입니다. 클릭초이스·파워링크·파워 콘텐츠 등이 맨 위에 나옵니다. 클릭초이스나 파워링크는 딱 봐도 광고임을 눈치챌 수 있습니다. 다음 나오는 것이 블로그죠. 아이들은 상대적으로 안전하고 광고도 적을 거라고 생각하고 블로그 글에 접속합니다. 블로그에 광고가 포함되어 있다는 사실을 인식하지 못한 채 말이죠.

어떻게 광고와 정보를 구분할 수 있을까요? 일단 블로그 주인과 포스팅한 사람이 다르면 의심해 봐야 합니다. 한 가지 주제로 꾸준하게 업로드되는지를 살펴보면 좋겠지요. 블로그 주제와 상관없이 다양한 주제로 글을 올린다면 광고일 가능성이 크겠지요. 뉴스형 동영상이나 기사 형태로 포스팅이 되어 있다면 내용을 제공받아서 올렸을 가능성이 큽니다. 실제 뉴스와 구분하지 못하도록 교묘한 광고 방법을 쓰고 있는 건데요. 정확하게 출처가 나와 있지 않은 뉴스 형태의 포스팅은 한 번쯤 의심해 봐야 합니다.

여러 개의 동영상을 통해서 내용을 설명하고 있다면 광고일 가능성이 커요. 한 사람의 블로거가 자신이 체험한 것을 모두 동영상으로 만들어 업로드하기는 쉽지 않으니까요. 실제 방문기나 자신이 사용하는 모습과 목소리가 포함되지 않은 영상이라면 광고로 판단할 수 있을 거예요. 너무 화려하거나 편집이 잘 되어 있다면 전문가의 솜씨를 거쳤을 가능성이 많겠지요. 업체에서 받은 포스팅일 가능성이 늘어납니다. 본인의 수고가 돋보이지 않는 포스팅은 믿고 거르는 게 좋겠지요. 이런 여러 가지 방법을 통해 광고와 정보를 구분할 수 있도록 아이들과 대화를 나눠보세요.

💬 **Talk to you**

**1. 포털 검색창에서 정보를 검색하며 비교해 보세요.**

각자 주로 사용하는 포털 사이트가 있을 거예요. 왜 그 포털을 자주 사용하는지 이야기를 나눠 보세요. 각자가 주로 사용하고 있는 포털을 소개해 주세요. 그 포털사이트에서 정보를 찾는 자신만의 노하우를 나누는 거지요. 가족 모두 네이버를 주로 쓸 수도 있구요. 중고등학생만 돼도 구글을 자주 이용하기도 하지만요. 각자의 노하우를 듣게 되면 정보를 검색하면서 주의할 점을 자연스럽게 알게 됩니다. 광고 홍수 속에서도 자신이 필요한 정보를 현명하게 찾는 방법도 구분할 수 있게 되죠. 정보를 찾으려다 광고의 늪에 빠졌다거나 엉뚱한 정보로 빠져들어 시간 낭비를 했던 경험도 좋아요. 각자가 정보를 찾으면서 중요하게 생각하는 점과 온라인과 오프라인상의 정보도 비교해 보면 좋습니다.

아이들은 정보를 온라인상에서 찾는 것이 익숙하지요. 하지만 온라인은 분명한 한계가 존재합니다. 공간이 한정적이기에 깊이 있는 정보를 다루기는 쉽지 않지요. 그럴 때는 관련 서적을 찾아서 정보를 확장시킬 수 있다는 점을 알려 주세요. 책만 읽으라고 강요한다고 해서 아이가 책을 찾지는 않습니다. 아이들이 스스로 책의 필요성을 인지하고 검색하는 과정에서 책을 자연스럽게 연결할 수 있도록 알려 주셔야 해요. 검색을 했는데도 궁금한 점이 있다면 서적을 통해서 정보를 확장시킬 수 있다는 것을 예로 들어 주세요. 아이가 필요할 때 책을 찾을 수 있을 거예요.

## 2. 한 가지 주제로 검색한 다음 광고가 섞인 글을 구별해 보세요.

주말 가족 나들이처럼 한 가지 주제로 정보를 찾아보세요. 각자 정보를 검색해 보는 거지요. 검색이 끝났으면 소개하는 겁니다. 어떤 경로를 거쳐서 정보를 얻었는지 말이에요. 그다음 가족끼리 그 정보를 검증해 보는 시간을 가져 보세요. 블로그에서 정보를 얻었다면, 그 블로그의 글이 정보성인지 광고성인지 함께 구별해 보세요. 왜 그렇게 생각하는지 자신의 생각을 덧붙이면서요. 광고인지 정보인지 구분하기는 쉽지 않지만 해 보는 겁니다.

이런 활동을 해본 친구와 그렇지 않은 아이들은 다릅니다. 한 번 해 본 아이들은 대놓고 블로그나 정보 글의 내용을 무조건 믿지 않아요. 의심의 눈초리로 정보를 대하는 것은 삶에서 꼭 가르쳐 줘야 할 태도입니다. 앞으로 정보는 더 쏟아질 테니까요. 필요한 정보를 골라내는 능력이 무엇보다 중요해요. 미래 사회에서 분별력 있게 살아낼 수 있는 중요한 역량이니까요. 광고에서 필요한 것과 불필요한 것을 구분하는 것부터 시작해 보세요. 광고성 글을 찾아내면 신나 할 거예요. 많이 격려해 주시고요. 지적만 하지 마세요. 아이들은 이제 시작이니까요. 서툴 수는 있겠지만 격려를 받다 보면 그 역량도 어느새 무럭무럭 자랄 거예요.

## 3. SNS 친구 만들기

### 💬 바름이의 미디어 생활

---

**엄마:** 누구랑 그렇게 열심히 톡을 하고 있어. 학교에 무슨 일 있어?

**바름:** 아니 그게 아니야. 페이스톡으로 알게 된 친구인데 고민이 있다고 해서 들어 주고 있었어.

**엄마:** 너희 학교니?

**바름:** 멀리 다른 지방에 사는 친구야. 지역마다 문화가 조금 다른가 봐. 내 친구들이 노는 방식이랑은 달라서 나도 뭐라고 해 줄지 잘 모르겠더라. 성별이 다르니까 친구들이랑 노는 방식도 달라서 어려워.

**엄마:** 지방에 사는 친구를 어떻게 알았어? 공통 관심사도 없는데 어떻게 친구가 되었구.

**바름:** 엄마 어릴 때는 펜팔했다며. 그거랑 비슷한 거지. 편지가 아니고 페이스북으로 만나는 게 다른 거야. 편지보다 빠르게 소통할 수 있는 것 이외에는 달라진 것도 없거든.

**엄마:** 너 혹시 그 친구에게 네 사진 보낸 건 아니지? 믿을 수 있는 아이인지도 모르는데.

**바름:** 사진은 이미 페이스북에서 봤겠지. 나도 그 친구 사진 봤으니까 상관없어. 학교랑 학년 반도 공개되어 있으니까 괜찮아.

**엄마:** 학교 친구도 많은데 왜 그 친구랑 친한 거야. 그 친구가 특별히 좋은 이유가 있어? 멀리 떨어져서 만나지도 못하잖아.

**바름:** 멀리 떨어져서 만나지 못하는 게 더 좋아. 나라는 존재가 신비롭잖아. 나의 좋은 모습 멋진 것만 보여 줄 수 있으니까. 환상 속의 내 모습이

랄까.

**엄마:** 그 친구도 너에게 좋은 모습만 보여 주고 솔직하지 못할 수도 있는 거네. 진짜 그 친구가 믿어도 되는 사람인지 조금 더 알아보고 대화해 보렴.

## 소셜 네트워크 친구 맺기

아이들에게 친구란 어떤 존재일까요? 부모로부터 독립을 기대하면서 가장 의지하는 대상이 바로 친구입니다. 친구를 통해서 자신들의 문화를 만들어 가고 공유하지요. 고민 상담의 대상도 친구인 경우가 많습니다. 예전에는 동네 친구가 존재했습니다. 동네를 벗어나서 친구가 되고 싶다면 펜팔을 했었지만요. 요즘의 아이들은 친구 문화도 달라졌습니다. 소셜 네트워크가 등장하면서부터 변화가 생겼는데요. 가까이에서 자주 만날 수 있는 존재를 넘어서 장소와 거리에 관계없이 친구를 만들 수 있게 되었습니다. 그러면서 대인관계 폭이 넓어졌습니다.

학교 내에서 절친에 집착하던 친구들이 오히려 소셜 네트워크에 집중하기 시작했습니다. 바름이 말처럼 그 친구들에게는 나의 단점이나 고민, 안 좋은 점을 드러내지 않아도 되니까요. 멋진 점을 어필할 수 있어서 좋아하는지도 모르겠습니다. 아이들 사이에서 부캐가 유행하고 있잖아요. 현실에서 자기의 모습과 전혀 다른 캐릭터로 SNS에서 어필하는 것이지요. 만나지 않기 때문에 실제 모습을 들킬 이유도 없습니다. 관계가 불편하면 정리해 버리면 그만이지요. 이렇게 가볍고 새로운 관계에 아이들이 집착하기 시작합니다. SNS 팔로워나 친구들이 늘어나면서 이런 현상들은 늘어나고 있지요. 현실에서 내 모습이 마음에 들지 않고 콤플렉스가 있는 아이들은 더더욱 그렇구요.

우리나라 안에서만 친구를 사귀지 않아도 됩니다. 전 세계 누구와도 친구가 될 수 있는 문화입니다. 메타버스라는 가상공간에는 국경도 나이도 필요 없습니다. 매력적이면 누구나 친구가 될 수 있지요. 아이들은 그 안에서 자유를 느낍니다. 언제 어디서나 자신이 꿈꾸는 스스로의 모습으로 포장할 수 있기 때문이죠. 익명성 안에서 어떤 말과 행동을 남기더라도 노출되지 않는다는 생각을 하는데요. 장점을 느끼는 만큼 친구 수를 빠르게 늘려 나갑니다. 하지만 한 사람이 관계 맺고 유지할 수 있는 친구 수가 150명이랍니다. 온라인 친구는 그 숫자를 넘기기가 쉽지요. 내 새로운 모습을 보여 주는 150명 이상의 온라인 친구들이 제대로 관리되고 있을까요? 자신의 진짜 모습을 보여 주며 영향을 주고받기 어렵습니다.

우리 대뇌의 인지 한계를 넘어선 친구 수 때문에 혼란스러운 경우가 많습니다. 즉 친구라고 이름 붙이기는 하지만 진짜 내 모습도, 새로운 부캐도 제대로 보여 주지 못할 가능성이 크다는 거죠. 우리가 신뢰하고 믿을 수 있는 친구는 50명 정도래요. 가장 친한 친구가 5명 정도라고 하니까요. 많은 온라인 친구 사이에서 옥석을 가려낼 수 있을지 의문이 생깁니다.

온라인에서의 친구 관계를 예일대 교수인 윌리엄 데레시비츠는 거짓 우정이라고 했습니다. SNS 친구가 나를 중심으로 하는 서클 안에 포함되어 있지만, 실제하는 친밀감이 없다는 것이죠. 연결되었다는 감각만 느낄 뿐입니다. 그 친구들 사이에서 실질적인 위로와 공감을 느끼지 못합니다. 물론 잠깐의 외로움은 달래 줄 수 있겠지요. 서로에 대한 실질적 정보가 부족하니까요. 모든 것을 이해해 줄 것이라고 상상합니다. 제대로 알지 못하기에 기대하는 부분이 생기잖아요. 그래서 아이들이 온라인 친구에 더 집착하지요.

부모님들이 많은 대인관계를 겪어 보시면서 느끼셨잖아요. 세상에서 소중한 친구를 만나는 것이 얼마나 어려운지 말이에요. 온라인 친구를 너무 신뢰한 나머지 아이들이 상처받거나 이용당하는 일이 생기기 쉽습니다. 슬프고 외로울 때 잠시 잠깐의 말로 된 위로를 주지만 그것을 이용해서 나쁜 소문을 퍼트린다거나 아이를 조종하기도 하니까요. 이런 소셜 네트워크의 친구가 왜 위험한지 스스로 생각해 봐야 할 거예요.

그 친구에게 어려움이 생겼을 때 절친이 되어 줄 수 있느냐를 생각하면 쉽습니다. 글로 소통할 때는 그럴 것처럼 이야기를 하지만요. 잘 알지도 못하는 사람이잖아요. 내 오프라인의 절친과 다르죠. 내가 성의껏 그 친구를 도울 마음은 생기지 않을 거예요. 상대방도 마찬가지라는 것을 알아야 합니다. 그 마음을 알면 깊이 없는 SNS 친구에 집착하느라 주변에 있는 친구를 챙기지 못하는 잘못을 덜하게 될 것입니다. 온라인 친구는 잠시 잠깐의 외로움을 달래는 감정적인 관계이며 일시적이라는 것을 알아야 해요. 그래야 아이들이 소셜 네트워크 친구 찾기에 덜 집착할 수 있게 될 것입니다.

# 소셜 네트워크 친구에 집착하는 이유를 찾아야 합니다.

아이들이 SNS를 사용하는 시간은 얼마나 될까요? 2018년 엘리트 학생복의 조사에 따르면, 1일 SNS 접속 횟수가 10회 이상인 경우가 54.7%입니다. 4~5회가 15.6%, 6~7회가 15.4%, 8~9회가 7.1%에요. 아이들이 자주 소셜 네트워크에 접속하고 있지요. 평균 사용 시간 또한 5시간이 19.3%, 2~3시간이 19.2%, 3~4시간이 17.5%입니다. 많은 시간 동안 접속하고 오래 머물고 있는 건데요. 코로나19를 지나오면서 그 접속 횟수와 시간은 더 늘어났을 것입니다. 그렇다면 SNS를 사용하면서 스트레스를 받지는 않을까요? 54.5%가 스트레스를 받은 경험이 있다고 응답했습니다. 스트레스를 받는 가장 큰 요인으로는 욕설과 비방, 악성 댓글 등의 비매너 행위가 가장 큰 비율을 차지했지요. 시간 낭비나 개인정보 유출 위험, 타인의 게시물로 인한 상대적 박탈감 등도 원인이 되었습니다.

그럼에도 불구하고 왜 아이들은 SNS에 집착할까요? 소통을 원하기 때문입니다. 소통하면서 자기 존재를 확인하기 위해서죠. 잘하고 있다는 격려가 일상생활에서 상대적으로 부족했기 때문은 아닐까요. 부모님이나 친한 친구와 충분한 피드백과 격려를 받은 친구들은 굳이 SNS에서 인정과 '좋아요'를 받지 않아도 괜찮습니다. 자기 자신에 대한 자신감이 있으니까요. 누군가가 채워 주지 않아도 흔들리지 않지요. 하지만 오프라인 공간에서 정서적인 안정감과 인정 욕구가 채워지지 않은 경우는 어떨까요? 가짜인 우정으로라도 채우고 싶어 해요. 그러다 보면 자신의 좋은 모습만 노출하게 되지요. 그것이 마치 자신의 전부인 양 연기하는 삶을 보여 주게 되는 겁니다.

SNS의 실상이라는 게시글이 한때 유행이었지요. 화려하고 좋아 보이는 사진 뒤에 속임수를 활용한 진실이 숨어 있더라는 내용이었는데요. 유머로만 넘기기에는 진실이라는 것이 문제입니다. 아이들이 무엇 때문에 SNS에 그렇게 집착하는지, 오랜 시간 공을 들여 그 공간을 꾸미는지를 살펴보세요. 단순히 이야기 나눌 사람이 없어선지 아니면 진짜 마음이 공허해선지 말이에요. 그 원인을 찾았으면 채워 주려는 노력이 필요합니다.

누구나 사귀는 SNS 친구지만 누구에게나 안전한 것은 아니에요. 아이들이 어떤 방식으로 친구와 연결되는지에 따라 위험한 상황에 노출될 수도 있습니다. 그럴 때를 대비해서 아이들의 SNS를 가끔 구경시켜 달라고 해 보세요. 관계가 좋은 가정이라면 기꺼이 보여 줄 겁니다. 거기서 이용 패턴이 안전한지 확인해 보세요. 만약 아이가 보여 주기를 꺼리거나 미룬다면 가족 관계부터 점검해 보세요. 어떤 일을 하더라도 부모님이 내 편을 들 거라는 믿음이 있는지부터 말이죠. 그 믿음을 세우는 것이 무엇보다 중요하답니다.

💬 **Talk to you**

### 1. SNS 중독 증상을 찾아보고 사용 실태를 나눠 보세요.

아이들도 자신이 많은 시간 SNS를 하고 있다는 것을 압니다. 요즘은 인스타그램의 실시간 다이렉트 메시지를 통해서 위치를 공유해요. SNS로 친구들과 연락하는 일이 늘면서 아이들의 의존도가 더욱 높아졌지요. 문제인 줄 알면서도 자제가 안 되는 것은 아이들만의 문제는 아니긴 하지만요. 한 가지에 몰두하면 잘 빠져나오지 못하는 사춘기의 특징과 겹쳐 중독으로 느껴지게 합니다. 아이들에게 구체적인 중독 증상을 알려줘야 합니다. 막연하게 자신이 잘못하고 있다는 것을 느끼는 것과 체크리스트를 통해 알아보는 것은 다르니까요.

시간이 남을 때마다 SNS를 살펴봐야 편하다면 중독일 가능성이 높습니다. 무슨 일을 하든지 그 흔적을 업로드해야만 마음이 편한 경우도 마찬가지구요. SNS 때문에 다른 일에 집중하지 못하거나 한밤중이나 자다가도 접속하는 경우 심각하지요. 내 글에 '좋아요'가 없으면 서운하고 댓글이 달리면 바로 확인해야 마음이 편합니다. 이런 상황들이 가족 구성원에게 얼마나 빈번하게 일어나는지 이야기를 나눠 보세요. 아이들이 몇 가지 정도는 해당되지 않을까 싶은데요. 직접 이런 상황을 읽어 보고 행동을 체크하다 보면 자신의 문제에 직면하게 됩니다. SNS에 접속하는 것이 개인정보 유출이나 상대적 박탈감을 일으키고, 가짜 우정에서 느끼는 허무감을 주긴 하지만요. 아이들은 쉽게 포기하지 못합니다. 거기서 자신의 존재감을 확인하니까요. 이런 활동들로 인해서 진짜 친구나 가족들과의 소통이 줄어드는 것은 안타까운 일입니다. 문제를 줄이기 위해서 아이들이 자신의 현 상태를 냉정하게 점검할 수 있도록 도와주세요.

## 2. 각자의 SNS 친구를 소개해 보세요.

가족 구성원이 돌아가면서 자신의 SNS 친구를 소개하는 시간을 가져 보세요. 주로 하고 있는 활동과 만나게 된 계기, 마음에 드는 이유를 설명해 주는 거죠. 함께 그 친구의 SNS에 접속해서 들여다보세요. 아이가 원하는 친구 유형을 찾을 수 있을 거예요. 아이가 편안해 하는 인간관계를 아는 것은 굉장히 중요해요. 가족 구성원이 그런 존재가 되어 줄 수 있으니까요.

또한, 아이의 친구 중에 위험한 친구는 없는지 살펴보세요. 인터넷이라는 가상공간에 숨어서 활동하는 나쁜 사람들이 있습니다. 어른이 아이인 것처럼 꾸며서 활동을 해도 티가 나지 않으니까요. 메타버스처럼 어른과 아이들의 아바타가 그 생김새부터 달라서 구분할 수 있다면 좋겠지만요. 보통의 SNS는 그렇지 못합니다. 아이들이 성인과 아이 여부를 판단하기는 어려워요. 어른들이 나쁜 의도를 가지고 접근하지는 않는지 살펴볼 필요가 있습니다. 말투나 글을 올리는 패턴을 보면 짐작할 수 있는 요소가 분명히 있습니다. 세대가 달라서 표현 방법이 다를 수밖에 없으니까요.

때로는 같은 세대의 아이라 해도 문제가 될 수 있습니다. 상대방이 아이의 사진이나 신체의 특정 부위를 요구하는 일은 없는지 살펴보세요. 서로가 친하다는 징표로 그런 것들을 요구하기도 합니다. 그런 자료들이 성적인 게시물과 연결되어서 되돌리지 못하는 상처를 남기기도 하니까요. 하지만 아이들은 대수롭지 않게 여깁니다. 친구들 이야기를 나누면서 그런 상황이 발생한 것은 아닌지 자연스럽게 대화를 나눠 보세요. 혹시 모를 사태에 대비할 수 있는 좋은 방법이랍니다. 부모와 친구 이야기를 서슴없이 나눌 수 있다는 것은 충분히 아이를 존중해 준다는 반증이기도 하니까요. 우리 가족 관계를 점검도 해볼 겸 대화를 시작해 보세요.

## 4. 쇼트폼 영상 전성시대

### 💬 바름이의 미디어 생활

**엄마:** 바름아, 넌 주말 내내 핸드폰만 들여다보고 있네. 뭐가 그렇게 재미있어?

**바름:** 쇼츠 진짜 재밌어. 이거 보다 보면 시간이 금방 지나가. 1분도 안 되는

건데 어쩜 이렇게 시간이 빨리 가지.

**엄마:** 그렇게 짧은 영상에 내용이 담기긴 하니.

**바름:** 그럼. 유익한 정보를 핵심만 담아서 알려 준다니까. 쇼츠만 봐도 배우는 게 엄청 많아. 사실 쇼츠만 보는 게 아니거든. 릴스도 봐야 하고 틱톡도 보고 하여간 볼 게 너무 많아. 조금만 안 봐도 흐름을 놓친다니까. 유행하는 밈 몇 개만 놓쳐도 애들하고 대화가 안 돼요.

**엄마:** 친구들하고 그런 얘기하고 노는 거야?

**바름:** 얘기만 하는 게 아냐. 챌린지 있으면 따라도 하고 애들이랑 공유도 해. 나도 나름 바빠요.

**엄마:** 무슨 챌린지가 유행인데 엄마랑 함께하면 안 돼?

**바름:** 그건 아니잖아. 물론 틱톡 중에 보면 엄마랑 아이랑 함께 춤추는 영상들도 있던데 그건 별로야. 나는 친구들 사이에서 일어나는 일을 다룬 내용이 좋거든. 엄마도 함께 볼래?

**엄마:** 아냐 됐어. 나는 친구보다는 우리 바름이랑 하는 게 좋거든. 짧은 영상 보고 자꾸 넘기면 머리 아파.

**바름:** 그래서 내가 엄마랑 같이 못 보는 거야. 엄마랑 얘기하느라 몇 편을 놓쳤네. 나 조금만 더 본다.

## 쇼트폼 영상 전성시대

아이들에게는 정말 1분도 깁니다. 부모님들은 유튜브 영상 중에서 10분이 넘어가면 영상을 스킵하거나 길다고 느끼신 적 있을 거예요. 하지만 아이들에게는 10분이면 쇼트폼 영상을 10개도 넘게 시청할 시간이랍니다. 부모 눈에는 정신없어 보이는데 좋다며 보고 있어요. 아이들이 쇼트폼 영상에 푹 빠져 있는데요. 처음에 쇼트폼 영상은 10분 이내를 의미했습니다. 시간이 잠깐 날 때 볼 수 있도록 타깃팅을 한 건데요. 쇼트폼 영상은 2016년 틱톡이 인기를 끌면서 관심을 받게 되었어요. 10대가 5분 이하의 영상을 즐겨 본다는 트렌드를 반영한 건데요. 인스타그램은 2021년 릴스를 출시했습니다. 릴스는 기존 인스타그램에 다양한 엔터테인먼트 요소를 합한 거죠. 사진으로만 업데이트되던 것을 15~30초 사이 영상으로 촬영·편집·공유할 수 있도록 만든 건데요. 음악까지 넣으면 완벽합니다. 유튜브에도 쇼츠가 있지요. 모두 앞다투어 쇼트폼 시장에 뛰어들었습니다.

처음에는 가벼운 재미 위주의 영상들이 인기를 끌었는데요. 이제는 짧은 영상에 정보까지 쏠쏠히 녹여 사용자들을 유혹하고 있습니다. 유튜브에서 10분 이상 콘텐츠로 만들 법한 내용들을 요약해서 '~법 세 가지, 다섯 가지 ~하기' 등으로 만드는 거지요. 빠른 시간 안에 정보와 볼거리까지 담긴 쇼트폼 영상은 인기 폭발입니다. 정보를 주는 것뿐 아니라 문화를 만들어 내기도 하는데요. 소셜 챌린지를 통해서 스스로 만들어 내는 역할까지 하고 있어요. 보기만 하는 영상을 넘어서 내가 참여할 수 있는 소재라서 더 인기가 있답니다. 아이들이 좋아하는 음악에서도 쇼트폼을 제대로 활용하고 있지요. 소셜 채널을 통해 일부 음원을 선공개하고, 사전 바이럴 홍보를 통해 궁금증을 높여요. 이런 영상 하나 공개한 것뿐인데 음원 차트가 순식간에 변화하기도 하지요.

2023 소셜 미디어 검색 포털 리포트에 따르면, 전국 15~69세 남녀 5,000명 중 68.9%가 쇼트폼 시청을 경험했다고 해요. 2022년 대비해서 12.4%나 증가했다고 하니까요. 쇼트폼 영상이 아이들뿐만 아니라 전 세

대를 걸쳐서 인기예요. 영상 시장에서 큰 영향력을 갖고 있다고 생각하면 될 듯합니다. 이동하면서 잠깐의 여유 시간에 이용할 수 있으며 화제가 되는 것을 담고 있어 트렌드에 민감해질 수 있지요. 장면마다 전달하고자 하는 메시지를 꾹꾹 눌러 담아 알차기도 하구요. 짧은 핵심 메시지와 사진·영상·음악 등이 어우러져 재미와 정보를 충족시켜 주는 쇼트폼 전성시대는 한동안 이어질 것 같습니다.

## 쇼트폼 영상 제대로 소비하는 법

쇼트폼 영상이 아이들에게 아니 전 세대에게 인기가 있다고 해도 걱정되는 부분이 없는 것은 아니에요. 쇼트폼 영상에 빠져들수록 아이들의 집중력도 낮아질 수밖에 없습니다. 뇌과학자들에 따르면 우리 뇌는 한번에 한 가지 일밖에 못 한다고 해요. 멀티 테스킹 자체가 안 돼요. 멀티 테스킹을 하는 것처럼 보일 때도 있는데요. 이건 여러 가지 일을 한꺼번에 처리하는 것이 아닙니다. 단순히 빠르게 관심사를 옮겨 가는 것에 불과하지요.

그런데 쇼트폼 영상을 주로 본 아이들은 어떨까요. 관심사가 그만큼 빠르게 변하는 겁니다. 빠른 전환이 계속되면 뇌는 스트레스를 받습니다. 이는 산만함으로 이어지지요. 스마트한 기기들을 사용하는 것이 아이들에게 좋지 않습니다. 한 가지 일에 몰입해서 집중을 못 하게 하는데 미디어가 많은 영향을 줍니다. 쇼트폼 영상으로 그것이 가속화되고 있습니다. 우리가 모든 일을 스마트 기기로 1분 이내에 해결할 수 있다면 크게 문제가 안 되겠지요. 하지만 아니잖아요. 초등학교만 해도 40분 내

내 아이들이 수업에 집중해야 합니다. 선생님들 이야기를 들어 보면 아이들 집중 시간이 짧아져서 15분을 넘기기가 어렵다고 해요.

쇼트폼 전성시대로 인해서 그 집중 시간이 더 짧아질까봐 걱정이 됩니다. 아이들이 한창 뇌를 발달시켜야 할 시기에 짧은 영상으로 뇌를 산만하게 만든다면 어떨까요? 고난도의 정신 활동에 집중하기가 어려워질 것입니다. 이런 의미로 부모들은 쇼트폼 영상 소비를 자제시키려 하는데요. 마음처럼 쉽지가 않습니다. 짧기에 더더욱 그렇지요. 몇 편만 보겠다고 조르니까요. 중독성이 있고 계속해서 추천 영상이 뜨기 때문에 끊기도 쉽지 않습니다. 또한, 아이들이 몰래 본다고 한들 찾아낼 방법조차 없으니까요. 쇼트폼 영상을 제대로 소비하는 법을 알려 줘야겠어요.

모든 분야에서 참을성이 사라진 세대입니다. 하룻밤 기다려야 살 수 있던 물건들이 새벽 내 이동하여 아침이면 배달이 됩니다. 퇴근해야 사 줄 수 있었던 야식이 배달 애플리케이션으로 순식간에 배달이 됩니다. 주문을 하면서도 그 시간을 못 기다려 치타 배달을 누르기도 하니까요. 모든 것이 빠르게 소진되고 생성되는 이 시점에서 아이들이 걱정입니다. 재미만 추구하다가 아이들이 자신이 집중하고 몰두해야 할 순간조차 놓치게 될까 봐요. 한 우물을 파서 언젠가 정점에 도달하는 기억을 아이들에게 줘야 할 텐데요. 이렇게 바쁘게 소비되는 세상에서 어떤 방식으로 롱폼의 가치를 알려 줄 수 있을까요?

## 💬 Talk to you

### 1. 쇼트폼 영상이 재미있는 이유를 물어보세요.

왜 아이들이 쇼트폼 영상에 열광하는지 알아야겠죠. 각자 영상 플랫폼 중에서 가장 즐겨 보는 사이트를 소개해 보세요. 부모님이 유튜브를 자주 이용한다면 어떤 점이 매력적인지 알려 주는 거지요. 물론 가장 주된 이유가 재미일 텐데요. 재미나 정보를 주는 많은 콘텐츠 중에서 내 아이가 유독 쇼트폼 영상에 몰두하는 이유를 알 수 있을 거예요. 가장 즐겨 보는 영상 생산자를 소개해 봐도 좋습니다. 아이가 즐겨 보는 영상의 종류가 무엇이고 어떤 욕구를 채우기 위해서 영상을 소비하는지 알게 될 거예요.

유의해야 할 것은 아이들이 시간을 무료하게 보내는 데 사용하는 경우예요. 별 이유도 없이 콘텐츠를 소비하고 있다면 문제지요. 스트레스라도 풀어내는 기능을 해야 하는 데요. 목적 없이 추천 콘텐츠를 소비하고 있다면 영상 콘텐츠가 어떤 역할도 하지 못하는 거니까요. 그럴 때는 어떤 문제가 있는지 말해 보게 하세요. 다른 가족들의 영상 이용 습관과 자신의 패턴을 비교하고 문제가 무엇인지 인식하게 하는 게 중요해요. 스스로 깨우치고 바꾸려고 노력해야 바꿀 수 있는 부분입니다. 가족들의 이야기를 들어보고 어떤 점이 문제인지 확실하게 깨닫는다면 패턴을 바꿀 수 있는 절호의 기회예요. 나무라지 마시고 이제부터 습관을 잡을 수 있을 거라고 힘을 실어 주세요.

### 2. 쇼트폼 영상을 롱폼 콘텐츠로 만들어 볼까요.

쇼트폼 영상 소비에 문제가 있는 거라면 이걸 역이용해 보면 어떨까요? 쇼트폼 영상을 이용해서 뇌의 활성화를 일으킬 수 있는 방법을 찾아보는 건데요. 바로 영상 늘려 보기입니다. 쇼트폼 영상에는 핵심 내용이 축약되어 표현되어 있는 경우가 많습니다. 이럴 때는 요약본을 가지고 중심 내용에 맞는 추가 설명을 함께 만들어 보는 겁니다. 아이 혼자 하라면 숙제 같아서 하지 않을 거예요. 가족이 재미있게 게임처럼 내용을 늘려 보는 겁니다. 재미있는 콘텐츠를 주로 소비한다면, 이와 비슷한 소재를 이용한 내용을 구상해 보세요. 콘텐츠의 개수를 늘려 보는 거죠. 핵심 내용만 전달하는 형태라면 각각의 구체적인 방법을 설명해 보는 겁니다.

예를 들어 나이별로 밥 먹는 유형이라는 콘텐츠가 있다고 쳐요. 영상에서는 짧게 내용을 표현했을 텐데요. 나이대별로 밥 먹는 형태에 어떤 차이가 있는지 늘려서 말해 보는 거예요. 이렇게 모든 쇼트폼 영상을 늘려 보는 거지요. 쇼트폼 영상은 하나의 소재가 되는 거예요. 아이들이 생각을 확장하면서 한 가지 주제에 오랫동안 머물 수 있는 시간을 만들어 주는 겁니다. 강제로 공부하듯이 하시지 마세요. 그건 재미도 없고 아이들이 싫어하니까요.

아이들이 즐기는 콘텐츠로 주제를 삼는 거죠. 그럼 아이들도 재미있게 생각해 볼 수 있을 거예요. 여기서부터 생각의 확장을 연습해요. 집에서 가족들이 할 수 있는 재미있는 놀이면서 효과도 있으니까요. 대화 없는 가족 식사 자리에서 분위기를 바꿀 대화 주제로 골라 보세요. 밥만 먹던 아이가 신나게 이야기하는 놀라운 광경을 보시게 될 거예요.

# 5. 짧은 영상 만들어 업로드하기

## ⦿ 바름이의 미디어 생활

틱톡이 쇼트폼 시장에서 1위 자리를 공고히 하기 위해 비장의 서비스를 출시했다. 인공지능 기술을 적용한 추천 피드 기능을 제공해 관심 있는 영상을 시청할 수 있도록 유도 중이다. 내 관심사가 계속해서 영상으로 업로드되니 사용자들의 반응이 호의적이다. 이와 더불어 듀엣 기능도 인기몰이 중이다. 듀엣은 다른 크리에이터의 동영상과 내 동영상을 나란히 게시할 수 있는 서비스이다. 동시에 재생되는 분할 화면에 두 개의 동영상을 포함한다. 피드에서 추천 영상을 찾는다. 사용자 프로필을 통해 비디오를 추가할 수도 있다. 유명인과 함께 자신의 영상을 업로드할 수 있어 반응이 좋다. 틱톡은 이 외에도 사용자가 자신의 개성을 최대한 발휘하여 창의적인 영상을 만들 수 있도록 새로운 서비스를 고심 중이라고 한다.

하지만 진입 장벽이 낮은 쇼트폼 동영상을 만들 때 고심할 부분이 있다. 쇼트폼 영상이 많아진 만큼 소비자의 눈도 날카로워졌다는 사실이다. 까다로운 소비자의 선택을 받기 위해서 독특하고 창의적이며 실용적인 영상이 필수다. 누구나 만들 수 있다고 해서 아무나 인기를 얻을 수 없다. 새로운 콘텐츠를 대하는 생산자들의 고민이 필요한 시점이다.

# 미디어 생산자가 되는 아이들

쇼트폼 영상이 빠르게 성장하면서 아이들의 미디어 생산이 너무나 편해졌습니다. 간편하게 플러스 버튼 하나만 누르고 영상을 만들어 업로드하면 되니까요. 누구나 스마트폰만 있으면 짧은 콘텐츠를 만들 수 있는 세상이 되었습니다. 아이들도 이 대열에 합류해서 자신만의 개성을 영상으로 마음껏 드러내고 있는데요. 이처럼 쇼트폼 영상이 인기있는 이유는 인간의 주의 집중 시간이 짧아졌기 때문이라고 합니다.

디지털 세대를 살아가면서 주의 집중 시간이 더 짧아져 그야말로 산만해졌다고 표현할 수 있을 정도인데요. 2000년 12초였던 집중 시간이 2020년 7초가 되었대요. 짧은 집중 시간에 주목을 끌기 위해 영상은 자극적으로 변할 수밖에 없습니다.

주목을 받기는 어려워졌지만, 아이들은 생산자로서의 역할을 포기하지 않습니다. 그것이 친구들과 소통할 수 있는 통로이자 자신을 드러낼 수 있는 활력소가 되어주기 때문이에요. 영상을 제작하고 공유하며 아이들은 자신의 존재감을 한껏 드러냅니다. 재미와 공감을 주어야 하기 때문에 만드는 것이 쉽지는 않지만요. 그 과정에서 자신만의 볼거리를 통해 능동적으로 미디어 생활에 참여하게 됩니다. 참여자가 늘고 영상의 다양성이 존재하면서 아이들은 영상 생산의 의지를 가지게 되지요. 아무 관심도, 흥미도 없는 아이들이 온종일 쇼트폼을 감상합니다. 그러다 멋지게 차려 입고 나가서 자신의 생활을 영상으로 찍어 올립니다. 아이들이 살아 있음을 느끼는 순간이지요.

이런 순간의 기쁨을 부모님의 기우가 가로막고 있는 것은 아닌지 생각해 보셔야 해요. 이 세대 아이들은 우리와 전혀 다른 세상에 살고 있음을 인정하세요. 물론 그만큼 사이버 세상의 위험도 증가해서 걱정이 되는 것은 사실이지만요. 즐길 수 있도록 하는 것이 우선입니다. 즐기면서 조심할 부분을 알려 주면 되는 거지요. 좋아하는 것을 표출해 즐거움을 느끼는 아이들을 격려할 수 있었으면 좋겠습니다.

1900년대에 태어나 2000년대에 교육을 받은 부모 세대가 2020년 이후의 세대를 이해하려면 아이들의 세상으로 걸어 들어가야 합니다. 아이들이 열광하는 영상이 무엇인지 함께 즐겨 보세요. 세대 차이를 모두 극복할 수는 없겠지만요. 이상한 시선으로 아이를 바라보는 일은 멈출 수 있을 거예요. 이 세대 아이들은 다른 문화를 갖고 있다는 것을 이해해 주세요. 아이들은 아이들 문화를 건강하게 즐기고 있답니다.

## 쇼트폼을 만들면서 주의할 점

자신들의 개성을 드러내고 향유하는 것도 좋지만 조심해야 할 점도 있습니다. 아이들에게 알려 줘야 할 점인데요. 틱톡의 경우 2021년 사용자의 42.7%가 10대입니다. 사용자 연령을 13세 이상으로 제한하고 16세 미만의 사용자 계정은 제작된 콘텐츠의 기본 옵션을 비공개로 해 두었지요. 하지만 사용자가 공개 옵션은 바꾸면 되니까요. 아이들을 보호할 방법은 없지요. 스스로 보호하고 조심하는 수밖에 없다는 건데요. 어떤 점을 주의해야 할까요.

우선 성적인 콘텐츠에 노출되지 않도록 조심해야 합니다. 미국에서는 10대 소녀들 사이에 성적인 영상 콘텐츠 제작이 유행하면서 문제가 되고 있습니다. '좋아요'를 받겠다는 목적으로 자신의 모습을 과도하게 노출하는 영상을 찍는 것이지요. 관심이 높아지면 노출하는 영상에 집착하는 모습을 보여 문제가 되는데요. 팔로워가 늘어나면 SNS 인플루언서가 될 수 있다는 과도한 욕심이 화를 부릅니다. 인기를 얻는 것도 좋지만, 자기 자신을 지킬 수 있어야겠지요. 아이들이 어떤 SNS 활동을 하고 어떤 영상을 업로드하는지 보셔야 해요. 크게 문제가 되지 않을 영상에는 잔소리를 아끼세요. 사사건건 불만을 가질 경우 아이들이 부모님 몰래 활동하게 만들 수도 있으니까요. 정말 위험하다 싶을 때만 아이들의 영상에 코멘트를 해 주세요.

챌린지에 참여할 때도 안전 여부를 확인해야 합니다. 2021년에 이탈리아의 10대 소녀가 틱톡의 기절 챌린지에 참여했다가 숨진 사건이 있었습니다. 미국에서 10대 청소년들 사이에서 학교 선생님 혹은 친구 괴롭히기나 교내 기물 파손 챌린지가 유행하기도 했답니다. 참 무서운 일인데요. 이런 챌린지들이 '이 동영상의 동작은 심각한 부상을 초래할 수 있습니다.'라는 경고 문구만 안내하고 유통됩니다. 아이들은 '위험하다. 절대 따라하면 안 된다.'라는 댓글이 달려도 개의치 않습니다. 유행한다고 따라 하다가 위험한 상황이 발생할 수 있습니다. 안전한 도전인지 확인하고 따라 해야겠지요.

쇼트폼 영상은 아이들을 걸러서 노출되지 않습니다. 연령 제한이 있을 수도 있지만, 성인과 어린이를 거르는 정도에요. 아이들이 유해한 콘텐츠를 보더라도 계정 소유자의 나이와 상관없이 콘텐츠가 추천된다는 겁니다. 아이들은 자신의 나이 이상이 시청할 수 있는 영상도 가감 없이 선택해서 보지요. 그러면서 무리한 다이어트 영상이나 음란물과 관련된 영상에 노출되지요. 그것을 따라 하다가 문제가 생길 수 있습니다. 당연히 영상에서 거짓말을 하거나 과장해서 표현했다고 생각하지 않으니까요. 그걸 그대로 따라 하며 듀엣 기능을 이용하기도 해요. 자신이 유해하고 위험한 콘텐츠를 만들고 있다는 생각조차 하지 못할 수 있으니까요. 생산에 있어서도 소비와 같이 분별력을 키워 주는 게 우선이 되어야 해요.

이러한 많은 문제에도 불구하고 아이들이 너무나 즐기는 문화가 쇼트폼 영상입니다. 아이가 건강한 자아를 발산할 수 있도록 조언해 줄 수 있어야겠습니다.

## 💬 Talk to you

### 1. 관심 분야 찾기

쇼트폼 영상이 많은 문제를 지니고 있음에도 재미있어 하고 열심히 생산에도 관여하고 있다면 영상 제작을 통해서 아이의 관심사를 찾아주면 좋겠습니다. 아이가 즐겨 보는 영상을 찾아보세요. 관련 알고리즘을 통해서 관심 있는 영상들이 추천될 겁니다. 이 추천 영상만 봐도 그동안에 아이가 어떤 영상들을 즐겼는지 알 수 있을 거예요. 아이들의 관심사를 찾을 수 있는 좋은 기회입니다. 관심사가 많아서 다양한 추천 영상이 뜨는 경우도 있을 텐데요. 이때마저 진득하게 한 영상을 보지 않는다고 나무라지 마세요. 다양한 관심사를 갖고 있다는 것은 아이의 발전 가능성이 그만큼 많다는 이야기니까요. 격려해 주시고 더 그 분야를 발전시켜 주시는 게 좋아요.

영상을 통해서 아이의 관심사를 키워드로 찾았다면 오프라인에서 그 관심사를 경험하도록 도와주세요. 아이가 아이돌 댄스에 관심 있어 춤 챌린지를 계속해서 소비하고 있다면 그 분야를 체험하게 해 주는 겁니다. 체험한 내용을 콘텐츠로 만들 수 있도록 해 보는 거죠. 소비와 생산을 오프라인에서 연결시켜 주는 노력이 필요합니다. 그래야 아이가 자신의 관심사를 자신의 삶으로 가져올 수 있어요. 뜬금없는 관심사라도 자신의 삶과 연결해서 생활에 영향을 줄 수 있도록 만들 수 있습니다. 이는 체험을 통해서 가능하니까요. 관심사를 경험하고 나서 콘텐츠와 연결할 수 있도록 도와주세요. 아이의 주력 분야를 찾고 진로를 정하는 데도 도움이 될 거예요.

## 2. 브레인스토밍, 스토리보드 쓰기

관심 분야의 콘텐츠를 만들면서 브레인스토밍을 활용해 보는 것도 좋습니다. 내가 관심 있는 분야가 요리라면 만들 수 있는 것들을 모두 적어 보는 거지요. 아이가 생각나는 것들을 모조리 적을 수 있도록 해 주세요. 일단 카테고리를 크게 잡고 한식과 양식, 일식 등의 분야를 적고요. 거기서 만들고 싶은 요리를 모두 써 보는 겁니다. 아이는 구체적인 경험과 생각을 통해서 성장합니다. 그것을 기반으로 고차원적인 사고도 발전시킬 수 있지요. 카테고리화해서 생각을 모두 뽑아 보세요. 카테고리를 요목화해서 스토리보드를 짜는 겁니다.

짧은 영상을 만들더라도 기획은 반드시 필요합니다. 어떤 주제로 대상을 누구로 하며 내용은 어떻게 구성할지를 정해 보는 거죠. 기획하면서 간단하게 어떻게 촬영할 건지 결정해요. 물론 아이가 처음부터 완벽한 스토리보드를 만들 수는 없을 거예요. 어설프더라도 자꾸 만들어서 가족들에게 공유하게 해 보세요. 누군가에게 보여 주고 내용을 설명할 수 있으려면 자기화하는 과정이 필요해요. 아이가 그 내용을 자신의 지식으로 흡수해야 설명이 가능하지요. 그 과정을 경험하게 해 주세요. 스토리보드에 정답은 없잖아요. 아이가 작성한 스토리보드를 보고 마음껏 감동해 주세요. 좋은 점을 찾아서 칭찬해 주세요. 먼 훗날 유명한 영상 제작자가 될 아이의 첫걸음일 수도 있으니까요. 아이가 재미있게 영상을 만들어 보는 과정을 통해서 아이는 더 성장할 것입니다.

# 6. 메타버스 세상이 열리다.

## 😊 바름이의 미디어 생활

메타버스는 가상현실(VR, Virtual Reality), 증강현실(AR, Augmented Reality), 혼합현실(MR, Mixed Reality) 등의 기술을 활용하여 만들어진 가상세계를 말한다. 메타버스는 3차원 가상공간에서 다양한 콘텐츠를 제공한다. 사용자들은 가상 캐릭터를 통해 이 공간에 참여할 수 있다. 메타버스는 현재 게임이나 쇼핑, 엔터테인먼트 분야에서 많이 사용되고 있다. 미래에는 다양한 산업 분야에서도 활용될 것으로 예상된다. 교육·의료·건설·시설 관리 등에서도 메타버스가 활용될 수 있다.

메타버스가 유용한 서비스지만 문제가 없는 것은 아니다. 메타버스에서는 사용자가 자유롭게 콘텐츠를 제작할 수 있어 악성 콘텐츠가 등장할 가능성이 있다. 이를 방지하기 위해서는 적극적인 모니터링과 필터링이 필요하다. 메타버스에서는 사용자들의 개인정보가 수집되어 사용될 가능성이 있다. 이에 대한 보호와 관련 법규의 마련이 필요하다. 또한, 가상공간이기 때문에 현실과의 연계성 부족 문제가 있다. 이를 해결하기 위해서는 다양한 기술적 개발이 필요하다. 메타버스는 고성능 하드웨어와 높은 인터넷 속도를 요구하기 때문에 접근성이 낮은 문제도 있다. 지속적인 투자가 필요한 산업으로 경제적 부담도 있다. 이를 극복하기 위해서는 투자자들의 관심과 지원이 필요하다.

열거한 문제점들은 메타버스가 발전하고 성장하기 위해서 극복해야 할 과제이다. 더욱 안정적이고 안전한 메타버스 환경을 만들어 나가기 위해서는 다양한 기술적·제도적 개선 및 보완이 필요하다.

메타버스는 더욱 발전할 것이며, 가상공간에서 더욱 현실적인 경험을 제공할 수 있는 기술 발전을 이루어야 한다. 이를 위해서는 높은 성능의 하드웨어 고도의 그래픽 기술, 인공지능, 블록체인 등 다양한 기술을 융합하여 발전해 나가야 할 것이다. 메타버스는 사용자들에게 새로운 경험과 가치를 제공하는 미래 산업으로 주목받고 있다. 기업들이 이 분야에 관심을 갖고 있다. 미래 산업의 한 축으로 더욱 발전하는 메타버스를 지켜봐야 할 것이다. (AskUp 제공)

## 메타버스 세상이 도래하다.

메타버스 세상이 열립니다. 메타버스란 가상, 초월을 의미하는 메타(meta)와 세계, 우주를 의미하는 유니버스(universe)가 합성된 신조어입니다. 정치와 경제·사회·문화의 전반적 측면에서 현실과 비현실이 공존하는 생활형, 게임형 가상세계라는 의미로 폭넓게 사용됩니다(위키백과 참고). 일반적으로 현실 세계와 같은 사회적·경제적 활동이 통용되는 3차원 가상공간 정도로 해석이 되지요. 새로운 말이라 낯선 부모님들도 있을 텐데요. 아이들에게는 익숙하고 편안한 세상입니다.

메타버스 플랫폼은 유형이 네 가지로 나뉘는데요. 첫 번째가 증강현실입니다. 증강현실은 현실 세계 위에 디지털 정보가 덧붙여서 실제 세계에 가상현실이 덧붙여지는 것입니다. 한때 유행했던 포켓몬고가 증강현실 사례지요. 두 번째 일상 기록형이 있습니다. 이미 우리에게 친숙한 페이스북·인스타그램·블로그입니다. 현실의 이상을 디지털 세계에 기록한다는 의미이며 빅데이터를 기반으로 운영되지요. 거울 세계도 있습니다. 현실 정보의 세계가 디지털 세계로 옮겨진 것입니다. 구글맵·카카오톡·배달의 민족 등이 있습니다. 구글맵의 경우 현실 세계의 땅을 디지털 지도로 옮겨 사용자가 길을 잘 찾을 수 있도록 돕습니다. 카카오톡은 현실의 대화를 디지털 문자 및 음성으로 전환해서 언제 어디서든 대화할 수 있지요. 마지막으로 가상세계가 있습니다. 가상세계는 메타버스의 대표적인 유형입니다. 현실에 존재하지 않는 세상을 가상의 공간을 디지털 형식으로 만들어 내는 것이죠. 제페토나 이프랜드, 각종 VR 프로그램이 있습니다.

현재는 시각과 청각적인 측면에서만 가상세계를 즐길 수 있지만, 곧 촉각·후각·미각 등의 감각도 가상세계에서 느낄 수 있답니다. 메타버스라고 해서 어려운 개념인 줄 알았는데 어때요. 알고 보니 이미 우리도 일상에서 활용하고 있는 콘텐츠였죠. 부모님도 한 번쯤은 써 본 메타버스인데 아이들에게는 얼마나 익숙할까요. 아이들은 메타버스 중에서도 가상세계를 좋아합니다. 자유롭고 거침없이 자신의 개성을 표현할 수 있으니까요. 또래와 어울려 문화를 만들어 가는 재미도 쏠쏠하지요. 한 번 빠지면 헤어 나오기 힘들다고들 하는데요. 아이들이 즐기는 거라면 우리도 제대로 알아둬야겠죠.

우리나라에서 가장 많이 쓰이는 메타버스 플랫폼은 제페토(ZEPETO)입니다. 제페토는 네이버의 자회사 네이버Z의 스노우에서 출시한 3D AR 아바타 제작 애플리케이션입니다. 증강현실(AR)과 인공지능(AI) 기술을 접목해 사용자와 닮은 아바타를 만듭니다. 사진을 찍거나 휴대전화 내 저장된 사진을 불러오면 자동으로 가상의 캐릭터가 생성됩니다. 외형을 마음대로 커스터마이징 할 수 있어요. 제페토를 생성할 때 부여되는 코드로 팔로우도 가능하지요. 현재 3억 명 이상이 사용하고 있는 애플리케이션입니다.

가상현실 내에서 착용 가능한 의상 등 다양한 아이템을 직접 제작하고 판매하여 수익을 창출할 수 있는 크리에이터 플랫폼이지요. 제페토 내에서 사용할 수 있는 '젬'과 '코인'이라는 디지털 화폐를 통해 거래가 진행됩니다. 제페토 스튜디오는 사용하기 쉬운 아이템 템플릿을 제공하기 때문에 전문적인 디자인 지식이 없는 비전문가도 어렵지 않게 작업할 수 있습니다. 자신만의 독특한 아바타를 만들어 세상에 없는 나를 만들어 낸다는 점이 아이들을 열광하게 하지요.

## 제페토는 아이들의 이상한 놀이터

아이들이 제페토에서 신나게 놉니다. 자신이 디자인한 옷을 입기도 하고 아바타를 꾸미기도 하지요. 어떤 아바타는 명품을 입고 있습니다. 구찌, 나이키, 컨버스로 몸을 치장했어요. 얼굴도 작고 팔다리도 긴 것이 요즘 아이들을 닮았습니다. 그런데 어떤 아바타는 아니에요. 얼굴도 크고 옷차림도 초라합니다. 뭐가 이상하다는 건지 느끼셨나요? 맞습니다. 제페토 안에서 빈부의 차이가 확연히 드러납니다. 가상현실 편의점에서 즉석조리 라면을 사 먹으려면 돈이 필요합니다. 방을 꾸미고 머리와 얼굴까지 체인지하려면 돈이 있어야 해요. 가상 캐릭터뿐만 아니라 볼거리도 많은 것이 제페토입니다. 10대 청소년 10명 중 8명이 사용한다고 하니까요. 마케팅 효과도 대단하지요. 실제 가수들이 제페토에서 공연과 팬 사인회를 열어 준다고 하구요. 자동차를 시승할 수 있는 기회도 생깁니다.

처음에는 나를 꾸미고 개성을 드러내기 위해서 시작했던 메타버스였는데요. 어느새 많은 비용이 들게 된 겁니다. 신나게 화장을 하고 친구랑 놀려고 가입을 했는데요. 가입할 때 주는 1만 코인으로는 꾸미기를 시작도 할 수 없습니다. 미션을 완성하거나 광고를 보면 코인을 주기도 하지만요. 나를 화려하게 꾸며 줄 명품 아이템은 돈으로 잼을 사야 가능합니다. 이것을 사용하기 위해 아이들은 기프트 카드가 필요해요. 그러기 위해서 용돈을 소비하기 시작합니다.

어느 정도의 용돈을 사용하는 것이라면 좋아요. 아이들 스트레스 푸는 데 용돈을 활용할 수 있지요. 그런데 언제부턴가 재페토가 변질되기 시작했어요. 구찌 운동화를 신은 아이만 입장할 수 있는 방이 생기구요. 명품 옷을 입어야지만 친구가 됩니다. 아이들이 그 아이템을 사서 친구가 되기 위해서 안간힘을 쓰는 거죠. 현실에서 친구 사귀기가 어려워서 메타버스에 찾아갔잖아요. 자기 개성을 뽐내고 좋은 친구들을 만나기 위해서 활동을 시작했는데요. 현실과 다르지 않은 계층이 생기면서 박탈감에 시달리게 되는 거예요.

나의 부캐를 만들어 현실과 다른 세상에서 마음껏 꿈을 펼쳐보고자 했던 아이들이 상처받기 시작해요. 물론 모든 제페토 방이 그런 것은 아니에요. 현실이 그렇지 않은 것처럼요. 하지만 누군가 구찌 신발을 신고 있으면 현실에서도 부러움을 사듯이 제페토에서도 그런 현상들이 발생하고 있어요. 가상현실에서조차 경제 원리의 힘이 지배해서 아이들을 나눕니다. 이런 상황에서 뒷짐 지고 있어서는 안 돼요. 우리 아이가 언제 제페토에 접속해서 그 상처를 받게 될지 모르는 일이니까요.

또 아이들을 대상으로 하는 범죄 활동도 발생합니다. 성인 이용자가 성 관계 대상을 찾는 일이 미국의 로블록스에서 발생한 것처럼요. 아이들의 자유로운 놀이터가 안전하지 않을 수도 있습니다. 앞으로 더 많이 사용하게 될 메타버스, 어떻게 현명하게 사용할 수 있을까요.

💬 **Talk to you**

---

**1. 메타버스 놀이터에 함께 입장해 보세요.**

메타버스가 뭔지 아이들과 함께 메타버스 세상을 구경해 보세요. 이미 제페토를 경험해 본 아이들도 있을 수 있어요. 학교나 친구를 통해서 경험해 봤을 수 있답니다. 아이들은 생각보다 많은 것을 알고 있거든요. 부모보다 더 빠르게 세상을 배우고 적응해 나가고 있습니다. 아이들이 앞서 나가는 부분은 부모에게 알려줄 수 있게 해보세요. 신나서 가르쳐 줄 거예요. 아이들은 언제나 부모에게 인정받고 싶어 하니까요. 혹시나 경험해 보지 못한 아이라도 문제없습니다. 아이와 부모가 접속하는 순간 아이들이 얼마나 빠른 속도로 적응하는지를 보고 놀라실 것입니다. 메타버스에 들어가서 이런 저런 공간에 들어가 보고 캐릭터를 꾸며 보세요. 아이들 문화라고 생각하시고 무시하시면 안 됩니다. 많이 사용하는 콘텐츠라는 건 내 아이도 곧 사용할 수 있는 거니까요. 무엇을 하고 노는지 살펴보세요.

보통 아이들은 제페토에 대화를 하고자 접속하는 경우가 많습니다. 아이들이 어떤 대화를 하는지 구경해 보세요. 대화 주제를 살펴보면서 관심 분야를 알 수 있을 거예요. 대화할 소재가 생겨나는 겁니다. 말이 없는 아이라도 이런 활동을 기회로 마음을 들여다볼 수 있을 거예요. 대화를 할 때는 아이에 대해 취조식으로 캐묻지 않도록 조심하세요. 아이가 자신의 영역을 침범한다고 생각하면 입을 닫을 수도 있으니까요. 메타버스 안의 대화가 그래서 좋은 겁니다. 남의 이야기인 듯하면서 내 이야기를 할 수 있는 기회니까요. 마음껏 메타버스도 구경하시고 아이와 대화도 나눠 보세요. 아이에게 배우는 좋은 기회가 될 거예요.

## 2. 메타버스에서 발생할 수 있는 문제점과 걱정되는 점을 이야기 나눠 보세요.

아이돌 위주의 콘텐츠와 젊은 여성들의 소비 욕구를 불러일으키는 패션 아이템들이 즐비한 제페토에서 아이들이 생활하는 걸 보셨지요. 현실 세계를 옮겨서 마음껏 개성을 표현한다기보다 대기업이나 엔터테인먼트의 홍보 수단으로 보이기도 하는데요. 문제는 아이들이 이것을 구분하지 못하고 빠져듭니다. 그 아이템을 사야지만 친구가 될 수 있는데 어떻게 하겠어요. 무리해서 구매하려고 할 수밖에 없겠지요. 철저히 나를 숨기고 새롭게 태어나려고 했는데 그럴 수도 없습니다. 평범한 내 자신이 초라해 보이니까요. 이런 문제점을 아이들이 알고 있을까요? 아이들과 제페토를 하면서 불편했던 점을 이야기 나눠 보세요. 걱정되는 점과 앞으로 변화되었으면 하는 점들도요.

사용자들의 관점이 중요한 것이 메타버스입니다. 경제 논리와 홍보로 가득 채워도 구매자들이 호응하지 않으면 소용없잖아요. 제대로 된 메타버스를 구현하기 위해서는 각각의 유저가 깨어나야 해요. 문제점을 인식하고 새로운 방향을 제안해야지요. 다행히 아이들은 그걸 참 잘하니까요. 아이들이 메타버스를 사용하면서 느끼는 점들을 공유하고 이슈로 만들 수 있는 방법을 생각해 보세요. 유저들이 제안하고 만들어 가는 팬덤 문화에 익숙한 아이들이 실천할 수 있는 일이랍니다. 불편하면 사용하지 않는 것보다는 적극적으로 의견 개진을 하고 변화를 만들어 갈 수 있습니다. 아이들이 성인이 되어 자신의 일을 하거나 문화를 즐기면서도 꼭 필요한 태도니까요. 메타버스를 사용하면서 그런 부분을 적극적으로 반영해 보면 좋을 거예요.

## 😶 소셜 미디어 달인 되는 법

AI 봇을 활용하여 소셜 미디어에서 정보의 출처·신뢰성·편향성 등을 파악할 수 있습니다. 실시간 검색 순위를 올리기 위해 조작되는 정보나 신뢰할 수 없는 정보로 일방적인 주장을 하는 편협한 소셜 미디어를 걸러낼 수가 있어요. 소셜 미디어 달인이 되기 위해서는 먼저 소셜 미디어에 대한 이해와 지식이 필요합니다. 챗봇을 활용하여 소셜 미디어 달인이 되기 위해서는 다음과 같은 방법들을 추천합니다.

챗GPT를 활용하여 소셜 미디어 관련 정보 및 트렌드를 파악할 수 있습니다. 소셜 미디어에서 인기 있는 영상이나 키워드를 검색하려면 각각의 소셜 미디어에 접속해야 하잖아요. 그 시간을 줄이는 데 챗GPT를 활용할 수 있습니다. 트렌드가 무엇인지 찾아보고 분석하는 데도 활용할 수 있습니다.

또한, 소셜 미디어를 통한 캠페인을 기획할 수도 있어요. 챗GPT를 활용하여 캠페인 아이디어를 얻고 슬로건을 참고하여 캠페인을 기획할 수 있습니다. 인스타그램에서 유행하는 챌린지도 만들어 볼 수 있겠지요. 소셜 미디어에서 실행해 보면서 마케팅을 경험할 수 있는 좋은 기회입니다. 아이가 기획한 캠페인이나 챌린지가 이슈가 된다면 색다르고 값진 경험이 될 것입니다. 사용자들이 어떤 트랜드를 좋아하는지 반응들을 추려서 기획하는 데 도움을 얻을 수도 있습니다. 잘 활용하기만 하면 쉽게 입소문을 타고 사람들의 관심을 받을 수 있는 게 소셜 미디어잖아요. 트렌드를 혼자서 분석하는 것보다 챗GPT의 도움을 받으면 쉽게 접근할 수 있지요.

이런 과정에서 소셜 미디어에 대한 전문적인 지식과 데이터 분석 능력을 키울 수 있습니다. 소셜 미디어에 대한 질문을 찾고 이를 소셜 미디어에 공유하는 방법도 있습니다. 사람들이 궁금해 하는 부분에 대해서 공유하고 지식을 나누는 소셜 미디어 기능을 사용할 수 있는 한 가지 방법이지요. 이렇듯 챗GPT를 활용하여 소셜 미디어에 대한 지식과 경험을 쌓으면 소셜 미디어 달인이 되는 것이 가능합니다.

# MOM CAFE

몇 년 전 같이 근무했던 선생님이 계셨어요. 평소에 너무나 온화하고 따뜻한 분이셨거든요. 그런데 어느 날 복도 너머까지 선생님이 화내는 소리가 들리는 거예요. 이상하다 싶었지요. 그렇게 화를 낼 분이 아니었거든요. 쉬는 시간에 그 반 아이들에게 슬쩍 물었지요. 무슨 일이냐고요. 아이 몇이 잠을 잤나 봐요. 그래서 그 사단이 난 거지요. 점심시간 이후이고, 평소 조는 아이들은 있어 왔는데 갑자기 화를 내셔서 아이들도 당황한 듯 보였어요.

왜 그 선생님이 그렇게 화를 냈는지는 몇 시간 후 교직원 회의에서 알 수 있었어요. 부장이셨던 선생님을 교장 선생님이 호출하셨다는 거지요. 조는 아이들이 너무 많다고 대책을 세우라고요. 한 번이면 그러려니 하는데 벌써 서너 번을 교장실에 가서 혼나셨대요. 제발 자는 아이들을 꼭 깨워 달라고 부탁을 하시더군요. 그때는 아이들에게 소리 지르고 윽박지르던, 복도에서 듣던 선생님의 목소리가 아니었지요. 다시금 평소의 온화하고 부드러운 선생님의 모습으로 돌아와 있더군요.

얼마 전 공원을 지나다가 만 보 걷기를 하는 아주머니를 보았어요. 처음 보는 사람인데 만 보 걷기 하는 걸 어떻게 알았느냐구요. 누가 봐도 알 수 있게 핸드폰을 마구 흔들며 걷고 있었거든요. 그 모습이 얼마나 우스꽝스러운지 마치 음식점 앞에서 휘적이는 풍선 인형 같더라니까요. 하지만 그 아주머니의 우스운 모습은 타인에게는 보이지만 본인에게는 보이지 않지요.

타인의 눈으로 내 모습을 들여다볼 때 더 정확히 나를 볼 수 있는 것 같아요. 그 선생님을 보면서 저 또한 보지 못했던 제 모습을 보았답니다.

'내 안에서 채워지지 못한 감정과 화를 가장 연약한 존재인 아이에게 풀어내고 있었구나.'

퇴근했더니 아이가 머리가 아프다고 해요. 안 그래도 온종일 피곤에 지친 나에게 그 소리는 하나도 달갑지가 않습니다.

"아프다는 소리 좀 그만해. 나 아프고 피곤한 것도 힘든데 너까지 왜 그래? 지겨워 진짜."

내가 덜 피곤하고 덜 지쳤다면 아이에게 저렇게 말하지 않았을 거예요. 아마 차분하게 아이의 이야기를 들어 주고 공감해 줬겠지요. 어쩌면 지쳐 있던 아이는 엄마의 토닥임을 듣고 금세 힘을 받아 머리 아픈 것이 말끔히 나았을지도 모르는 일입니다. 아이는 제가 윽박지르는 소리에 슬그머니 자기 방으로 꽁무니를 감췄습니다. 아이 마음에 생채기 하나가 또 생겨 버렸네요.

아침 산책길에 온갖 꽃이 만발한 공원을 지나왔어요. 봄기운이 완연한 만큼 공원이 온통 꽃 천지였습니다. 벚꽃·개나리·진달래 모두 자신의 아름다움을 뽐내고 있었어요. 사람들은 한껏 피어난 꽃을 향해 셔터를 눌러댔습니다. 봄기운을 받고 새록새록 피어난 아름다운 연두색 풀잎까지 모두 상큼해 보이는 계절입니다. 그 사이에 소나무가 보이네요. 겨우내 혹한을 잘 견뎌내고 따뜻한 햇살을 받으며 서 있는 소나무. 소나무에게도 봄이 찾아왔고 겨울과는 다른 초록빛을 내고 있는지도 모르지만요. 우리가 보는 소나무는 늘 한결같은 초록이었지요. 추우나 더우나 그 자리에서 자신의 자리를 빛내주는 소나무가 있기에 새들도 한겨울이 외롭지 않았을 거예요.

　나 또한 아이에게 소나무 같은 존재가 되어 주어야겠다고 생각합니다. 오늘은 조금 부족했을지 몰라도 내일은 더 단단해진 초록빛으로 아이 곁에 머물러 주어야겠다고 말이지요. 아이가 지나가다 힘들 때 잠시 쉬어 머무를 수 있는 믿음직한 나무가 되어야겠어요. 그럼 아이는 살다가 초록빛을 지닌 소나무만 봐도 마음이 편안해지고 그 아래서 쉬면서 다시 살아갈 힘을 얻지 않을까요?

"내 안에서 채워지지 못한 감정과 화를
가장 연약한 존재인 아이에게 풀어내고 있었구나."

## CHAPTER 6 ··· 영상 및 게임 미디어

## 1. 원하는 영상 정보 검색하기

### 💬 바름이의 미디어 생활

우리가 대부분의 정보를 얻는 수단이 인터넷이다. 인터넷에서 정보 검색을 하면 수많은 영상과 정보들이 표시된다. 하지만 정말 내가 원하는 정보를 얻고자 하면 하나하나 클릭해서 봐야 하는 수고로움이 있다. 구글에 원하는 검색어를 입력해서 정보를 찾는다면 빠르게 정확한 정보를 찾기 어렵다. 정보가 워낙 방대하기 때문이다. 이런 구글 검색어 창에도 단축 명령어가 있다는 것을 알고 있는가? 명령어를 사용하면 빠르고 정확하게 꼭 필요한 정보를 찾을 수 있다. 인터넷 검색 시 활용할 수 있는 명령어는 무엇이 있을까. 두 개 이상의 키워드를 검색할 때는 and와 or 명령키를 사용하자. 미디어와 리터러시를 검색할 경우 '미디어&리터러시'를 검색하면 미디어와 리터러시가 포함된 검색 결과를 모두 볼 수 있다. 미디어와 리터러시에 관련된 자료를 모두 찾을 때는 'or'를 활용하면 된다. '미디어 or 리터러시'를 입력하면 두 단어가 포함된 모든 자료를 보여 준다. 두 개 이상의 키워드를 포함한 검색어와 하나의 키워드만 포함된 정보를 모두 찾기에 편리하다. 미디어 리터러시에 대한 정보를 찾고 싶다면 큰따옴표를 붙이면 된다. 검색어가 기억이 안나 가물가물할 때 이용할 수 있는 명령어도 있다. '*'를 사용하면 된다. 미디어 리터러시를 검색하고 싶은데 정확히 단어가 기억나지 않을 때 사용하면 된다. '리**시'라고 입력하면 구글에서 가장 비슷한 단어를 찾아준다.

영상을 찾을 때도 쉽게 원하는 영상에 접근할 수 있는 방법이 있다. 유튜브에서 영상을 검색할 때 채널 이름이나 channel을 검색하면 이름과 관련 채널만 노출된다. '검색어, today, 10분 이내' 등 원하는 내용을 넣어서 검색하면 된다. 원하는 필터를 추가할수록 자신이 찾고자 하는 영상을 더 손쉽게 찾을 수 있다. 정보 검색은 시간 싸움이자 정확성이 중요한 만큼 명령어를 활용해서 합리적으로 검색을 시도해 보자.

## 영상으로 정보를 흡수하는 세대

미디어에 특화된 아이들입니다. 그중에서도 영상에 특별히 반응합니다. 10년 전만 해도 영상을 보여 주려면 따로 다운로드하거나 구매해서 영상을 시청했었는데요. 이제는 사이트에 가입만 하면 무한정의 영상을 다운로드해서 볼 수 있습니다. 넷플릭스를 비롯한 각종 OTT 사이트에 가입만 하면 되지요. 월별로 일정한 비용만 지급하면 얼마든지 원하는 영상을 골라 볼 수 있습니다. OTT(over the top)는 인터넷을 이용해 방송, 영화 등 미디어 콘텐츠를 제공하는 서비스를 말합니다. 방송국에서 송출하는 정규 방송만 시청하던 것을 넘어서 영상도 마음껏 골라 볼 수 있는 시대가 된 것이죠. 넷플릭스뿐 아니라 쿠팡플레이·디즈니플러스·애플TV·티빙·왓챠 등 채널도 많습니다. 거기에서 각자 취향에 맞는 영상을 골라보면 됩니다.

2023년의 넷플릭스 히트작에는 『더 글로리』가 있습니다. 청소년 관람 불가임에도 불구하고 아이들이 참 많이도 봤습니다. 학교 폭력 피해자의 복수에 대한 이야기를 다뤄 학교 폭력의 문제점에 대해서 반향을 일으켰는데요. 잔혹한 부분이 많아 아이들이 시청하기에는 부적절했지요. 하지만 아이들이 시청 가능 연령에 신경 쓰고 영상을 골라보는 경우는 드뭅니다. 그 영상을 안 보면 친구들과 대화가 안 되니까요. 보기 싫거나, 시간이 없어도 짧은 영상으로라도 시청하는 아이들이 많지요. 영상에 무자비한 내용이 포함되지만 골라 보지 않습니다. 그 시점에서 가장 핫한 영상을 주로 보지요. 그래야 아이들말로 '인싸'가 된다고 생각하니까요.

OTT보다 훨씬 더 접근하기 쉬운 것이 바로 유튜브입니다. 언제 어디서나 쉽게 볼 수 있는 것이 유튜브지요. 아이들의 스마트폰 보급률이 높아지는 만큼 사용 연령도 낮아졌습니다. 유튜브에서는 영상이 무한정 제공되지요. 전 세계적으로 1분에 400시간 이상의 영상이 업로드된다고 하는데요. 하루에 업로드되는 양이 최소 57만 6,000시간입니다. 이렇게 많은 영상이 업로드되니 아이들이 온종일 유튜브를 보고 있어도 심심해 하지 않습니다. 2019년 기준 나스미디어의 조사 결과에 따르면, 가장 많이 시청하는 온라인 동영상 시청 플랫폼이 유튜브(89.4%)인 것만 봐도 짐작이 가지요. 하루 모바일 동영상 시청 시간이 10대가 123.5분이나 됩니다. 평균적으로 두 시간 이상 아이들이 영상을 시청하고 있다는 건데요. 다른 어떤 세대보다 압도적으로 오랜 시간입니다.

아이들이 이렇게 오래 그리고 쉽게 유튜브를 사용한다면 도대체 어떤 영상을 시청하고 있는지 알아야죠. 그 영상이 아이들에게 어떤 영향을 끼치고 있는지 살펴봐야겠습니다. 가족과의 하루 대화 시간이 13분인데 유튜브 및 동영상 시청 시간이 2시간이라고 하니까요. 가족보다 훨씬 많은 시간을 함께하는 동영상 플랫폼에서 아이들은 어떤 영상을 소비하고 있을까요? 자신에게 필요한 영상을 제대로 골라 보기는 하는 건지 걱정스러운 부분입니다.

## 영상 정보 현명하게 골라보게 하세요.

2022년 네이버에서 가장 많이 검색한 단어가 무엇이었을까요? 바로 날씨와 유튜브였습니다. 유튜브 애플리케이션을 내려받지 않은 경우 네이버에서 검색해서 유튜브로 접속했다는 이야기인데요. 아이들은 웬만한 건 유튜브에서 찾습니다. 물건 하나를 사더라도 설명서를 읽고 사용법을 익히는 경우는 드물죠. 유튜브에 상품명을 검색해서 영상으로 사용법을 익히는 것을 당연하게 생각합니다.

아이들은 유튜브로 어떤 영상을 소비할까요? 우리나라 유튜브 구독자 순위를 알아보면 그 답이 보이겠지요. 블랙핑크나 방탄소년단, 하이브이나 SM타운, JYP 구독자 순위가 압도적으로 높습니다. 보람튜브 토이 리뷰가 14위, 서은 일상 이야기가 15위에요. 핑크퐁이나 장난감을 다루는 사이트들이 그다음 구독자 순위가 많아요. 구독자 순위만 봐도 아시겠지요. 유튜브를 주로 구독하는 것이 아이들이란 것을 말이에요. 10대 아이들이 좋아하는 아이돌의 채널에 접속해서 영상을 보는 것은 이해하실 거예요.

그런데 더 어린아이들의 장난감 리뷰 사이트는 왜 그렇게 구독자가 많을까요? 이것은 영상을 스킵 하지 못하는 아이들의 특성을 알면 이해가 쉽습니다. 아이들은 광고를 스킵 할 줄 모릅니다. 영상이 길다고 해서 빨리 돌려서 보지 않아요. 시간관념이 약하고 영상을 보는 것이 큰 자극인 아이들은 긴 영상을 소비하게 되지요. 그래서 아이들을 구독 대상으로 삼은 채널이 인기가 좋고 수익도 높습니다. 내 아이도 다르지 않을 거예요. 한 번 본 영상을 스킵 없이 시청하구요. 거기에 연이어서 영상이 플레이됩니다. 아이들이 잠깐 영상을 봤을 뿐인데 두 시간이 흘러갔다고 하는 이유가 바로 이것입니다.

유튜브의 문제는 이것만이 아닙니다. 추천 영상에서 문제점을 찾을 수 있는데요. '알 수 없는 유튜브의 알고리즘이 나를 이 영상으로 이끌었다'고 표현합니다. 알고리즘이란 유튜브 봇이 유저에게 적절한 영상을 추천하는 기능입니다. 정확한 기준은 알 수 없지만, 시청 지속 시간이나 특정 단어 포함 여부를 평가해서 추천하는 것으로 보이는데요. 알고리즘이 아이들의 생각의 다양성을 제한합니다.

유튜브에서 한 단어를 검색하면 계속해서 추천 영상으로 관련된 영상이 뜹니다. 가끔은 엉뚱한 영상이 추천되어 클릭해 보면 관심사와 무관한 경우도 있지요. 그럴 때는 '관심 없음'이나 이 채널의 게시물 '추천 안함'을 눌러야 하는데요. 그러지 않고 계속 시청할 경우 알고리즘의 늪에 빠져 버리는 거지요. 이를 통해 아이들인 편향된 정보를 제공받고 확증

편향에 빠질 수 있습니다. 이용자가 필터링된 정보만을 접하는 버블 필터 현상을 통해 아이들이 다양한 생각과 관점을 이해할 수 없게 되지요. 이제껏 살펴본 유튜브의 과도한 시청 시간 문제와 알고리즘 편향의 문제는 아이들에게 닥친 시급한 문제입니다. 아이들이 영상 정보를 현명하게 소비할 수 있도록 대화에서 유튜브 이용 실태를 나눠 봐야겠습니다.

## 💬 Talk to you

### 1. 어떤 영상을 시청하고 있는지 수시로 살펴보셔야 해요.

유튜브 가입 연령은 만 14세입니다. 이보다 어린아이들은 부모 계정을 통해 유튜브를 보게 되지요. 시청 기록이 남아서 어떤 패턴으로 유튜브 동영상을 보는지 확인할 수 있습니다. OTT 서비스도 마찬가지입니다. 부모님 계정으로 가입했다 하더라도 아이들마다 프로필을 만들어서 자신이 주로 보는 영상을 모아 두잖아요. 그 프로필로 로그인하셔서 영상을 어떻게 소비하고 있는지 확인하시면 됩니다. 추천 영상만 봐도 아이들이 어떤 류의 영상을 소비하는지 알 수는 있지만 분석해 둔 내용을 보면 좋습니다. 보관함과 시청 기록을 통해서 확인해 보세요. 아이의 관심사를 잘 알 수 있게 될 거예요.

온라인 영상을 시청하면서 한 가지 조심해야 할 것이 있지요. 온라인의 가장 무서운 점인데요. 언제 어디서든 자신의 온라인 기록이 남습니다. 공공 PC에서 사용 후에 반드시 로그아웃을 해서 흔적을 남기지 않도록 알려 주세요. 습관적으로 자동 로그인에 체크하면 자신이 원하지 않는 영상에 노출됩니다. 아이디를 이용해서 범죄에 이용할 수도 있으니까요. 아이들이 철저하게 자신의 영상 기록을 없애기는 쉽지 않습니다. 온라인에는 기록이 남기에 신경써서 영상을 시청해야 한다는 점을 알려 주세요.

## 2. 아이에게 필요한 영상을 찾아 달라고 해 보세요.

아이들과 영상을 골라서 봐야 할 필요성에 대해 이야기를 나눠 볼까요? 부모님이 찾아야 할 정보 중에서 하나를 골라 아이에게 영상을 찾아 달라고 부탁해 보세요. 부모님이 유튜브를 마음대로 사용해도 좋다고 허락하니 아이는 신나서 검색을 할 거예요. 검색하는 모습을 살펴보면서 문제가 없는지 체크해 보세요.

검색어는 정확하게 입력하고 찾겠지만요. 아이들에게 유해한 영상을 클릭하는 경우도 생길 수 있어요. 아이들은 영상을 스킵도 안 하고 계속 볼 거예요. 제목을 보고 너무 자극적이지 않으면서 필요한 정보가 담긴 영상을 클릭하도록 유도하세요. 순서대로 다 클릭해서 보는 것보다 조회 수가 많은 영상별로 보는 것도 방법이에요. 유용한 정보를 담고 있으니까 많은 사람이 클릭을 했겠지요.

영상을 다 보기 전에 댓글을 살펴보고 어떤 내용이 있는지 짐작해 보는 것도 좋습니다. 필요한 정보를 담았다는 댓글이 많이 달려 있다면 믿고 봐도 괜찮겠지요. 구독자 수가 많은 채널은 안정적인 정보를 담고 있을 가능성이 높으니까요. 이것 또한 선택의 기준에 포함이 되겠네요. 몇 가지 기준을 정해서 영상을 고르는 방법을 함께해 보세요. 유튜브를 사용하는 진짜 능력은 좋은 정보가 담긴 영상을 짧은 시간에 골라내는 거예요. 이렇게 몇 번 영상을 찾아보는 연습을 하면 아이가 많은 시간을 들이지 않고 질 좋은 영상을 골라낼 수 있을 겁니다.

## 2. 부정확한 정보와 가짜 뉴스 구별하기

### 💬 바름이의 미디어 생활

2018년 녹색소비자연대가 실시한 모바일 서비스에 대한 소비자 인식 조사에서 많은 모바일 이용자들이 동영상을 통해 정보를 얻고 있지만, 미디어 정보 해독 능력은 부족한 것으로 나타났다. 응답자의 대다수인 93.2%가 본인의 모바일 동영상 정보에 대한 판단 능력이 보통이라고 답했다.

하지만 유튜브의 가짜 뉴스를 구별하는 데는 어려움을 나타냈다. 실제로 유튜브의 가짜 뉴스 정답률이 58.5%에 머물렀다. 5명 중 2명이 정치·사회·경제 등 분야를 막론하고 허위 정보를 구분해 내지 못한 것이다. 예를 들어 "트럼프 미국 대통령이 의회 연설에서 김정은에 대해 '완전히 미쳤다'며 선제 타격이 필요하다는 말을 했다."라는 가짜 뉴스를 맞춘 정답률은 66.2%였다. "국내 외국인이 200만 명을 넘으며 작년 외국인 범죄 건수가 사상 최초로 4만 건에 육박했다."라는 가짜 뉴스는 48.2%만이 정답률을 보였다. "사드 배치 때문에 중국이 모든 포털 내 뮤직 코너에서 한국 음악 차트를 삭제하고 업데이트를 중단했다."라는 뉴스의 정답률은 46.9%였다. 그나마 "난민 등록만 하면 정부가 월 138만 원을 지불한다."라는 뉴스가 78.3%로 가장 정답률이 높았다.

조사 대상의 반 이하의 사람들이 진짜 뉴스와 가짜 뉴스를 구별해 내지 못했다. 판단 능력이 있다고 생각했던 대부분의 사람이 제대로 된 판단 능력을 갖추지 못한 셈이다. 조사를 담당한 김성수 의원은 "모바일을 통해 수많은 정보가 실시간으로 공유되면서 사실 여부를 분별하고 판단하는 것이 갈수록 어려워지는 상황"이라 했다. "가짜 뉴스 규제도 필요하지만, 그에 앞서 교육을 통해 미디어의 올바른 기능과 역할에 대해 고민할 기회가 우선되어야 할 것"이란다.

## 왜 사람들은 가짜 뉴스를 구별하지 못할까요?

사람들이 모바일 동영상을 통해 주로 접하는 정보는 연예 오락(69.8%), 스포츠(41.2%), 사회(36.5%), 문화(35.3%), 정치(30.9%), 경제(26.0%) 순으로 나타났습니다. 이용자들이 '모바일 동영상 서비스를 이용하는 가장 큰 이유'는 '관심 있는 정보가 많아서(62.3%)'입니다. '텍스트보다 동영상이 정보 파악이 쉬워서(33.5%)', '양질의 정보를 제공받을 수 있어서(32.1%)'도 모바일을 이용하는 이유였지요.

모바일 동영상을 통해 관심 있는 정보를 접한 이용자들은 주로 '좋아요'나 공감을 눌러 관심을 표한다고 합니다. '개인 SNS에 공유(20.8%)'하거나 '댓글을 단다(19.3%)'는 응답도 많았지요. 특히 이용자들은 관심 있는 정보를 접하게 되면 '적극적인 의사 표현(59.8%)'을 하는 것으로 나타났습니다. '모바일 동영상을 통해 얻은 정보 중 사실 관계가 불명확하거나 거짓 허위 정보를 본 적이 있느냐'는 질문에는 81.5%가 '본 적이 있다'고 답했습니다. '정보의 신뢰도를 판단하는 기준'으로는 '모바일 매체의 영향력(49.7%)'을 꼽았어요. '좋아요, 공감 수 등 매체 이용자들의 평가(47.1%)', '정보를 업로드(또는 공유)한 관리자의 신뢰도(39.4%)' 등으로 판단하기도 했습니다(2018 녹색소비자 연대 설문).

선화공주 때부터 있었던 가짜 뉴스가 갑자기 주목받게 되었을까요? 그것은 바로 가짜 뉴스를 퍼뜨리는 인터넷 매체의 특성 때문입니다. 인터넷은 비용이 적게 들고, 무제한 복제되며 빠른 속도로 퍼집니다. 한번 퍼진 정보는 없애기 어렵습니다. 서동처럼 목적을 가지고 뉴스를 퍼트릴 때 딱 이용하기 좋은 매체죠. 게다가 인터넷의 발달로 가짜 뉴스의 위력이 세질 수밖에 없습니다. 간단한 기술만 있으면 주요 언론사에서 펴낸 듯한 카드 뉴스나 영상을 만드는 것이 너무 쉽습니다.

요즘 유튜버들이 늘어나면서 조회 수를 올리기 위해 이런 가짜 뉴스를 양산하는 경우도 많습니다. 제목을 최대한 자극적으로 뽑아내는 거죠. 그 제목에 이끌려 사람들은 클릭을 합니다. 검증되지도 않은 가짜 뉴스를 영상으로 접합니다. 생산자들은 그 뉴스의 진위가 중요한 게 아니지요. 클릭률을 높여 수익을 창출하면 되는 거니까요. 가짜 뉴스에 시달리는 피해자들은 생각조차 안 합니다. 대중의 관심을 이용해서 밥벌이를 하는 경우지요.

가짜 뉴스의 폭발 시대에 우리 아이들이 놓여 있습니다. 어떠한 대책도 없이 말이지요. 진짜 뉴스보다 가짜 뉴스가 6배 더 빨리 퍼진다고 해요. 아이들은 자극적인 뉴스 타이틀과 내용의 영상을 보고 빠르게 자신의 소셜 네트워크에 검증도 없이 글을 업로드합니다. 혹은 단체 톡방에 올리죠. 이 영상은 빠른 속도로 퍼져 나갑니다. 누구보다 먼저 내가 많은 정보를 알고 있다는 것을 드러내기 위해서요. 이런 행동이 가짜 뉴스의 확산에 불을 지핍니다. 가짜 뉴스는 독성이 강합니다. 사회에서 어두운 분위기를 만들고자 하는 사람들이 퍼트립니다. 그들이 자신의 목적을 위해서 이용하는 수단입니다. 아이들이 이용당하지 않도록 제대로 뉴스를 대하고 영상을 걸러 보는 눈을 길러 줘야 하겠습니다.

# 가짜 뉴스 구별법

부정확한 정보와 가짜 뉴스는 어떻게 구별할 수 있을까요? 뉴스가 사실인지 검증해 주는 미국의 팩트체크 사이트(factcheck.org)에서는 가짜 뉴스를 알아채는 몇 가지 방법을 소개했습니다. 우선 뉴스의 출처를 파악해요. 실제 언론사에서 작성한 뉴스가 맞는지, 해당 홈페이지가 확실한지 등을 확인하는 것입니다. 해당 언론사는 작성한 적이 없는 가짜 뉴스이거나 유명한 언론사를 흉내 내는 가짜 뉴스 사이트가 많으니까요. 끝까지 읽어야 합니다. 사람들의 시선을 모으기 위해 자극적인 제목을 달지만 내용은 다른 경우가 많습니다. 결론 부분에선 다른 이야기를 하고 있지는 않은지 끝까지 살펴봐야 해요.

한국언론진흥재단에서 발행한 『청소년을 위한 미디어 리터러시 실천 지도 매뉴얼』에 가짜 뉴스 판별하는 8가지 방법이 나옵니다. 해당 뉴스 사이트의 목적이나 연락처 등이 확인되고 출처가 분명한지를 살핍니다. 제목은 관심 끌기 위해 선정적일 수 있는 만큼 전체 내용을 꼼꼼히 확인하고 본문을 읽어야 합니다. 작성자가 실존 인물인지, 어떤 이력을 가졌는지 등을 확인하고 판별합니다. 관련 정보가 뉴스를 실제로 뒷받침하는지 근거를 확인하구요. 오래된 뉴스를 가공하거나 재탕한 것은 아닌지 날짜를 확인합니다. 자신의 믿음이 판단에 영향을 미치지 않았는지 선입견을 점검하구요. 해당 분야 관련자나 팩트체크 사이트에서 확인해요. 의심스러운 내용은 전문가에게 문의해서 확인하는 것이 필요합니다.

부모님과 아이들이 이런 방법을 사용하면 가짜 뉴스의 상당 부분을 가려낼 수 있을 것입니다. 그러나 문제는 그게 아니지요. 일상에서 퍼져 있는 가짜 뉴스를 판별하고자 하는 마음이 없다는 거예요. 자신이 속해 있지 않은 분야의 가짜 뉴스는 팩트체크하기보다 그대로 믿기가 쉽습니다. 검증이 복잡하고 귀찮기도 하니까요. 나와 전혀 관계없는 분야는 나에게 손해를 일으키지 않을 가능성이 높잖아요. 굳이 진실을 찾아서 알려고 노력하지 않는 경우가 많습니다.

내가 뉴스를 퍼트리는 한 사람이 되어 가짜 뉴스를 더 공고히 하는 것에 책임감을 느껴야 합니다. '카더라' 통신 같은 가짜 뉴스를 팩트체크하지 않고 유통하는 사람이 나와 아이들이란 말이죠. 나와 전혀 상관없는 분야의 뉴스를 그렇게 퍼트리다가 언제 나와 연관된 가짜 뉴스에 속을지 모릅니다. 무분별하고 정확하지 않은 정보를 퍼트리는 일을 자제하고 팩트체크를 생활화해야 합니다.

일반 시민들이 가짜 뉴스에 끌리는 만큼 그것을 분별해 낼 수 있도록 언론사들도 노력을 해야겠지요. 시민들이 믿어 주고 신뢰할 수 있도록 말이에요. 기다리고 있을 게 아니라 우리 이용자들이 이를 촉구하고 요구하세요. 잘했을 때 칭찬해 주면서 함께 만들어 가야겠습니다. 부모님이 이렇게 적극적으로 미디어를 활용하고 생산하는 모습을 보며 아이들도 가짜 뉴스를 구별하고 언론을 바로 세울 책임을 느끼게 될 거예요.

## 💬 Talk to you

### 1. 함께 가짜 뉴스를 찾아보세요.

가짜 뉴스가 얼마나 퍼져 있는지, 무엇이 문제인지 알아보려면 가짜 뉴스에 대해 알아야겠지요. 함께 가짜 뉴스의 예시를 찾아보도록 해요. 정치나 경제 뉴스, 연예인에 관한 가짜 뉴스가 많이 있을 거예요. 동영상을 편집했다거나 사진을 조작하는 일은 대수롭지 않구요. 수치를 조작하는 일도 많지요.

가장 충격적인 가짜 뉴스를 골라서 소개해 보세요. 어떤 내용을 가짜로 만들었는지와 선정한 이유도 설명해 보는 거죠. 각 가족 구성원이 선정한 가짜 뉴스를 비교해 보세요. 가장 악질의 가짜 뉴스를 선정해 보는 겁니다.

가짜 뉴스를 만들어 내는 데는 이유가 있겠지요. 어떤 목적으로 가짜 뉴스가 생성되었을지 짐작해 보는 것입니다. 예를 들어 연예인의 경우는 '아니 땐 굴뚝에 연기난다'고 할 정도로 전혀 상관없는 루머가 만들어지기도 하잖아요. 그런 뉴스를 만들어서 유통함으로써 생산자들이 받게 될 좋은 점이 무엇일지를 생각해 보세요. 피해자와 생산자의 입장을 고루 살펴보는 것이 중요해요. 그래야 아이들이 다방면에서 가짜 뉴스를 다룰 수 있게 되니까요.

또한, 뉴스를 분별할 수 있도록 가짜 뉴스 분별법을 같이 적용해 보세요. 아이들이 뉴스를 정확하게 판별해서 받아들이려면 가짜 뉴스를 분별할 수 있어야 해요. 믿을 수 있는 언론의 뉴스라고 해서 덮어 놓고 믿어서는 안 됩니다. 뉴스를 검증할 수 있어야 해요. 뉴스를 읽기 전에 선별해서 접하고 뉴스를 대한 후라도 확실하게 분별할 수 있도록요. 하나의 뉴스나 영상을 선정해서 분별법에 따라 진짜 혹은 가짜 뉴스인지 빠르게 분별하는 게임을 해 보는 겁니다. 이유를 분명하게 밝히고 자신이 가짜 뉴스를 어떻게 구분했는지 설명하는 거죠. 아이가 매의 눈으로 뉴스를 확인하는 습관을 가질 필요에 대해서 대화해 보세요. 일상에서 적용해 보는 데 도움이 될 거예요.

## 2. 가짜 뉴스를 접했을 때 어떻게 할까 생각을 정리하게 해 주세요.

가짜 뉴스가 언론을 통해서만 유통되고 나와는 무관한 일이라고 생각할 수 있는데요. 그렇지 않아요. 카카오톡이나 일상생활에서 '카더라 통신'을 옮기는 당사자가 아이들이 되는 경우가 많거든요. 아이들은 친구의 말을 검증하지도 않고 믿어 버려요. 아무 생각 없이 소문을 퍼트리지요. 문제가 되거나 친구가 상처를 받아도 어쩔 수 없다고 생각해요. 자신이 그 소문을 옮겨서 문제가 되었다거나 책임이 있다고 생각하지 않아요. 하지만 제대로 검증하지 않고 퍼트린 자신에게도 문제가 있어요. 그런 경험들을 나눠 보세요. 부모님이 먼저 자신의 경험을 이야기해 주시면 좋아요. 피해자가 되었던 경험이 있으면 더 생생하게 전달할 수 있을 거예요. 주변에서 들었던 이야기를 해 주셔도 괜찮아요. 간접 경험을 통해서라도 아이들이 배울 수 있으니까요. 이렇게 하면 자신이 가짜 뉴스 유통의 통로가 되었을 경우 멈출 수 있어요. 피해자의 입장을 생각해 본 것과 아닌 것은 그렇게 차이가 있답니다. 언제든 의도치 않게 자신 또한 가짜 뉴스에 관련될 수 있어요. 그럴 때 진중하게 행동하려면 가짜 뉴스가 남기는 상처에 대해서 알아야 한답니다. 그러기 위해서 가짜 뉴스의 문제점에 대해서 다뤄 주시는 게 좋겠지요. 검증되지 않은 소식을 접했을 때 상대방의 이야기를 들어주긴 하지만 스스로 판단해서 더 이상 퍼트리지 않는 연습 말이에요. 가짜 뉴스가 미디어상에서도 문제가 되지만, 일상에서도 작용하고 있어요. 이걸 알면 생활에서 조심하게 될 거예요. 그런 연습이 미디어상에서 가짜 뉴스를 대할 때 아이의 태도를 정하는 데도 도움이 될 것입니다.

# 3. 영상 속 혐오 표현 걸러 내기

## ⌨ 바름이의 미디어 생활

국민인권위원회가 2019년 혐오 표현에 대한 국민 인식 조사를 실시했다. 1,200명을 대상으로 조사한 결과 혐오 표현을 경험했다는 사람이 64.2%에 달했다. 혐오 표현의 대상으로는 특정 지역 출신이 74.6%로 가장 많았다. 여성이나 노인, 성소수자, 이주민, 장애인 순서로 혐오 표현의 대상이 되었다. 혐오 표현을 접한 사람들은 문제가 있다고 생각은 했지만, 직접적으로 반대 의사를 표시하는 경우는 41.9% 정도였다. 또 내가 혐오 표현을 쓰지는 않지만 접한 적은 있다는 응답자가 많았다.

같은 해 5월에 청소년 500명을 대상으로 한 조사에서 청소년은 혐오 표현에 더 많이 노출되어 있었다. 청소년 중 68.3%가 혐오 표현을 접해 봤다. 이들 중 22.3%는 그것이 문제라고 생각하지 않는다고 답했다. 혐오 표현을 사용한 적이 있는 청소년도 성인(9.3%)에 비해 두 배 이상 많은 23.9%로 나타났다. 왜 혐오 표현을 사용했느냐는 질문에는 내용에 동의하기 때문이라는 응답이 60.9%로 가장 많았다. 남들도 쓰니까, 재미나 농담 삼아서 쓴다는 답이 그다음을 차지했다. 혐오 표현을 접한 후에 사용하지 않은 학생들은 82.9%로 높았지만, 문제를 전혀 못 느꼈다는 아이들도 22.3%나 되었다(복수 응답 가능).

청소년들은 혐오 표현을 사용하는 데 문제의식이 낮은 편이었다. 게다가 주변에서 혐오 표현을 들어도 맞는 말이라고 생각하고 퍼트린다. 청소년 세계에서 혐오 표현이 증가할 수밖에 없는 이유다. 혐오 표현이 유튜브나 소셜 미디어를 통해서 빠르게 퍼져나가는 만큼 청소년을 통해 더 빠르게 확산될 것이다. 이대로 둔다면 혐오 표현의 문제가 더욱더 심해질 것이다. 세대별 혐오 표현이 늘고 상호 이해가 부족한 상황에서 혐오 표현은 서로의 불신만 쌓게 될 것으로 보인다.

## 자신도 모르는 사이 혐오 표현을 사용하고 있어요.

줄임말과 함께 혐오 표현 또한 일상에서 널리 사용되고 있다는 거 아세요? 우리도 모르는 사이 혐오 표현을 자연스럽게 쓰고 있습니다. 주변에서 다 쓰니까 의식 없이 따라 쓸 수 있는데요. 어떤 혐오 표현이 자주 쓰일까요? 성별을 나타내는 김치녀나 쿵쾅이, 성괴 등이 있습니다. 나이대별로 비하하는 급식충과 틀딱충이 있지요. 인종이나 출신 국가를 혐오하는 표현은 짱개나 똥남아, 흑형이라는 표현이 있구요. 장애인을 병신이라고 부른다거나 장애자로 해서 비하해서 부르기도 합니다. 게이나 호모 새끼, 레즈 같다는 표현은 동성애자에 대한 부정적 선입견을 가지고 사용하는 말들이지요. 이 중에서 우리도 의식 없이 사용하는 표현들이 있을 텐데요. 아이들은 어떨까요?

아이들은 부모보다 더 생각 없이 이런 표현들을 사용합니다. 또래가 쉽게 쓰니까요. 이런 표현이 뭐가 문제냐고 따지는 아이들도 있습니다. 미국 일부 지역에서는 '흑인들의 범죄율이 높다'는 실제 통계치가 있다고 해요. 흑인에 대한 편견으로 인해서 차별적인 법 집행이 되었거나 흑인들이 범죄에 자주 내몰릴 수밖에 없는 상황이 전제되었는지도 모르죠. 그런 기저에 깔린 문화 현상임을 인지하지 못한 채 '사실인데 흑인이 위험하다는 게 왜 혐오 표현이냐'라고 따지는 경우입니다. 흑인 전체에 해당하는 내용도 아니고 일부로 전체를 매도하는 혐오 표현인데요. 일부 사실을 확대 해석해서 사회 편견을 부추기는 표현인데 인지를 못하는 것이지요.

비난하거나 대놓고 모욕하는 것만 혐오 표현은 아닙니다. "여자가 어디 감히 큰 소리를 내. 여자가 짧은 치마를 입으니 성범죄가 자주 발생한다." 등의 표현도 있죠. "여자는 자고로 예뻐야 한다."거나 "목소리가 크지 않고 다소곳해야 한다."라는 표현은 언뜻 보기에 매우 신사적이고 부드럽습니다. 이것 또한 여성에 대한 차별을 담은 혐오 표현입니다. 공격적으로 매도하는 것만이 혐오 표현은 아닙니다. 특정 성별에 대해서 편견을 조장하고 있잖아요. 행동 규범을 제한한다는 점에서 혐오 표현에 해당되는 것이지요.

이런 부분은 우리가 일상생활에서 사용하면서도 혐오 표현이라고 느끼지 못하는 경우가 많잖아요. 대부분 사람들이 쓰니까 당연히 받아들이기도 하구요. 우리가 자연스럽게 사용하는 혐오 표현을 같은 방식으로 아이들이 배우고 있는 것은 아닌지 생각해 봐야 해요. 나는 품위 있고 온건한 말만 썼으니 나에게서 편견이나 비하, 혐오 표현을 찾을 수 없을 거라는 생각부터 바꿔야 합니다. 내가 혹시나 자연스럽게 쓰고 있는 말 중에 이런 표현이 포함되어 있을 수 있다는 경각심이 필요해요. 그래야 아이들이 혐오 표현을 걸러서 사용할 수 있도록 알려줄 수 있을 테니까요.

# 혐오 표현 체크리스트

2022년 KBS와 김민정, 홍성수 교수가 혐오 표현 체크리스트를 제작했습니다. 누구나 쉽게 자신의 혐오 표현을 점검해 볼 수 있도록 하기 위한 것인데요. 우리도 어떤 혐오 표현을 사용하고 있는지 체크해 볼까요.

부정적인 편견이나 고정관념을 표출한다면 혐오 표현입니다. 예를 들어 '특정 성별은 운동을 못 할 것이다' 혹은 '운전에 서툴 것이다'라는 생각을 표현하는 것이지요. 운전을 못 하는 사람을 보고 '김여사'라고 부르잖아요. 증거도 없이 여성은 운전을 못 한다는 결론을 내립니다. 개인의 특성일 뿐, 그것을 집단의 특성으로 확대 해석하는 것은 부당합니다. 일부는 사실이라고 해도 버젓이 모든 대상의 특성을 드러내는 것처럼 쓰이면 곤란하겠지요. '맘충이'라는 표현도 마찬가지입니다. 아기 엄마들을 열등하거나 더러운 존재로 생각해서 벌레와 연결짓는데요. 이런 표현은 그 대상을 함부로 대해도 좋다는 사회적인 압박을 낳게 되지요. 맘충은 벌레라서 하찮기도 하지만, 없애야 할 존재라는 무시무시한 편견이 존재하잖아요. 그런 표현을 자주 쓰게 되면 아기 엄마들을 함부로 대하거나 차별을 정당화하고 조장하는 분위기를 만들 수 있습니다.

또한, 특정 대상을 웃음거리나 호기심의 대상으로 삼는 혐오 표현도 있습니다. 장애인을 흉내 내며 웃거나 흑인으로 분장하고 코미디를 하는 것입니다. 사회적 강자나 권력자에 대해서 희화하는 것은 풍자의 의미가 담겨 있지만요. 약자나 소수자에겐 다른 의미로 유머가 사용되지요. 강자에게는 희화가 큰 문제가 안 되겠지만 약자에 대한 무시는 부정적인 편견을 조장합니다. 이런 혐오 표현은 오랜 역사를 거쳐 쌓인 경우가 많기에 인지하기도 어렵지요.

이를 넘어서 소수자나 장애인을 동등한 인격체로 대하는 것이 아니라 동정하거나 보호하는 대상으로 삼는 혐오 표현도 있습니다. "불쌍한 장애인을 도와준다."거나 "여자는 우리 팀의 꽃이니까 쉬어." 등의 표현입니다. 장애인은 모두 불쌍할까요? 장애인 중에서도 신체의 약점을 극복하고 비장애인보다 더 건강하게 살고 있는 사람도 있을 텐데요. 장애인에 대한 고정관념을 키우는 혐오 표현입니다. 또한, 남성 위주의 사회에서 여자를 꽃으로 비유하기도 하는데요. 여성을 하나의 구성원으로 대하지 않는 태도는 공정하지 않습니다. "○○인들 때문에 코로나가 퍼지고 있다."라는 말도 코로나19 때 간간히 들려왔는데요. 어떤 집단 때문에 질병이 퍼진다는 것을 사실이라고 착각하고 사용하는데요. 이것은 사실이 아닙니다. 일부 사실일 수는 있으나 일반화되어 사용할 수 있는 부분은 아니지요. "짱개들이 한국을 망친다."라는 표현도 종종 사용되는데요. 일부 국가 사람이나 동성애자 등 소수에 대해서 적개심을 갖고 폭력을 일으키도록 하는 혐오 표현이지요. 이렇듯 많은 종류의 혐오 표현이 일상에서 존재하고 있습니다. 아이들도 그런 표현에 자연스럽게 노출되어 있지요. 하지만 자신들을 '급식충'이라 부르는 것은 불쾌해하면서도 노인들이나 아주머니들에게 '틀딱충'이나 '맘충'이라는 표현을 아무렇지 않게 사용합니다.

혐오 표현은 정신에 영향을 미칩니다. 타인을 대할 때 공정하게 대하지 못하게 만드는 것이지요. 아이들이 혐오 표현을 걸러내고 분별할 수 있도록 알려 줘야 합니다. 미디어에서 이런 표현들이 쓰이면서 아이들에게 쉽게 전파되고 사용되는 있는데요. 혐오 표현에 대해서 구별할 수 있도록 대체 표현을 알려 줘야겠습니다.

## 💬 Talk to you

**1. 혐오 표현이 개인과 사회에 어떤 영향을 줄까요.**

혐오 표현을 들으면 어떤 느낌이 들까요? 아이들은 자신이 제대로 된 혐오 표현을 받아본 적이 없기 때문에 잘 모르겠다고 답할 것입니다. 하지만 아이들이 모르는 게 있어요. 알게 모르게 아이들도 혐오 표현을 접한다는 사실이죠. 흔한 혐오 표현인 "남자가 왜?", "여자가 어디?"라는 말을 아이들이 들어본 적 있을 거예요. 어려서부터 노출되었을 가능성이 많지요. 사람들이 자주 쓰는 표현이어서 혐오 표현이라는 것을 알아채지 못한 것뿐이에요.

일반적인 혐오 표현을 넘어서 개인에게 혐오를 표현하는 경우도 있어요. 그럴 때 어떤 느낌이 들까요? 타깃이 된 개인은 불쾌감과 수치심, 모욕감을 느낍니다. 그들이 가진 자유와 안전, 권리가 침해당하는 순간이죠. 아무 잘못도 없는데 자신이 소수라는 이유로 혐오 표현을 받는 것은 부당한 일이잖아요. 큰 상처가 됩니다.

가끔 뉴스나 대화에서 지역을 폄하하는 이야기도 들리는데요. 이런 표현은 사람들 사이에 갈등과 분열을 부추깁니다. 혐오 표현으로 사회적으로 외면당하는 사람들을 만들 수 있습니다. 이를 계기로 증오 범죄가 생길 수도 있지요. 증오 범죄란 특정 소수자 집단에 대한 혐오와 증오, 편견에 기반을 둔 폭행과 살인을 말합니다. 아이들은 그 표현에 문제가 있다고 느끼기보다는 소수 집단에 문제가 있다고 생각하기도 하니까요. 혐오 표현이 잘못되었다는 것을 알려 주셔야 합니다. 아무 생각 없이 혐오 표현을 사용하는 것이 개인과 사회에 악영향을 끼칠 수 있다는 것을 말이죠.

## 2. 혐오 표현에 반대되는 대항 표현을 연습해 봐요.

혐오 표현을 받는 대상은 소수인 경우가 많아요. 소수라는 이유로 차별하거나 혐오, 폭력을 선동하는데요. 이것은 어느 한 순간에 촉발된 것이라기보다는 오랜 기간에 걸쳐 나타나기에 문제입니다. 스스로 인식하지 못하고 사용되기도 합니다. 또한, 요즘은 세대 간의 혐오도 심각합니다. 노인을 비하하는 발언인 '틀딱충'이나 아기 엄마들의 혐오 표현인 '맘충', 학생들을 비하하는 '급식충'이나 초등학생을 우습게 부르는 '잼민이'가 그 예입니다. 이러한 혐오 표현은 대상자에게 상처를 주게 되는데요. 이러한 표현을 대체하는 것으로 대항 표현이 있습니다.

대항 표현이란 혐오 표현에 대해 맞대응함으로써 혐오 표현을 무력화하는 방법입니다. 예를 들어 장애인에 대한 혐오 표현 중 하나인 '특수학교 아웃(out)'에 대하여 '장애인의 교육권을 보장하라!'라는 표현으로 맞서는 것입니다. 대항 표현은 혐오 표현의 피해자인 당사자가 자신의 권리를 찾고 스스로를 지키는 힘을 키우도록 도와줍니다. 혐오 표현을 사용하는 사람을 오히려 고립시키면서 건강하게 평등과 연대, 존중의 가치를 실현할 수 있도록 돕습니다. 대항 표현은 혐오 표현에 대해 지금 당신이 말한 표현이 무슨 뜻인지를 묻습니다. 자신에게 그들을 비난할 권리가 없다고 알려 주지요. 혐오 및 비하 발언을 하는 것이 아니라 그들의 입장에서 생각하며 연대하는 표현으로 바꾸어 말합니다.

아이들에게 대항 표현이라는 것을 알려 주고 대항 표현을 만들어 보세요. 어떻게 하면 조금 더 부드럽게 그들에 대해 연대를 표현할 수 있을지 말이에요. 그런 과정들을 통해서 아이들과 혐오하지 않으면서 존중할 수 있는 문화를 만들어 갈 수 있음을 알려주세요. 대항 표현으로 바꾸어 표현하면서 소수를 바라보는 바른 눈을 키워줄 수 있을 거예요.

# 4. 유튜브 똑똑하게 활용하기

## 💬 바름이의 미디어 생활

유튜브를 시청하는 사용자들은 늘고 있지만 유튜브를 똑똑하게 검색하거나 활용하는 방법에 대해서는 잘 모르는 경우가 많다. 정보의 바다 유튜브를 통해 빠르고 정확하게 정보를 찾아내는 방법을 알아보자. 검색을 할 때 검색 명령어를 활용하면 좋다. 검색어-제외 키워드를 사용해 보자. 제목이나 설명에서 필요 없는 검색어를 제외할 수 있다. 또한, 검색어+포함할 키워드를 쓰면 제목이나 설명에 포함된 콘텐츠를 검색할 수 있다. 검색어 '키워드'를 입력하면 특정 단어가 정확하게 들어간 콘텐츠를 검색하는 데 효과적이다. 예를 들어 미디어-신문, 미디어+유튜브, 미디어 '유튜브' 이렇게 말이다.

유튜브에서 최신 정보를 찾기 위해 검색 필터를 활용할 수도 있다. 키워드 검색 후 하단에 필터 버튼을 클릭하면 된다. 모바일에서는 검색창 우측에 점 3개 아이콘-필터를 적용하면 된다. 정렬 기준을 지정하면 관련성 높은 동영상이나 업로드 날짜, 평점 순으로 영상이 노출되어 정보 찾기에 좋다. 구분에서는 동영상·채널·재생 목록·영화로 조건을 변경할 수 있다. 업로드 날짜는 기간을 설정해 원하는 시간의 정보를 찾을 수 있다. 길이 탭에서는 재생 시간을 설정해 동영상을 고를 수 있다.

유튜브에서 관심 없거나 유해한 특정 채널을 차단하고 싶다면 채널 추천 차단을 클릭하면 된다. 차단하고자 하는 채널의 아이콘을 클릭하여 홈 화면에 접속한다. 검색 옆에 점 3개 아이콘 클릭 후 사용자 차단 버튼을 누르면 된다. 동영상 뒤로 가기나 앞으로 가기 버튼도 설정할 수 있다. 기본 10초로 되어 있지만, 설정 변경을 통해서 5초~60초 사이로 변경 가능하다. 내 계정 아이콘을 클릭하고 설정-일반-두 번 탭하여 탐색 버튼으로 설정하면 된다. 모바일에서 동영상을 재생하면 뒤로 가기, 재생, 앞으로 가기 버튼이 표시된다. 스크롤바도 해제할 수 있다. 내 계정 아이콘을 클릭하고 설정-접근성-접근성 플레이어 활성화를 해제하면 된다. 새로운 정보를 전해 주는 유튜브를 똑똑하게 사용하면서 필요한 정보를 빠르게 검색하는 데 도움이 될 것이다.

## 유튜브의 영향력을 거부할 수 없는 시대

아이들이 가장 많이 사용하는 미디어를 뽑으라면 단연 유튜브일 것입니다. 모바일 텍스의 분석 결과에 따르면 2022년 9월 유튜브 앱 사용자는 4,183만 명입니다. 대한민국 국민의 81%가 사용 중인데요. 9월 총사용 시간이 13억 8,057만 3,200시간으로 1인당 월평균 32.9시간을 사용한다고 합니다. 사용 시간이 가장 높은 것이 10대 남성으로 1인당 월평균 사용 시간이 45.2시간으로 나타났어요. 그만큼 아이들이 유튜브에서 보내는 시간이 많습니다.

손쉽게 필요한 정보를 제공하고 있지만, 유튜브의 악영향도 부정할 수 없습니다. 유튜브 사용에서 걱정되는 점은 선정적이고 폭력적인 영상에 그대로 노출된다는 점입니다. 그간 폭력적 영상은 우리가 조심시키고 있었는데요. 아이들이 유튜브에 노출되면서 이런 영상을 통제하기가 더 어려워졌지요. 모든 동영상이 추천되는 유튜브의 특성상 아이들에게도 선정적이고 폭력적인 장면이 고스란히 보입니다. 아직 판단력이 흐리고 영상의 영향을 크게 받는 아이들에게 걱정스러운 부분이지요.

특히 극단적 주장을 하는 유튜버들의 주장에 노출되면 편향적 사고를 하면서 자라게 됩니다. 아이들이 하나의 영상을 우연히 보게 되었다고 쳐요. 그 영상의 주장이 굉장히 획기적이었어요. 아이는 처음 들어본 관점의 주장이었죠. 신기하다고 느끼고 영상을 시청합니다. 그리고 아이는 바로 잊어버렸을 거예요. 그런데 알고리즘이 그 영상과 비슷한 관점을 가진 영상을 계속해서 추천을 할 거예요. 아이는 어떻게 될까요? 다양한 관점을 갖지 못하게 되겠지요. 한 가지 시각을 갇혀 편협한 관점을 갖게 될 것입니다. 이런 관점이 정당하고 유익하다면 괜찮습니다만 편향되어 있다면 어떨까요. 아이에게 한쪽으로 치우친 가치관을 주게 되겠지요. 이것이 아이 삶에 나쁜 영향을 줄 수 있습니다.

또한, 만 2세에 스마트폰 노출이 된 아이의 경우 사회성에 악영향을 미친다고 해요. 사람들과 상호작용하면서 사회성도 성장을 할 텐데요. 스마트폰 세상 안에서만 아이들이 생활하면 사람 관계에 능숙하게 대처할 수가 없지요. 이런 문제와 더불어 매일 영상으로 된 콘텐츠에 노출된다는 문제도 있습니다. 영상을 시청했을 때와 글자를 읽고 나서 뇌의 활성화를 보면 전혀 다른 메커니즘이 적용되는 것을 볼 수 있어요. 영상을 통해서 빠르게 작용하던 뇌가 현실 생활에서는 둔감한 반응을 보이는 팝콘 브레인을 겪게 되지요. 전자기기의 멀티태스킹에 자주 노출되다 보면 현실에 적응이 어렵게 뇌가 변화한다고 해요. 매일 유튜브 영상을 보는 아이들의 경우 장시간 영상에 노출되면 자폐 성향이나 언어 발달 지연, 공격적 행동, 조절 장애 등이 생길 수 있습니다. 아이가 유튜브 영상을 현명하게 활용할 수 있도록 도와줘야겠습니다.

## 어떻게 유튜브를 똑똑하게 활용할까요?

유튜브 영상이 이러한 문제점이 있다면 문제를 해결하면서 유튜브를 활용하는 것이 가장 현명한 방법이겠지요. 알고리즘을 통한 추천 영상이 편향적인 가치관을 형성한다면 다른 키워드를 넣어서 검색하게 하는 겁니다. 추천 영상을 무조건 소진하지 않도록 말이죠. 아이들은 추천 영상이 뜨면 그 안에서 다른 영상들을 계속해서 클릭하는 경향이 있는데요. 아이가 한 가지 관점의 영상을 봤다면 반대 관점에 대해서도 관심을 가질 수 있도록 해주세요. 반대 관점의 키워드를 검색해서 다른 관점도 확인할 수 있게 도와줘야 합니다. 10대 시기의 아이들이 접한 가치관이 평생 아이들의 삶에 많은 영향을 끼쳐요. 아이가 알고리즘에만 의존해서 영상을 보도록 내버려 둬서는 안 됩니다. 항상 반대 의견을 교차해서 확인할 수 있도록 습관을 만들어주세요.

너무 오랜 시간 영상을 보지 않도록 하는 것도 중요합니다. 영상 시청이 사회성과 뇌의 팝콘 브레인화를 돕기도 하지만요. 오랜 영상 시청은 뇌를 쉬지 못하게 합니다. 영상과 음향을 일방적으로 오랜 시간 전달받다 보면 뇌가 쉴 틈이 없지요. 자기 스스로 생각해야겠다는 의지보다는 일방적인 소통에 익숙해져 버려요. 대인관계를 경험하면서 얻게 되는 감정 조절 능력이나 소통 능력을 잃을 수밖에 없습니다. 또한, 깊은 수면에 방해를 일으킵니다. 영상 시청을 통해 비일상적인 빛에 노출되면서 깊은 잠을 이루지 못합니다. 이를 방지하기 위해서 스마트폰 사용 시간을 엄격히 통제하는 것이 필요해요. 유튜브 스튜디오에 접속해서 아이의 유튜브 사용 패턴을 점검하고 조절할 수 있도록 도와줘야 합니다. 아이 스스로 관리하고 조절할 수 있다면 물론 가장 좋은 일이겠지요. 스스로 조절이 어렵다면 부모가 아이의 스마트폰 사용 시간을 조절할 수 있는 애플리케이션을 사용하세요. 아이가 반발하더라도 규칙에 따라 관리해 줄 필요가 있습니다.

아이가 유튜브 감상에 빠져 친구 관계를 소홀히 하지 않도록 신경 써 줘야 합니다. 아이들이 유일한 휴식이 스마트폰 보는 거래요. 친구들과도 스마트폰 속에서 대화를 나누고 메타버스에서 자신의 현실 모습과 전혀 다른 부캐를 꿈꾸기도 하지요. 그러면서 일상생활에서 대인관계를 맺는 것이 어려울 수 있어요. 아이들이 여가 시간에는 친구와 어울려서 시간을 보낼 수 있도록 배려해 주세요. 가족 간에도 대화의 시간을 더 늘려 주시구요. 아이들이 사람의 관계에서 사회성을 기를 수 있도록 가족이 함께 애를 써 줘야 합니다. 사람과의 관계를 통해서 따뜻한 온기와 상황에 알맞은 대처 능력을 기를 수 있도록 말이에요. 이것은 아이들에게 정말 중요한 경험입니다. 절대적으로 챙기고 유지해 줄 수 있어야 하겠습니다.

💬 **Talk to you**

### 1. 유튜브 사용 패턴을 분석해 보고 약속을 정해 봐요.

우리 가족은 얼마나 자주 유튜브를 보고 있을까요? 궁금하시다면 스마트폰의 설정 창에서 사용 시간을 확인해 보세요. 아이와 부모님의 스마트폰 사용 실태를 확인하실 수 있을 거예요. 하루에 도대체 얼마만큼의 유튜브를 사용하는지, 가장 즐겨 사용하고 있는 것은 무엇인지 공유하는 겁니다. 부모님도 만만치 않을 거예요. 어쩌면 부모님이 아이들보다 더 오랫동안 사용하고 계실지도 몰라요. 그렇다면 당당히 인정하시고 사용 패턴을 바꾸셔야 할 텐데요. 아이와 함께 분석해 보는 겁니다. 어떻게 사용 패턴을 변경하면 좋을지 말이에요.

유튜브 사용 패턴도 점검해 봅니다. 유튜브에 접속해서 내 채널의 사용 시간을 점검해 보세요. 얼마나 자주 유튜브에 접속하는지 알아보는 거지요. 유튜브에는 시간 관리 도구가 있습니다. 시청 중단 시간과 취침 시간 알림을 설정할 수 있어요. 아이들이 공부할 때나 자야 할 때는 유튜브에서 알림을 해요. 멈춰야 하는 시간임을 알 수 있도록 지정을 하는 거지요. 아이들 스스로 조절할 수 없을 때 간단하게 사용할 수 있는 방법이에요. 가족끼리 이런 패턴을 공유하게 되면 서로를 체크할 수 있는 체계가 만들어질 거예요. 너무 오랫동안 유튜브를 보게 되면 서로 통제해 주는 거죠.

지난번에는 아빠의 사용량이 가장 많았다면 이번에는 아빠가 조심해서 사용하시겠죠. 아이도 마찬가지일 거예요. 그렇게 한 달에 한 번씩 유튜브 대장을 뽑아보는 겁니다. 벌칙에 따라서 집안 청소나 요리를 해요. 자신의 명예를 걸고 경쟁적으로 유튜브를 덜할 거예요. 유튜브 하는 것을 드러내고, 조절해 간다면 사용하는 양을 조절할 테니까요. 오히려 숨겨서 사용하는 것보다 건강하게 유튜브 사용량을 조절할 수 있답니다.

## 2. 오프라인에서 경험을 늘릴 수 있는 기회를 만들어요.

왜 아이들이 유튜브에 집착하는지 아세요? 그건 유튜브만큼 재미있는 게 없기 때문이에요. 유튜브보다 재미있는 게 생긴다면 분명히 유튜브만 보지는 않을 거예요. 아이들은 재미있는 것을 좋아하니까요. 물론 유튜브도 체험해 보지 못한 새로운 세상을 다양하게 보여 주는 건 맞아요. 하지만 아이들은 일상에서 가족과 나누는 대화와 친구들과의 경험을 더욱더 소중하게 생각한답니다. 사람과 대화를 통해서 받을 수 있는 좋은 영향력을 알기 때문이죠.

유튜브만 한다고 아이를 지적하지 마시구요. 유튜브를 대신할 수 있는 취미 생활을 찾아주세요. 아이가 자주 보는 유튜브 채널이 있다면 거기서 힌트를 얻으셔도 좋습니다. 거기서부터 오프라인 활동의 꺼리를 찾아보세요. 아이들이 친구들과 어울려서 그런 활동을 할 수 있다면 더 이상 유튜브에만 매달리지 않을 테니까요.

아이에게 직접 물어보는 것도 좋은 방법이에요. 하고 싶은 오프라인이나 가족 활동에 대해서 말이죠. 친구들과 어울릴 기회를 만들어 보세요. 하고 싶은 취미 생활이 있다면 그것도 좋구요. 그것을 경험해 보도록 해 주세요. 아이가 경험을 통해서 오프라인 활동의 재미를 느낄 수 있을 거예요. 이것이 유튜브 중독을 막을 수 있는 좋은 방법이랍니다.

## 5. 게임 패턴 점검

### 😀 바름이의 미디어 생활

**엄마:** 바름아, 일어나 아침이야. 학교 가야지? 너 도대체 몇 시에 잤길래 아침에 일어나지를 못하니?

**바름:** ……

**엄마:** 이 녀석이 또 밤새 게임한 거 아냐? 핸드폰 어디 있어. 어디 보자. 바름아, 너 어서 일어나. 이거 뭐야.

**바름:** 앗 깜짝이야. 왜 사람을 때리고 그래.

**엄마:** 왜 때리냐고? 이 녀석아. 너 지금 핸드폰 사용 시간 보니까 장난이

아니네. 너 어제 새벽 네 시까지 게임하고 잤어?

**바름:** 조금 하고 잤어.

**엄마:** 이 녀석아, 오늘 핸드폰 사용 시간이 게임만 네 시간이야. 12시부터 시작해서 네 시간을 한 거 아냐? 너 어쩌려고 그래. 완전 게임 중독이네.

**바름:** 잠깐 한 거뿐인데 네 시간이나 했다고? 그럴 리가 없어. 지금 몇 시야. 이러다 학교 늦겠다. 엄마 나 빨리 준비해야 돼.

**엄마:** 학교가 중요한 게 아니잖아. 학교 늦을까 봐 걱정하는 녀석이 새벽까지 게임을 하고 못 일어나. 너 이제 핸드폰 압수야.

**바름:** 오늘 학교에서 핸드폰으로 하는 활동 있어서 가져가야 해. 나 늦었으니까 다녀와서 얘기하자 엄마. 어서 핸드폰 줘.

**엄마:** 저 녀석을 어쩌면 좋아. 저 게임 중독. 학교 다녀와서 각오해. 오늘은 그냥 안 넘어간다.

## 아이가 어떤 게임을 하고 있나요?

아이들은 정말 게임을 좋아합니다. 게임과의 전쟁이라고 할 만큼 게임에 몰두하는 아이들이 많습니다. 무작정 말리면 아이는 숨어서 게임을 합니다. 게임이 아이에게 무언가를 주기 때문일 텐데요. 아이들과 게임의 문제를 해결하기 위해서는 아이가 어떤 게임을 하는지 알아야 합니다. 자녀의 게임 패턴 분석을 통해서 게임 습관을 이해할 수 있어요. 습관을 알아야 그에 적절한 방안을 제시해서 게임이 유익한 영향을 미치도록 도와줄 수 있지요. 아이의 게임 패턴을 어떻게 분석할 수 있을까요.

우선 아이의 게임을 관찰해 봅니다. 어떤 게임을 언제 어떤 레벨에서 어떤 캐릭터를 사용해서 하는지 알아보는 것입니다. 아이들이 게임을 한다고는 하지만 부모 몰래 하는 경우가 많잖아요. 열심히 하다가도 부모님께 혼날까 봐 몰래 숨기는 경우가 생기는데요. 부모가 너무나 게임을 싫어하진 않으셨으면 좋겠습니다. 아이가 게임을 통해서 받는 좋은 영향도 존재하니까요. 게임에 대한 긍정의 태도로 접근하셔야 아이들이 자신이 하는 게임을 부모님께 오픈할 거예요. 아이의 게임 패턴을 알아야 문제가 있는 부분을 거둬낼 수 있으니까요.

아이들이 먼저 자신이 하는 게임을 보여 줄 수 있도록 분위기를 만들어 주세요. 아이가 하는 게임의 내용을 이해하고 작동 방식을 배워 보시면 좋습니다. 아이가 보여 주는 것을 통해서도 좋구요. 부모님이 직접 해보셔도 좋아요. 부모님이 생각하시듯이 단순히 나쁜 점만을 갖고 있는 게임은 드무니까요. 직접 하다 보면 게임을 왜 하는지 이해하실 정도로 매력이 있답니다.

아이가 하는 게임을 직접 구동해 보시면 좋습니다. 아이들이 왜 게임에 그렇게 몰두하는지 이해할 수 있을 거예요. 게임의 장단점을 분석합니다. 자녀가 플레이하는 게임의 장단점을 찾아보는 거죠. 아이가 생각하는 장점과 단점 부모가 생각하는 장단점을 나눠 보세요. 아이가 게임을 하면서 어려운 점이 있는지도 물어보시구요. 아이와 솔직한 대화를 나눌 수 있는 시간입니다. 게임을 강제로 막는다고 막아지지 않습니다. 스스로 분석하고 판단해서 조절하기 위해서는 객관적으로 분석하는 게 필요하니까요. 이 대화를 통해서 아이가 파악할 수 있도록 도와주세요.

다음으로 자녀의 게임 시간을 정해야겠지요. 게임에서 얻는 것과 게임의 단점을 파악했으니까요. 어떻게 게임을 하면 좋을지를 아이와 의논해 보세요. 부모 마음대로 정한다거나 게임을 못 하게 해서는 안 됩니다. 대화를 통해서 게임 시간을 정하세요. 자신의 게임 패턴과 시간 활용을 점검할 수 있도록 이제껏 조사한 내용들을 정리해 보세요. 아이가 자신은 어떤 게임을 얼마나 하고 있으며 무엇이 문제인지 파악할 수 있을 겁니다. 자신의 패턴을 알고 분석하는 것에서부터 게임 컨트롤이 시작됩니다. 윽박지르고 강요한다고 되는 문제는 아니니까요. 좋아하는 게임을 즐겁게 이성적으로 조절할 수 있도록 현재 상황을 냉철하게 분석해 주세요.

## 게임의 좋은 점을 찾아보세요.

게임은 아이들이 좋아하는 만큼 큰 영향을 미칩니다. 일부 중독성이 강한 게임은 아이들을 매료시키지요. 바름이처럼 많은 시간을 뺏기게 하거나 학업이나 일상생활까지 제대로 하지 못하도록 만들기도 해요. 일부 폭력적인 내용을 포함한 게임은 10대들에게 폭력적인 행동을 정당화하거나 따라 하도록 만들지요. 또한, 게임이 학업에 방해가 되어 성취도가 낮아지기도 합니다. 너무 오랜 시간 게임을 해서 자세가 안 좋아진다거나 눈이 나빠지기도 하는 부수적인 문제도 있지요. 하지만 게임이 이렇게 나쁜 점만 있는 것은 아닙니다.

게임은 문제 해결 능력을 향상시킵니다. 문제 해결 전략을 통해 아이들에게 능력을 키워 주기도 해요. 또한, 멀티 플레이어 게임을 통해 친구들과 대화할 기회를 만들어 줍니다. 예전처럼 아이들끼리 어울려 놀지 못하는 경우가 많아졌지요. 아이들이 가장 원하는 것은 친구들과 어울리는 건데요. 학업량에 밀려서 그게 쉽지 않잖아요. 시간을 맞춰서 여러 명이 플레이를 하면서 어울릴 수 있는 기회를 만들어 줍니다. 게임을 하지 않으면 친구들과 할 이야기가 없다고 할 정도예요. 아이들 사이에 게임은 하나의 문화가 되었지요. 친구들과 함께하는 게임을 통해서 협력하는 법을 배웁니다.

게임을 주도적으로 진행하고 조율하는 과정에서 리더십도 늘어나게 됩니다. 집중력 향상에도 도움이 되지요. 다른 때는 멍하던 아이들도 게임에는 엄청나게 몰두합니다. 부모가 부르는 소리도 듣지 못할 만큼 엄청나게 집중하지요. 게임을 통해서 아이들이 집중했던 경험은 공부할 때도 도움이 된답니다. 또한, 게임은 일정한 시간이나 목표를 달성하도록 유도를 하잖아요. 자기 통제 능력을 배우게 됩니다.

게임 속 캐릭터들이 이끄는 역할 모델에 따라서 캐릭터에 맞는 대처법도 배웁니다. 게임 속 캐릭터들의 선택이나 행동을 통해서 자신의 삶에서도 어떻게 행동할지를 알아가요. 가장 좋은 이점은 아이들이 게임을 통해서 스트레스를 해소한다는 것입니다. 게임은 승리의 쾌감과 도전의 기쁨을 선사합니다. 몰입감을 통해 행복감을 높여 주지요. 아이들이 게임을 좋아하는 가장 큰 이유입니다. 지루하고 재미없는 일상에서 벗어나 자신의 존재감을 일깨워 주고 성취감을 맛보게 하니까요.

아이들은 게임 안에서 살아 있음을 느낀대요. 레벨이 올라가면서 쌓이는 성취감은 엄청나지요. 아이들에게 게임은 좋은 영향력을 선물합니다. 너무 지나치게 몰두하지 않고 걸러서 사용할 경우 게임이 가진 좋은 점이 존재하니까요. 아이와 대화를 통해서 걸러야 할 게임을 하지 않고 시간 조절을 한다면 게임이 아이들에게 건강하게 작용할 수 있을 것입니다.

💬 **Talk to you**

---

**1. 아이들이 좋아하는 게임을 소개할 수 있는 시간을 가져 보세요.**

아이들이 좋아하는 게임이 뭔 줄 아세요? 모르시는 경우가 많을 거예요. 게임 하는 모습만 보면 화를 내고 못 하게 하니까요. 어떤 게임을 하는지 관심조차 없는 경우가 많지요. 이렇게 게임에 대해서 부정적인 생각을 갖고 계시면 게임을 조절해 주기가 더 어려워요. 부모가 게임에 대해 부정적인데 어떻게 자신의 게임을 오픈할 수 있겠어요. 숨기고 몰래 하다가 더 큰 문제로 발전할 수 있답니다. 아이가 게임에 관심을 가지기 시작했다면 열린 마음으로 알아보세요.

무작정 모든 게임을 허용하라는 뜻이 아닙니다. 일단 알아야 컨트롤이 가능하다는 거예요. 아이에게 부정적인 느낌을 덜 표현해야 아이도 자신의 상황을 오픈할 수 있답니다. 그런 차원에서 아이들이 하는 게임을 소개하는 시간을 가져 보세요. 마음껏 자신의 게임을 자랑해 보는 거죠. 아이들의 게임 소개를 보시면 느끼시겠지만요. 게임이 결코 쉽지 않습니다. 아이들이 정말 몰두해야만 잘할 수 있는 게임도 많구요. 건전한 게임도 존재해요. 아이들이 자신의 게임 세상을 오픈해야 나쁜 게임에 빠지는 것을 막을 수 있어요. 마음껏 게임을 소개하게 해 주세요.

부모님도 따라 해 보세요. 아이와 함께 게임을 해 보는 겁니다. 아이들의 실력을 보면 깜짝 놀라실 거예요. 레벨은 그냥 오르는 게 아닙니다. 아이가 노력한 결과물이지요. 그 부분은 인정해 주세요. 충분히 애써서 정성을 들여 만들어 낸 결과니까요. 아이의 노력을 인정하시는 것부터 대화를 시작해야 해요. 게임에 몰두하는 정도나 시간이 높을수록 더 그렇게 접근해야 합니다. 그래야 아이가 마음의 문을 열고 게임 이야기를 시작할 거예요.

## 2. 게임을 만든다면 어떤 게임을 만들지 계획을 세워 보세요.

아이가 주체가 되어서 게임을 만든다면 어떤 게임을 만들지 계획을 세워 보세요. 가족 구성원 각자가 만들고 싶은 게임 계획서를 만들어 보는 거죠. 어떤 게임을 만들고 싶은지 대상은 누구로 할지 정해 보세요. 방식이나 규칙도 자신이 결정해요. 소비할 때 생산자의 입장이 되어 보면 전혀 새로운 방향에서 게임에 접근할 수 있답니다. 사용자일 때 불편했던 점을 반영할 수 있지요.

게임을 하면서 재미있었던 부분을 연결해서 전혀 다른 아이디어를 만들어 보면 또 다른 재미가 있을 거예요. 처음부터 획기적인 게임을 만들기는 불가능하겠지요. 처음에는 있는 게임에 조금만 변형을 줘서 만드는 거라고 룰을 정하세요. 훨씬 부담 없이 상상해 볼 수 있을 거예요. 아이가 가장 좋아하는 게임을 골라서 그 게임에서 개선되었으면 하는 점을 고쳐 보는 거지요. 게임 리뷰를 보고 반영해도 되구요. 자신이 느꼈던 점을 그대로 적용해 봐도 좋아요.

어떤 게임을 만들지 가족들 앞에서 발표합니다. 마치 빌 게이츠가 처음 아이폰을 만들어 냈을 때처럼 브리핑을 해 보는 거예요. 관련된 질문도 받구요. 이렇게 자기 게임 생성 프로젝트를 진행하면 어떨까요. 아이가 게임에 대해서 새로운 생각을 가지게 될 거예요. 게임을 볼 때 소비자로서만 대하지 않겠죠. 개선할 점을 생각하게 될 거예요. 미디어 리터러시는 그런 겁니다. 지금 내가 하고 있는 일상의 행동에 대해서 의심하고 개선점을 생각해 보는 거예요. 늘 하던 대로 받아들이는 것이 아니라 개선점을 찾아보는 거죠. 거기서부터 진짜 미디어 리터러시는 시작됩니다. 게임 계획하기를 통해 아이들이 즐겁게 하던 게임을 새롭게 바라보는 시선을 만들어 주세요.

# 6. 게임 선택하기

## 💬 바름이의 미디어 생활

---

**아빠:** 바름아, 주말인데 아빠랑 게임 한판 하자. 아빠가 예전에 대학 다닐
때 재미있게 하던 게임 있거든. 그거 바름이랑 함께해 보고 싶어.

**바름:** 어떻게 하는 건데?

**아빠:** 요기 봐봐. 컴퓨터 게임인데 이렇게 버튼을 누르면 공격이 되거든.

**바름:** 나 이거 알아. 예전에 어떤 삼촌이 하는 거 본 적 있어. 그런데 나 이
거 별로던데.

**아빠:** 아빠가 제일 좋아하는 게임인데, 너는 별로야?

**바름:** 나는 그런 식으로 게임하는 건 재미가 없어. 애들이랑 팀 이뤄서 하는
게임이 좋지. 역할 나눠서 게임하고 얘기도 해야 재미있지. 혼자서 공
격만 하면 무슨 재미야.

**아빠:** 너 하는 게임 아빠한테도 알려 주면 안 돼? 아빠는 내 아이랑 함께
게임하는 게 로망이었다구. 같이 한번 해 보자.

**바름:** 아빠가 좋아할지 모르겠는데 이렇게 하는 거야.

**아빠:** 난 이거 별론데. 한눈에 게임이 들어오질 않아. 산만한 걸. 시대의 흐
름을 못 따라가겠다.

**바름:** 그런 건 아니고 요즘 게임 중에도 다른 형태도 많아. 같이 찾다보면
둘 다 재미있는 게임을 찾을 수 있을 거야.

**아빠:** 그래. 좋아. 우리 바름이가 아빠랑 함께해 준다니 너무 신난다.

---

# 게임을 선택할 때도 기준이 있어야 해요.

아이들이 게임을 선택할 때 기준이 있을까요? 보통은 없습니다. 친구들의 추천 게임이나 광고에서 우연히 보게 된 게임을 하는 경우가 많아요. 친구가 재미있다는 게임을 무작정 따라 하기도 하구요. 하지만 게임을 선택할 수 있어야 합니다. 아무 게임이나 하다 보면 유해성 있는 게임에 접속할 수 있거든요. 한번 시작하면 점점 더 깊이 빠져드는 것이 그런 게임의 특징입니다. 처음에는 폭력적이거나 선정적이어서 피하지만 여러 번 접하다 보면 그 정도의 장면에는 익숙해져 버리죠. 점점 더 자극적인 게임을 원하게 되구요. 결국 게임의 안 좋은 면만 수용하는 결과를 낳게 된답니다. 아이들이 어떤 기준으로 게임을 선택하는 것이 좋을까요?

연령에 맞아야지요. 아이들의 나이에 맞는 게임을 선택해야 합니다. 연령에 맞게 유해한 내용을 최대한 줄여 개발이 되었으니까요. 연령을 확인하고 게임을 시작해야 해요. 또한, 게임 내용이 자신이 좋아하는 내용이 포함되면 좋습니다. 일부 게임에는 선정적이거나 폭력적인 장면도 포함되어 있어요. 검색이나 미리보기를 통해 내용을 확인하고 시작해야겠지요.

아이들이 좋아하는 게임 장르를 선택하는 것도 필요합니다. 10대들은 고도의 시각적 효과와 빠른 게임 진행 속도를 가진 액션 게임을 선호합니다. 이러한 게임들은 스릴과 도전을 제공해요. 게임 내 캐릭터의 능력을 향상시키며 성취감을 느낄 수 있습니다. 10대들은 슈팅 게임도 좋아하지요. 이러한 게임들은 공격과 방어, 전략적인 플레이 등을 통해 높은 수준의 집중력을 요구합니다. 또한, 다른 플레이어들과의 경쟁을 통해 승리를 얻는 것에 대한 성취감을 느낄 수 있습니다.

아이들은 이야기를 따라가며 캐릭터를 성장시키는 롤플레잉 게임도 즐깁니다. 이러한 게임은 캐릭터의 능력을 향상시키는 성취감과 함께 이야기에 대한 호기심을 자극합니다. 경영 시뮬레이션 게임도 선호합니다. 가상의 회사나 도시 등을 운영하면서 자신만의 전략을 세우고, 성장을 이루며 성취감을 느낄 수 있습니다. 10대들은 스포츠 게임도 즐기는데요. 이는 게임을 통해 자신이 선수가 된 것처럼 느낄 수 있기 때문입니다. 다른 플레이어들과의 경쟁을 통해 승리를 얻는 것에 대한 성취감을 느낄 수 있습니다. (AskUp 참고) 이중에서 좋아하는 게임을 선택하면 됩니다.

게임의 난이도 또한 아이 수준에 적절한 게 좋겠지요. 너무 쉬우면 지루하고, 어려우면 스트레스를 받으니까요. 게임 평가 사이트에서 리뷰를 참고해 고르는 것도 필요합니다. 아이들이 다른 사용자들의 리뷰와 평가를 통해 게임을 판단하고 고를 수 있는 기준이 되니까요. 게임의 가격도 고려해야 합니다. 무료 게임도 있지만 아이템을 구매해야 하는 경우도 있거든요. 아이들이 구매하기에 부담이 되는 게임이라면 선택해서는 안 될 것입니다. 아이들이 이러한 기준들에 맞춰서 자신에게 맞는 게임을 적절하게 선택할 수 있음을 알려 주세요.


## 유익한 게임을 선택하도록 도와주세요.

아이들이 자신에게 도움이 되는 게임에는 어떤 요소들이 포함되어야할까요? 교육적인 요소가 포함되어 있으면 좋지요. 역사적인 사건이나 과학적 지식, 상식을 키울 수 있는 게임이라면 재미도 찾고 배움도 있으니까요. 아이들에게 도움이 될 거예요. 롤 플레이를 통해서 문제 해결 능력을 향상시키는 게임은 유익합니다. 아이들이 하나씩 하나씩 문제 해결을 해 나가는 과정을 통해서 성장을 이룰 수 있지요.

전략적인 요소를 갖고 있다면 좋겠어요. 전략을 세우고 실행하는 과정을 통해서 아이들이 발전합니다. 팀 플레이를 통해서 협력하는 능력과 커뮤니케이션 하는 법, 리더십을 기를 수 있는 게임이라면 강력 추천입니다. 문화 감상을 곁들일 수 있는 게임은 아이들의 소양을 높이는 데 도움이 돼요. 게임이 기본적으로 아이들이 집중을 하게 해 주는 만큼 집중력을 높일 수 있는 게임이면 좋겠습니다.

너무 자주 룰과 화면이 바뀌어서 아이들의 집중력을 방해하는 게임이 있는데요. 한번 돌아가는 루틴이 길어서 깊이 있게 생각하고 집중해야만 레벨업할 수 있는 게임이 아이들에게 도움이 될 것입니다. 게임만 하면 스트레스가 말끔히 날아간다면 어떨까요. 아이들에게 이만큼 좋은 도구가 없겠지요. 다만 폭력적인 장면의 잦은 노출로 인해서 스트레스가 풀리는 것이 아닌지는 살펴봐야 해요. 레벨업을 하면서 스트레스를 풀 수 있는 게임이라면 좋겠습니다. 일정한 시간이나 목표를 달성하면서 자기 통제 능력이 향상되고 자신감도 생기게 되니까요. 이런 요소들을 적절히 갖춘 게임이라면 아이들이 게임을 통해서 얻을 수 있는 좋은 것들이 있습니다.

이렇게 재미있고 유익한 게임을 골랐다면 실제로 게임을 시작해야겠죠. 아이들이 게임을 시작하면 잘하고 싶어 합니다. 어떻게 하면 게임을 잘하게 도와줄 수 있을까요? 인공지능 대화 앱인 ASKUP에게 물어봤습니다. 가장 중요한 것은 연습입니다. 게임에서 자신이 부족한 부분을 파악하고 그 부분을 채우기 위해서 연습해야 합니다. 공부할 시간도 없는

데 게임에서 연습이라니 말도 안 된다고 생각하실 수도 있는데요. 아이들이 게임 연습으로 자신을 향상시키는 경험을 하게 되면 공부에서도 연습하고 노력할 마음이 생길 수 있습니다. 아이들은 경험을 통해서 생각을 정리해 나가니까요. 좋아하는 게임을 통해서라도 이런 긍정적인 경험을 쌓도록 해 주세요.

플레이하면서 자신만의 전략을 개발한다면 게임을 잘하게 되겠지요. 쉽게 이기고 다음 전략 개발 능력도 향상시킨다면 어떨까요. 게임의 유익한 면을 충분히 이용하는 거지요. 다른 플레이어들과의 경쟁을 통해서 자신의 부족한 점을 파악하고 보완하는 능력을 키워 나갑니다. 경쟁 없이는 살 수 없는 세상에서 작은 실패 경험을 하잖아요. 거기서 자신을 보완해 가는 연습은 아이를 단단하게 만듭니다.

게임 커뮤니티를 통해서 소통하는 방법도 있습니다. 다른 플레이어들과 의견을 나누며 게임에 대한 정보를 얻습니다. 자신이 보지 못한 면을 보게 되고 타인과 자신의 모습을 비교하게 되지요. 거기서 보완할 점을 찾게 됩니다. 이때 의사소통력도 향상됩니다. 친구와 게임을 하면서 논다고 생각하셨던 부모님들도 계시겠지만 아닙니다. 함께하는 게임과 리뷰는 아이들의 사회성 발달에도 도움이 되지요.

유익한 게임을 통해 자신의 존재감과 자신감을 드높일 수 있는 기회로 만들 수 있습니다. 이는 게임의 유해성을 벗어나 자기 발전의 기회로 삼는 경험이니까요. 너무 오래 일상이 파괴되지 않을 정도로 조절해 주시면서 게임의 좋은 점을 마음껏 경험하게 해 주세요. 게임의 좋고 나쁜 점을 스스로 분별할 수 있을 때까지요.

---

### 1. 아이들이 하고 있는 게임이 어떤 유익한 면이 있을까 생각을 나눠 보세요.

우리 아이가 열심히 하고 있는 게임이 어떤 유익한 효과가 있는지 이야기를 나눠 보세요. 아이는 무조건 유익하다고 할 겁니다. 단지 재미있어서 스트레스가 풀린다는 이유 말고요. 게임이 갖춘 다양한 면을 보라고 이야기를 해 주세요. 스트레스가 풀리는 이유가 무엇인지 살펴보라고 말이에요. 내가 지적인 상식이 늘어나서 즐거운 것인지 몰입하는 그 순간의 기분이 좋은 건지 생각해 봐야 합니다.

아이들이 왜 그 게임에 몰두하는지 아는 것은 상당히 중요합니다. 아이에게 어떤 부분이 부족한지를 알려 주거든요. 자기 효능감이 부족한 아이라면 게임을 통해서 자신감을 채우려 할 거예요. 레벨업을 통해서 주목이나 상점을 받는 일이 즐겁다면 일상에서 인정의 욕구를 채워 줄 필요가 있죠. 아이가 유독 지식적인 게임을 즐긴다면 일상에서 지식적인 면의 부족으로 인해서 스트레스를 받고 있을지도 모릅니다.

아이들이 게임에 몰두하는 이유는 게임이 무언가를 채워 주기 때문이에요. 그 요소가 무엇인지를 알아차리려야 합니다. 그 부족함을 일상에서 가족 간의 대화와 경험을 통해서 채워 주는 것이 필요합니다. 그래야 아이들이 게임에서만 그것을 채우기 위해서 과몰입하지 않을 수 있어요. 게임에 집착하는 아이만 탓하기 전에 무엇이 부족한지를 찾아보는 지혜를 가져야겠습니다.

### 2. 게임을 유익하게 활용할 자신만의 계획을 세우도록 도와주세요.

부모님이 자주 아이의 게임에 대해서 이야기를 나눠 보시면 좋습니다. 아이들이 어떤 게임을 어떻게 하면서 재미를 느끼는지 알아 두세요. 때로는 함께 게임을 하는 것도 좋습니다. 게임을 하면서 대화를 나눌 시간과 소재를 만들 수 있으니까요. 게임을 대화의 통로로 삼아 보세요. 게임을 하면서 어떤 낯선 경험을 했는지, 색다른 느낌을 받았는지를 나눠 보세요. 아이가 게임을 하면서 느끼는 감상들을 나누면 현 상태를 점검하고 마음을 들여다보는 데 도움이 될 거예요.

아이와 가까워진 다음에는 게임 패턴을 정리해서 계획서를 세우도록 해 주세요. 아이들의 게임 내용이나 게임 시간을 부모 마음대로 조절할 수는 없습니다. 아이가 친구들과의 관계를 맺는데 게임이 아주 중요한 역할을 하고 있다면요. 그 시간을 마음대로 줄이거나 없앨 수는 없잖아요. 아이 스스로 조절할 수 있게 도와줘야겠죠.

게임을 통해서 유익하게 채울 수 있는 것은 극대화하고 아닌 부분은 걸러낼 수 있도록 아이에게 기회와 시간을 줘야 해요. 그러기 위해서 아이가 스스로 게임 계획을 세워 보도록 하는 겁니다. 어떤 게임을 어떤 방식으로 얼마나 할지를 말이에요. 물론 처음에 세운 계획대로 지키기 어려울 겁니다. 하지만 아이가 스스로 할 수 있는 만큼을 알아채게 될 거예요. 차차 더 상황에 맞는 계획을 세워 나가겠죠.

부모는 그 모습을 격려해 주고 멋지다고 칭찬해 주시면 됩니다. 자신을 믿어주는 부모의 모습을 보고 아이는 더 큰 책임감을 느끼게 될 거구요. 더욱더 스스로를 조절해 보려고 노력할 거예요. 그 과정에서 아이의 성장이 일어나는 겁니다. 억지로 아이를 끌고 갈 수는 없습니다. 아이가 스스로 판단하고 결정할 수 있는 기회를 많이 주세요. 믿는 만큼 아이는 성장하고 발전할 것입니다.

## 💬 미디어 광고를 통해 조회 수 높이는 법

챗GPT의 도움을 받아 자신이 만든 광고를 디지털 공간에 탑재하고 부족한 점을 분석해요. 광고의 효과성을 높이는 방법도 찾을 수 있습니다. 디지털 콘텐츠의 조회 수를 높이는 방법은 다양하지만, 다음과 같은 방법들이 일반적으로 사용되고 있습니다. SNS를 활용하여 콘텐츠를 홍보하고, 다른 사용자들에게 공유해 달라고 요청하는 것이 좋습니다. 이를 통해 콘텐츠가 더 많은 이들에게 노출되고 조회 수를 높일 수 있습니다. 검색 엔진 최적화를 통해 콘텐츠가 검색 결과 상위에 노출되도록 하는 것이 중요합니다. 이를 위해서는 분석을 통해 적절한 키워드를 선정하고, 이를 적극 활용하는 것이 필요해요. 유튜브를 활용하여 광고하는 것도 좋은 방법입니다. 이를 통해 콘텐츠가 더 많은 이들에게 노출되고 조회 수를 높일 수 있습니다. 콘텐츠의 제목과 썸네일은 사용자들이 콘텐츠를 선택하는 데 중요한 역할을 합니다. 따라서 흥미로운 제목과 눈길을 끄는 썸네일을 제작하는 것이 중요하지요. 유튜브 조회 수를 높이는 데에는 다양한 단어가 있지만, 일반적으로 사용되는 조회 수 높은 단어 10개는 다음과 같습니다.

1. 비밀  2. 놀라운  3. 성공  4. 인기  5. 신기한
6. 무료  7. 강력한  8. 최고의  9. 효과적인  10. 단순한

콘텐츠 제목에 이런 단어들을 포함해서 작성하면 흥미를 끌고 조회 수를

높이는 데 도움이 될 것입니다. 마지막으로 콘텐츠의 질과 유용성은 조회수를 높이는 데 큰 영향을 미칩니다. 따라서 사용자들이 원하는 정보를 제공하고 흥미로운 내용을 담은 콘텐츠를 제작하는 것이 중요합니다. 위와 같은 방법들을 적극 활용하여 디지털 콘텐츠의 조회 수를 높이고 광고 효과를 충분히 만들어 낼 수 있습니다.

# MOM CAFE

오늘따라 마을버스가 많이 밀립니다. 종점에서부터 서로 앉으려고 자리 싸움이 팽팽합니다. 자리에 앉은 사람도 서 있는 사람도 오늘은 만원입니다. 금세 자리를 잡은 사람들은 약속이라도 한 듯이 휴대전화를 들여다봅니다. 나도 예외는 아니지요. 휴대전화로 읽던 전자책을 읽기 시작했습니다. 그런데 갑자기 주위가 소란스럽습니다. 40대 정도 된 여자분이 신경질적인 소리를 지릅니다.

"빨리 움직여. 산만하게 움직여서 자리 뺏겼잖아."

뒤늦게 버스에 올라타 자리싸움에 진 모양인데요. 누구에게 그렇게 신경질을 내나 싶어 슬쩍 쳐다봤습니다. 여자 옆에는 초등학교 5~6학년으로 보이는 남자아이가 서 있더군요. 운동복 차림에 양손에 든 짐이 유독 많아 보였습니다. 안경을 쓴 아이는 엄마 눈치 살피기에 바빴습니다. 조용한 버스 안에 아이 엄마가 윽박지르는 소리만이 가득했습니다.

"잡아, 흔들리잖아. 똑바로 서. 넘어지겠다."

걱정인지 핀잔인지 헷갈렸습니다. 날카롭고 신경질적인 소리에 버스에 탄 우리마저 모두 혼나고 있는 기분이 들 정도였지요.

"짐은 이리 줘."

아이를 앉히고 싶은 마음은 알겠어요. 아이를 위한 거라는 것도요. 그런데 굳이 저렇게 소리를 지르며 윽박질러야 했을까 눈살이 찌푸려졌습니다.

"앉아. 저기 자리 났다, 빨리 움직여."

아이는 조금이라도 늑장을 부리다가 또 혼날까 봐 재빠르게 몸을 의자 위로 욱여 넣었습니다. 저리 할 바에는 그냥 두지라는 생각과 함께 어젯밤 일이 스쳐 지나갔습니다.

아이가 또 늑장을 부립니다. 주말이라고 온종일 뒹굴뒹굴입니다. 학기 초라 아이도 피곤할 것을 충분히 압니다. 그럼에도 단 한 가지! 머리는 빨리 감았으면 좋겠습니다. 꾸물거리다가 11시가 넘어서야 머리를 감는다며 수선을 피웁니다. 머리 감는 데 한 시간 이상 걸리니 또 12시를 넘길 것이 뻔합니다. 그때부터 못 한 숙제를 마저 하겠다고 나서겠지요. 자라  그만해라 잔소리할 생각에 벌써부터 지칩니다. 그럴 바엔 머리나 먼저 감았으면 좋겠습니다. 나라도 편하게 먼저 자게요. 어차피 감고 노나 놀고 감나 순서는 상관없을 텐데도요. 아이는 움직일 생각을 안 합니다.

"머리 좀 감지 그래. 머리부터 감아. 밤에 잘 시간에 수선 떨지 말고."

아이는 듣는 둥 마는 둥 합니다. 30분이 흘러도 1시간이 흘러도 움직일 생각을 안 합니다.

"그만 머리 좀 감지."

두세 번의 잔소리가 이어졌지만 아이는 요지부동입니다.

"내가 알아서 할게."

3시부터 이어진 잔소리는 띄엄띄엄 8시까지 이어졌습니다.

"진짜 화내기 전에 빨리 머리부터 감아."

반항하던 아이도 내 목소리가 날카롭고 신경질적으로 변하자 그제서야 눈치를 봅니다.

"알았어."

'알았어' 타령이 몇 번 더 이어진 다음 10시 넘어서 아이는 머리를 감더군요. 머리 감고 샤워하고 말리니 11시도 넘었습니다. 그리고 나서야 느릿느릿 학교 숙제를 시작합니다. 이미 12시가 넘었지만, 아이는 아직 말똥말똥 잘 생각이 전혀 없습니다.

"알아서 한다는 게 이거야. 언제 끝나."

날카로운 엄마의 지적이 한두 번이 아닌지라 아이는 담담합니다.

"아직 남았어."

1시가 되자 더 이상은 기다릴 수가 없어 마지막 핏대를 올렸습니다.

"안 자? 도대체 몇 시부터 씻고 숙제하라고 했어. 알아서 한다더니 이게 알아서 하는 거야? 내일 학교 가려면 7시 반에는 일어나야 하는데 도대체 몇 시간을 자려는 거야. 생각이 있어 없어. 머리는 장식이야."

하루의 피곤함과 잔소리에도 반응하지 않던 아이에 대한 울분이 한꺼번에 쏟아져 나옵니다.

"알았어."

아이는 여전히 '알았어' 타령뿐 서두르는 기색이 하나도 없습니다.

몇 번이나 화를 내다가 먼저 자고 말았습니다. 낮부터 채근하며 화를 냈지만 달라진 건 하나도 없었습니다. 결국 아이는 자기 속도대로 움직였겠지요. 버스 안에서 화를 내는 엄마의 모습이 나와 겹쳐지며 아이에게 미안한 마음이 들었습니다.

'네 인생이거늘. 알아서 한다는데도 나는 왜 그걸 가만두지 못할까.'

자기 전 화를 버럭 낸 것이 후회되어 내일은 아이에게 맡기고 잔소리하지 않겠다고 다짐합니다.

"안 일어나니? 학교 안 가. 너는 도대체 일찍 일어나서 스스로 준비하는 적이 한 번도 없어."

여전히 잔소리로 시작되는 아침.

"알았어."

아이는 정말 언제 알아서 하는 걸까요. 나는 알아서 한다는 말을 언제 진심으로 믿고 아이의 속도를 기다려 줄 수 있을까요. 오늘도 한 번 더 나오려는 잔소리를 꾸욱 참아보지만, 곧 한바탕 소란이 일어날 것 같습니다.

아이는 정말 언제 알아서 하는 걸까요.
나는 알아서 한다는 아이의 말을
언제 진심으로 믿을 수 있을까요.

## CHAPTER 7 ··· 인공지능 리터러시

## 1. 인공지능 활용

### 💬 바름이의 미디어 생활

인공지능(AI, Artificial Intelligence)은 기계가 인간의 학습, 추론, 문제 해결 등의 지능적인 역할을 수행할 수 있도록 하는 기술이다. 인공지능은 머신러닝·딥러닝·자연어 처리·이미지 처리 등의 다양한 기술을 포함하고 있다. 인공지능 기술은 1950년대에 처음 등장했다. 그러나 초기에는 컴퓨터의 처리 속도와 용량, 데이터의 부족 등의 문제로 인해 발전이 더뎠다. 1990년대 이후로는 컴퓨터 기술의 발전과 빅데이터의 등장 등으로 인공지능 기술의 발전 속도가 빨라졌다. 특히 2010년대 이후로는 딥러닝 기술의 발전으로 인공지능 분야에서의 성과가 크게 개선되었다. 이로 인해 음성 인식, 이미지 인식, 자동 번역 등의 분야에서 인공지능 기술이 널리 활용되고 있다. 인간의 일부 역할을 대체할 정도의 성능을 보이기도 한다. 현재는 인공지능 기술이 더욱 발전하면서, 자율주행 차량·케어 로봇·의료 진단 등 다양한 분야에서 인공지능 기술이 활용되고 있다. 또한, 인공지능 기술의 발전이 더욱 가속화될 것으로 기대된다. (AskUp 제공)

## 성큼 다가온 인공지능 기술

인공지능 기술이 놀랍게 발전하고 있습니다. 앞으로도 그 속도가 점차 빨라져 우리 생활에 많은 영향을 줄 텐데요. 실제적으로 인공지능이 내 생활에 어떻게 쓰이고 있는지 생각해 보셨나요? 나와 먼 이야기라고 생각하실 텐데요. 어렵기만 한 인공지능! 정말 나의 생활과는 별 관계가 없을까요? 인공지능이 일반적으로 쓰이고 있는 영역을 살펴보며 생각해 보겠습니다.

인공지능은 자연어 처리 기술을 활용한 챗봇 서비스를 제공합니다. 우리가 은행에 전화를 했을 때 챗봇과 대화를 통해서 업무를 보신 적 있으시죠. 그것이 바로 인공지능입니다. 고객 상담이나 예약 FAQ 부분은 인공지능이 담당하고 있는 경우가 많지요. 또한, 스마트폰 잠금을 할 때 얼굴 인식 기능을 사용하잖아요. 인공지능이 화장한 얼굴을 못 알아봐서 잠금을 못 풀었다는 우스갯소리도 들리는데요. 이것 또한 인공지능의 영역입니다. 이미지를 검색하거나 스마트 CCTV에도 사용되지요. 음성으로 검색하거나 음성 명령, 번역할 때도 사용합니다.

요즘은 해외여행 가면 파파고 등의 앱을 통해서 대화에 큰 어려움 없이 여행을 할 수 있잖아요. 듣고 싶은 노래를 들을 때도 음성 인식 프로그램을 통해서 노래를 틀어 주지요. 이런 검색 서비스가 인공지능을 기반으로 설계되었답니다. 머신러닝(규칙을 일일이 프로그래밍하지 않아도 자동으로 데이터에서 규칙을 학습하는 알고리즘을 연구하는 분야)을 통해서 예측 분석하거나 추천 시스템, 이상 탐지를 할 수 있는 기능도 제공되고 있습니다. 스마트 워치에서 오랫동안 움직임이 없는 경우 병원에 연락하는 시스템 등이 이런 활용의 예지요. 자율주행 택시나 배송 로봇도 접해 본 적 있을 거예요. 카페에서 로봇이 커피를 타 주거나 음식점에서 서빙을 하는 경우가 종종 있으니까요. 이 외에도 스팸 메일을 필터링하거나 바이러스 검사, 악성 코드를 탐지하는 기술 모드 인공지능을 활용한 서비스랍니다.

어때요. 이 중에서 한두 가지 안 써본 분은 없을 거예요. 인공지능이 이렇게 우리 생활에 깊숙이 관여하고 있답니다. 아이들은 이런 기술들을 손쉽게 사용합니다. 앞으로 다가올 세대의 아이들은 인공지능 세대라고 부른대요. 아이들이 그만큼 인공지능을 쉽게 접하고 생활에서 널리 활용한다는 뜻이겠지요. 인터넷 개발만큼이나 우리 삶을 빠르게, 다양하게 바꿔 놓을 것이 인공지능이라고 하니까요. 아이들이 인공지능 세상에서 빠르게 잘 적응할 수 있도록 함께 배워 나가야겠습니다.

인공지능이 주도하는 세상에서는 물론 아이들이 더 적응력이 빠를 겁니다. 우리보다 앞서 나가긴 할 텐데요. 그 세계에서 중심을 잡고 자아를 찾아 나가는 역할은 부모님이 도와주셔야 해요. 아직 아이들은 세상을 대하는 리터러시가 약하니까요. 이렇게 다양한 분야의 리터러시 능력을 다뤄 주고 아이들을 파악하는 것이 미래에서 살아갈 인공지능 세대의 아이에게 반드시 도움이 될 것입니다. 힘드시더라고 믿음을 가지고 대화를 계속 해야 하는 이유지요.

## 우리 아이는 인공지능을 어떻게 활용할 수 있을까요?

우리 아이가 인공지능을 생활의 전반적인 곳에서 사용하고 있음을 알았다면요. 이제 인공지능을 어떻게 활용할 수 있을지를 알아보도록 하겠습니다. 10대 아이들은 인공지능을 활용해서 쉽게 정보 탐색을 할 수 있습니다. 지금도 부모님보다 더 빠르게 정보를 찾아낼 겁니다. 세대에 따라서 정보 검색의 양과 질의 차이가 나는데요. 인공지능을 활용하면 더 격차가 벌어지게 될 것입니다. 부모님과 아이들 사이의 격차도 존재하지만요. 활용할 수 있거나 없는 아이의 차이가 벌어질 것입니다. 인공지능은 그만큼 검색할 수 있는 정보가 방대하니까요.

인공지능은 스마트홈을 만들 것이고, 아이들이 그 기술을 활용할 수 있을 것입니다. 지금도 로봇을 활용해서 청소를 하는 가정이 많잖아요. 가전제품과 인공지능을 연동하여 스마트폰 하나로 가정의 물건을 제어할 수 있게 되겠지요. 아이들이 사용하는 도구들도 인공지능으로 업그레이드 될 것은 당연한 이치구요. 여기에 인공지능 기술을 활용한 개인 맞춤 기능이 생길 것입니다. 사용자의 연령이나 취향에 맞게 추천 알고리즘을 통해 원하는 영상이나 음악·책·영화 등을 추천해 주겠지요. 알고리즘이 추천하는 대로 즐기다 보면 자신의 취향이 더욱더 확고해질 것이구요. 알고리즘은 그것을 기억하고 더 개인화된 콘텐츠를 추천할 것입니다. 그야말로 맞춤형으로 서비스화되는 거죠.

인공지능 프로그래밍을 배우면 자신이 만들고 싶은 서비스를 쉽게 구현할 수 있습니다. 한때 코딩을 배우는 친구들이 많았는데요. 이제는 코딩이 문제가 아니에요. 핵심 아이디어가 중요해진 겁니다. 진짜 내가 만들고 싶은, 남과는 특화된 생각이 무엇인지가 중요하죠. 그것을 서비스로 구현해 주는 것은 인공지능이 알아서 해줄 테니까요. 이런 서비스를 게임에 접목시킨다면 그야말로 아이들이 원하는 게임을 쉽게 만들 수 있을 것입니다. 아이들의 아이디어와 취향을 반영해서 게임을 만들어 낼 것입니다. 생각만 해도 아이들이 신나할 것 같죠. 자율주행 자동차가 보편화되면서 이동 시간을 줄이고 삶을 즐기게 될 것입니다. 인공지능이 환경 문제나 사회 문제들에도 투입되어 조금이라도 나은 방향의 환경을 만드는 데 도움을 주겠지요. 이런 모든 활동의 중심에 우리 아이들이 함께할 것입니다. 기술은 하루가 다르게 변화할 것이고요. 융통성과 유연함을 지닌 아이는 인공지능과 함께 급격하게 성장하겠지요.

변화하는 세상에 대해 열린 사고를 가지는 것이 중요합니다. 아이들이 세상의 변화를 받아들이고 그에 맞게 자신을 변화시킬 수 있어야 하니까요. 언제까지나 정해진 규칙에 따라 생활하거나 변화를 거부하는 아이가 되지 않아야 합니다. 자신의 가치와 취향을 충분히 알고 펼칠 수 있는 아이로 말이지요. 인공지능의 변화에 맞게 우리 아이들도 성장하고 자랄 때 인공지능 세대로서 그 문화를 충분히 향유할 수 있게 되겠지요.

💬 **Talk to you**

**1. 인공지능을 활용해서 만들 수 있는 창작의 세계를 함께 경험해 보세요.**
인공지능으로 할 수 있는 게 많다면 직접 아이들과 경험해 보는 것이 필요하겠지요. 인공지능을 활용한 애플리케이션을 내려받아서 아이들과 함께 즐거운 활동을 해 보세요. 미리 경험하는 인공지능 세상 말입니다. 인공지능으로 음악을 작곡해 볼까요? 키보드와 기타, 드럼패드와 드럼 머신 등 밴드 악기 연주 모드를 활용해서 풀밴드 음악을 만들어 보는 거죠.

드럼을 게임하듯 터치해서 리듬과 비트를 만들고 녹음도 할 수 있습니다. 아이들이 작곡을 통해서 자신만의 감성을 표현해 보게 해 주세요. 그림도 그릴 수 있습니다. 요즘엔 웹툰 작가가 인기가 많잖아요. 웹툰을 쉽게 그릴 수 있는 애플리케이션을 활용하는 겁니다. 웹툰에 들어갈 대사만 적으면 자동으로 네 컷 만화가 만들어지는 앱도 있습니다. 스마트폰에 있는 펜을 활용해서 실제 웹툰을 그려볼 수 있어요. 체험할 수 있는 다양한 유형의 애플리케이션이 존재합니다.

자신이 만들고 싶은 챗봇도 만들어 볼 수 있습니다. 어떤 유형의 챗봇을 만들고 싶은지 생각해서 상상의 나래를 펼치는 거지요. 아이들 사이에서 인기 있는 것이 바로 내 마음대로 여친과 남친을 만드는 챗봇입니다. 심심한 사람들끼리 만나서 대화를 들어 주는 챗봇도 있습니다. 아이디어들이 어떻게 구현되는지 애플리케이션을 통해서 확인하고, 만들고 싶은 챗봇을 기획해 보는 겁니다. 당연히 게임도 만들어 볼 수 있겠지요.

글쓰기를 좋아하는 친구라면 시나리오를 써 주거나 악기를 만들 수도 있어요. 아이가 관심 있고 잘할 수 있는 분야를 선택해서 거기에 맞는 인공지능 기술을 더해 경험해 보게 하세요. 애플리케이션을 직접 구동해 보면서 아이의 재능과 관심을 찾을 수 있으니까요. 아이들과 새롭고 신기한 인공지능의 세계로 들어가 보세요.

**2. 우리 가정에서 필요한 것들 중에서 만들 수 있는 것들을 나눠 보세요.**
인공지능으로 만들 수 있는 것 중에서 우리 집에 꼭 필요한 것은 무엇이 있을까요? 인공지능을 활용해서 스마트홈을 꾸민다면 가전제품을 어떻게 바꾸고 싶은지 이야기를 나눠 보세요. 이미 나온 제품이 있는지 아이들과 함께 찾아보세요. 인공지능 기술로 벌써 구현된 상품도 있을 거구요. 아직 개발 중인 경우도 있을 거예요. 그 누구도 생각하지 못한 물건도 구상할 수 있겠지요. 그런 아이디어가 아이들의 자산이 돼요. 아이들이 상상하는 것들이 구현되는 것이 인공지능이니까요. 아이들과 함께 상상의 나라를 펼쳐 보세요. 누가 아나요. 먼 훗날에 아이와 함께 상상했던 기술이 상용화될지요. 그때 추억 삼아 이야기하겠죠. 우리가 대화에서 나눴던 이야기라구요. 혹시 그 아이템을 만드는데 우리 아이가 주역이 될 수도 있는 일이니까요. 즐거운 상상의 시간을 가져 보시길 추천드려요.

## 2. 대화형 인공지능

### 💬 바름이의 미디어 생활

챗GPT는 인공지능 연구재단 오픈에이아이(OpenAI)가 지난 12월 1일 공개한 초거대 인공지능 기반 챗봇으로, Generative Pre-trained Transformer(GPT)와 Chat의 합성어이다. 사용자가 대화창에 텍스트를 입력하면 그에 맞춰 대화를 나누는 서비스이다. 다른 챗봇들과 달리 챗GPT는 주고받은 대화와 대화의 문맥을 기억한다. 모종의 보고서나 실제로 작동하는 파이썬 코드를 비롯한 상세하고 논리적인 글을 만들어 낼 수 있다. 음악, 텔레플레이, 동화, 에세이를 작성하고, 시험 문제에 답할 수 있다. 시험에 따라 평균적인 인간 테스트 응시자보다 높은 수준으로 답한다. 시와 노래 가사를 쓰고, Linux 시스템을 모방하고, 전체 채팅방을 시뮬레이션 한다. 틱택토와 같은 게임을 하고, ATM을 시뮬레이션한다. 일부 저술가는 챗GPT가 놀라울 만큼 인간적이고 상세한 글을 생성할 수 있단다. 앞으로 이 문제가 학계에서 심각한 문제가 될 수 있다고 평가했다. (위키백과 참고) 사람들은 이제 구글 검색 시대는 끝났다고 말한다. 대화형 언어 사용 모델인 챗GPT가 얼마나 많은 활용도를 가지고 변화를 가져올지 기대와 우려가 크다.

## 대화형 인공지능의 등장

챗GPT는 텍스트 빅데이터를 학습한 대화형 인공지능(챗봇)입니다. 이제껏 우리는 많은 챗봇을 사용해 왔습니다. 그런데 왜 챗GPT가 뜨거운 이슈가 된 걸까요. 어떤 점이 다른 걸까요. 직접 챗GPT에 물어봤습니다. 챗(chat)을 할 수 있는 GPT 자동 회귀 언어 모델이라는 뜻의 챗GPT는 대량의 데이터 세트를 이용하여 학습한 언어 모델입니다. 문장을 생성하거나 다양한 자연어 처리 작업에 사용됩니다. 챗GPT는 대화형 챗봇으로 자연어 처리 기술로 자연스러운 대화를 제공합니다. 다양한 분야의 대화가 가능하고 주제에 맞게 답변하는 기술을 가지고 있지요. 최근에는 인터넷 검색이나 감성 분석 등 다양한 분야에서도 활용되고 있습니다.

챗GPT의 차별점을 아시겠나요? 이제껏 사용했던 챗봇은 원활한 대화를 하기는 어려웠습니다. 말을 잘못 알아듣거나 엉뚱한 대답을 해서 중간에 꺼버리는 경우도 꽤 많았는데요. 챗GPT는 조금 더 자연스럽게 대화를 할 수 있습니다. 인간의 언어를 이해하고 인간과 가까운 방식으로 대화를 할 수 있게 되었어요. 챗GPT를 많이 사용해 본 전문가들은 칭찬을 많이 해줄수록 더 좋은 결과를 보여 준다고 말할 정도입니다. 사람과 비슷하지요. 또한, 정치가 같은 면모가 있어서 이리저리 말을 피할 줄도 안다고 하니까요. 챗GPT의 대화 능력이 어느 정도인지 실감이 나지 않을 정도지요. 서비스 시행 두 달 만에 사용자 1억 명을 넘을 정도로 인기도 대단합니다. 아직은 오류가 많아 검증하는 중이긴 하지만요. 자연스러운 대화체에서 편안함을 느끼는 사람들도 많습니다. 오류는 차차 개선될 것이구요. 한번 편안함을 느낀 사용자들은 이를 활용할 것으로 보입니다.

챗GPT를 사용해 본 교사들은 교육 자료로 활용할 수 있을 거라고 전망했구요. 이에 따라 각종 학습지에서도 GPT를 활용해 새로운 교육 시장을 만들겠다며 열을 가하고 있습니다. 챗GPT에 물어서 리포트를 작성하는 학생들 때문에 대학은 벌써 골머리를 앓고 있답니다. 손으로 써서 내는 과제로 바꾼다고도 하고요. 챗GPT와 함께 쓴 책들이 불티나게 팔리고 있습니다. 도대체 얼마나 자연스럽게 대화를 하길래 그러는지 챗GPT에 몇 가지를 물어봤습니다. 답변을 보시며 챗GPT를 경험해 보세요.


## 챗GPT에 물었습니다.

**문:** 미디어 리터러시가 무엇이죠?

**답:** 미디어 리터러시는 매체(미디어)를 이용하는 과정에서 생각과 의사 결정을 하는 능력입니다. 즉 매체(미디어)를 이용해 정보를 수

집하고 분석하며, 그것을 바탕으로 자신의 생각이나 의견을 형성하는 능력입니다. 미디어 리터러시는 모든 미디어(신문, TV, 인터넷, SNS 등)가 활용되는 현대 사회에서 매우 중요한 역할을 합니다. 또한, 미디어 리터러시는 여러분들이 미디어를 적극적으로 활용하고, 올바르게 이해하며, 비판적으로 판단할 수 있게 하는 데에도 큰 역할을 합니다.

문: 미디어 리터러시를 향상시키는 방법에는 어떤 것이 있을까요?

답: 미디어 리터러시를 향상시키는 방법은 다양합니다. 가장 기본적인 방법은 미디어를 다양한 출처에서 수집하고, 그 내용을 비판적으로 분석하며, 다양한 시각에서 생각해 보는 것입니다. 또한, 미디어 사용 시 정보의 출처와 신뢰도를 확인하는 것도 중요합니다. 언론 보도에서 제목만 보고 결론을 내리지 말고, 내용을 확인하고 비교해 보는 것이 좋습니다. 또한, 다양한 분야의 지식과 상식을 갖추는 것도 미디어 리터러시를 향상시키는 데 도움이 됩니다. 마지막으로, 미디어 교육 프로그램을 참여하는 것도 좋은 방법입니다. 이러한 미디어 교육 프로그램은 미디어 리터러시를 높이는 데에 매우 효과적입니다.

문: 사실과 진실의 차이는 무엇인가요?

답: 사실은 현재 일어나고 있는 사건이나 상황에 대한 객관적인 정보를 뜻합니다. 예를 들어, "오늘은 2021년 10월 20일이다"와 같은 것입니다. 반면에 진실은 사실에 대한 인식이나 해석입니다. 진실은 개인의 경험과 가치관, 문화 등에 따라 달라질 수 있습니다. 예

를 들어, "이 세상에는 재미있는 것이 많다"와 같은 것이죠. 누가 어디서 판단하느냐에 따라 결과가 달라질 수 있습니다. 사실은 객관적이고 일반적으로 공유할 수 있는 정보이며, 진실은 개인적인 경험과 가치관에 따라 달라지는 것입니다.

**문:** 진짜 뉴스와 가짜 뉴스를 구분하는 방법은?

**답:** ① 신뢰할 수 있는 출처를 확인해 보세요. 뉴스가 발행되는 매체의 신뢰성을 확인하는 것이 중요합니다. ② 뉴스의 내용을 비판적으로 분석하세요. 뉴스가 전하는 내용을 잘 읽고, 비판적으로 생각해 보면서 그 내용이 사실인지, 편향되어 있는지 등을 판단해 보세요. ③ 다른 매체에서도 해당 뉴스를 보도하고 있는지 확인해 보세요. 여러 매체에서 동일한 내용을 보도하고 있으면, 해당 뉴스의 신뢰도가 높습니다. ④ 사실과 다른 내용을 보도하는 뉴스는 가짜 뉴스일 가능성이 높습니다. 이때 신뢰할 수 있는 출처에서 뉴스를 다시 확인해 보는 것이 좋습니다. ⑤ 뉴스의 제목만 보고 결론을 내리지 말고, 내용을 꼼꼼히 읽어 보세요. 제목과 내용이 맞지 않는 경우, 해당 뉴스의 신뢰도가 떨어질 수 있습니다. 이러한 방법들을 활용하면 진짜와 가짜 뉴스를 구분할 수 있습니다.

어떤가요? 제가 이 책을 쓴 노고가 안쓰러울 정도로 일목요연하게 정리해서 보여 줍니다. 이것은 챗GPT의 시작에 불과합니다. 글을 써내는 능력뿐 아니라 그림을 읽어 내는 등 새로운 능력으로 업그레이드되고 있어요. 챗GPT는 이제 우리 삶을 바꿔 놓을 아주 중요한 도구가 될 전망입니다.

### 1. 아이들과 함께 챗GPT를 사용해 보세요.

챗GPT에 가입하여 아이들과 함께 체험해 볼까요? https://chat.openai.com.에 접속하면 어렵지 않게 가입할 수 있습니다. 유료 버전에 가입하면 더 많은 정보를 얻을 수 있는 것은 물론이겠지요. 챗GPT의 경우 사용 연령에 제한이 있습니다. 아이들이 쓸 수는 없는데요. 부모님과 함께 사용해 보도록 하세요. 아이들이 궁금해 하는 것을 챗GPT로 묻고 답변을 들어보는 겁니다. 영어로 간단하게 물어봐도 좋구요. 영어 답변과 한글 답변을 비교해 봐도 됩니다. 아이들이 궁금증이 꼬리에 꼬리를 물고 생겨날 텐데요. 그걸 다 묻고 답하는 과정을 함께 지켜보세요. 아이들이 신기해하고 재미있어 할 겁니다.

지식이나 검색에 대한 질문도 좋지만 감성을 표현하는 것도 좋습니다. 챗GPT가 가장 잘할 수 있는 일이니까요. 다른 인공지능과의 차이점을 알기 위해서 그렇게 사용해 보는 것이 좋습니다. 기분이 안 좋을 때 10대에게 들려주고 싶은 음악을 물어보면 어떨까요? 다른 챗봇과 다르게 감정을 범주화해서 검색할 수 있음에 놀랄 것입니다. 또한, 아이들과 정보 검색이 아니라 말장난을 시켜 보세요. 때로는 칭찬도 해 보고요. 대화가 된다고 느낄 거예요.

이제까지의 챗봇은 "제가 잘 알아듣지 못했습니다."라는 대답을 내놓았었는데요. 챗GPT는 어떻게든 대답을 해 준다는 차이를 확실하게 느낄 수 있을 것입니다. 아이들이 말로만 듣는 것과 직접 경험하는 것은 큰 차이가 있습니다. 아이들이 부모님과 함께 다가올 인공지능 세상을 체험하도록 해 주세요.

## 2. 챗GPT를 사용하고 난 후 느낌을 나눠 봐요.

몇 번 챗GPT를 경험하고 나서 느낌을 나눠 보세요. 아이들이 "재미있었다."라고 단순하게 말하기보다는 챗GPT를 분석해 보라고 말이에요. 아이들의 사고력을 키울 수 있는 대화겠지요. 아이들이 써 보고 나서 좋았던 점과 불편했던 점을 말할 겁니다. 미디어에서 챗GPT에 관련된 뉴스를 몇 개 찾아보세요. 아이들이 생각했던 사용 후기와 어떻게 다른지 비교해 보는 거죠. 아이들이 직접 체험해 본 챗GPT이기 때문에 관심 있게 찾아볼 거예요. 아이들과 함께 성장하고 능력이 커질 챗GPT입니다. 언제까지 아이들이 못 쓰게 할 수 만은 없잖아요. 아이들이 반드시 써야 한다면 장단점을 구분하여 분별 있게 쓰도록 도와줘야겠지요.

인공지능 사용에도 예의와 지켜야 할 선이 있잖아요. 그 부분도 나눠 주시면 좋습니다. 선정적인 어휘나 질문은 챗GPT가 차단하니까요. 그런 부분에서 좋은 점을 나눠 보는 것도 좋겠습니다. 아이들이 써 보고 후기를 나누면서 앞으로 달라질 챗GPT도 꾸준히 경험하게 해 주세요. 그때마다 개선된 점을 나누면서요. 아이들이 인공지능을 이해하고 바르게 쓰는 데 도움이 될 거예요.

# 3. 챗GPT 리터러시

## 💬 바름이의 미디어 생활

챗GPT로부터 좋은 답변을 받아 내는 방법은 무엇일까? 같은 인공지능을 사용해도 질문에 따라 다른 답변을 받을 수밖에 없다. 핵심을 잘 따져서 챗

GPT가 중요한 답변을 할 수 있도록 질문을 해야 한다. 챗GPT가 알려주는 인공지능에 질문하는 방법은 무엇일까?

1. 질문을 명확하게 작성하기: 인공지능은 정확하게 작성된 질문을 이해하고, 적절한 답변을 제공한다. 질문을 명확하고 구체적으로 작성하는 것이 중요하다.

2. 키워드 활용하기: 키워드를 활용하여 질문을 작성하면 인공지능이 정확한 답변을 제공할 수 있다.

3. 자연어로 질문하기: 일상적인 언어로 질문을 작성하면 인공지능이 쉽게 이해하고, 적절한 답변을 제공할 수 있다.

4. 단순한 질문하기: 인공지능은 단순한 질문에 대해서도 빠르게 답변을 제공할 수 있다. 따라서 복잡한 질문보다는 단순하고 명료한 질문을 작성하는 것이 좋다.

5. 대화의 흐름 유지하기: 인공지능은 대화의 흐름을 유지하는 것이 중요하다. 따라서 이전에 제공된 답변을 바탕으로 적절한 질문을 작성하는 것이 좋다.

좋은 질문을 하는 것은 정확하고 질 좋은 답변을 받아 내는 첫 번째 비결이다. 아이들이 좋은 질문을 골라 질문하여 인공지능에서 최적의 답변을 받아 낼 수 있도록 하는 것이 인공지능, 챗GPT 리터러시의 첫 번째 관건이라 할 것이다. 질문을 하되 다음과 같은 점을 유의하는 것이 좋다.

1. 질문의 목적과 범위를 정확히 이해하기: 인공지능에 질문하기 전에 목적과 범위를 정확히 이해해야 한다. 예를 들어 특정 분야에 대한 질문인

지, 일반적인 상식에 대한 질문인지 구분하여 작성해야 한다.

2. 질문의 구체성과 명확성: 인공지능은 구체적이고 명확한 질문에 대해서만 정확한 답변을 제공할 수 있다. 추상적이거나 모호한 질문은 지양해야 한다.

3. 키워드와 문맥의 활용: 인공지능은 질문에서 사용된 키워드와 문맥을 파악하여 적절한 답변을 제공한다. 따라서 키워드와 문맥을 적절히 활용하여 질문을 작성해야 한다.

4. 정확한 문법과 철자: 인공지능은 올바른 문법과 철자를 가진 질문에 대해서만 올바른 답변을 제공할 수 있다. 올바른 문법과 철자를 사용하는 것이 중요하다.

5. 대화의 흐름 유지: 인공지능과 대화의 흐름을 유지하는 것이 중요하다. 이전에 제공된 답변을 바탕으로 적절한 질문을 계속해서 작성하고, 대화의 흐름을 유지해한다.

따라서 인공지능에게 질문할 때는 질문의 목적과 범위를 정확히 이해하고, 구체적이고 명확한 질문을 작성하는 것이 중요하다. (AskUp 제공)

## 챗GPT 리터러시

챗GPT를 활용하여 미디어와 뉴스를 제대로 읽고 쓰는 능력을 어떻게 늘릴 수 있을까요? 바로 인공지능 기술을 활용한 뉴스 팩트체크 서비스를 이용하는 것입니다. 이 서비스는 뉴스 내용을 분석하여 진실 여부를 판단해 주는 서비스예요. 아이들이 팩트체크를 할 때 어려워하는 점을 인공지능이나 챗GPT가 도와줄 수 있습니다.

또한, 인공지능 기술을 활용하여 뉴스가 유통되는 경로를 분석합니다. 가짜 뉴스의 경우, 일부 불법적인 경로를 통해 유통될 가능성이 높아요. 이를 분석하여 가짜 뉴스 여부를 판단할 수 있습니다. 뉴스 내용의 키워드도 분석할 수 있습니다. 가짜 뉴스의 경우, 특정 키워드나 문구가 자주 등장하는 경향이 있지요. 이를 분석해서 가짜 뉴스 여부를 판단할 수 있습니다. 인공지능 기술을 활용하여 뉴스 발신자의 신뢰도를 분석합니다. 가짜 뉴스의 경우, 발신자가 불분명하거나 신뢰성이 떨어지는 경우가 많습니다. 이를 분석하여 가짜 뉴스 여부를 판단할 수 있지요.

뉴스 내용에 포함된 이미지를 분석할 수도 있습니다. 가짜 뉴스의 경우, 이미지가 가공되었거나 다른 뉴스에서 가져온 것일 가능성이 높습니다. 이미지를 분석하여 가짜 뉴스 여부를 판단할 수 있습니다. 이외에도 인공지능 기술을 활용하여 가짜 뉴스와 진짜 뉴스를 구분하는 방법은 다양하게 존재합니다. 앞으로 개발되기도 할 거구요.

하지만 인공지능 기술만으로 완벽하게 판단하는 것은 어렵습니다. 인공지능이나 챗GPT는 수많은 자료로 판단을 하니까요. 잘못된 정보가 기정사실화되면 바로 잡기 힘들 수 있습니다. 아무리 인공지능이나 챗GPT가 우리 삶에 지대한 영향을 준다고 해도 판단은 각자의 몫입니다. 그래서 아이들이 다양한 미디어를 접하면서 리터러시 능력을 키우는 것이 어느 때보다 중요합니다.

하나의 판단이 나의 자유 의지대로 결정하는 것이라고 생각하기 쉽지만 아닙니다. 알고리즘의 영향을 받고 있음을 부인하기가 힘든 세상입니다. 이 말은 알고리즘에 우리가 조정당할 수도 있다는 것입니다. 많은 분야에서 영향력을 늘리고 있어 인식하지 못하고 있을 뿐이지요. 아이들이 살아갈 세상은 더 많은 알고리즘이 선택하는 세상이 될 것입니다. 인공지능 세대인 아이들은 어려서부터 알고리즘을 활용한 판단에 너무나 익숙해져 버렸으니까요. 자료를 찾아보고 분석하며 비판적 안목으로 판단하는 리터러시 능력은 아이들에게 핵심 역량이 될 것입니다. 아이들이 더 흔들리기 전에 중심을 잡고 교육을 해 주어야 하는 이유는 이것만으로도 충분하겠지요.

## 챗GPT를 학습에도 활용해 볼까요?

챗GPT에 물었습니다. "챗GPT를 학습에 활용하기 위해서 어떤 능력이 필요할까?"라고 말입니다. 인공지능이 대답한 챗GPT를 효과적으로 활용하기 위해 학습자가 아래와 같은 능력을 갖춰야 한다고 해요.

**첫째,** 학습자는 챗GPT와 대화를 하면서 자신의 궁금한 것을 명확하고 구체적으로 전달할 수 있는 능력이 필요합니다. 이를 위해서는 학습자가 자신이 찾고자 하는 내용에 대해서 충분히 생각하고, 질문을 명확하게 정리하는 것이 중요합니다.

**둘째,** 학습자는 챗GPT와 대화를 하면서 자신이 이해한 내용을 정확하게 파악하는 능력이 필요합니다. 학습자가 챗GPT가 제공하는 답변을 꼼꼼하게 읽고 이해하는 것이 중요합니다.

**셋째,** 학습자는 챗GPT와 대화를 하면서 자신이 모르는 것을 찾아내는 능력이 필요합니다. 학습자가 자신의 지식수준을 파악하고 부족한 부분을 찾아내는 것이 중요합니다.

**넷째,** 학습자는 챗GPT와 대화를 하면서 자신의 의견을 제시하고, 참고할 만한 자료를 찾아내는 능력이 필요합니다. 이를 위해서는 학습자가 자신의 생각을 분명하게 표현하고, 관련 자료를 찾아보는 습관을 가지는 것이 중요합니다.

아무리 인공지능 세대라 해도 자신의 지식과 생각이 중요하다고 말합니다. 그것을 키우기 위해서 이 책을 읽고 연습하는 거잖아요. 미래에는 이러한 능력을 키워 나가는 노력을 기울여야 할 것입니다.

어떤가요. 아이들이 학습하는 데 인공지능이 많은 도움이 되겠지요. 챗GPT를 사용해 본 교사들은 인공지능 활용 교수 활동이 아이들에게 무척 도움이 될 거라는 사실에 동의합니다. 학습적인 면 이외에도 아이들에게 도움이 되는 면이 있습니다. 바로 커뮤니케이션 능력이지요. 아이들에게 학습만큼 중요한 것이 커뮤니케이션 능력입니다. 챗GPT를 통해서 어떻게 커뮤니케이션 능력을 키울 수 있을까요?

인공지능 시대에는 전문성뿐만 아니라 다양한 배경과 경험이 필요합니다. 이를 위해서 여러 분야의 사람들과 관계를 맺고 소통하는 것이 중요해요. 다른 사고와 관점, 가치관을 배울 수 있으니까요. 회의나 발표, 프레젠테이션 능력들을 개발하면서 다양한 사람과 교류할 수 있는 공간을 확보하고 활동할 수 있어야 합니다. 이메일과 채팅, 비디오 회의를 통해서 커뮤니케이션을 하고, 상대방과 의견을 나눠 보면서 도움을 받을 수 있습니다. 세계의 어떤 사람과 대화를 하더라도 원활한 의사소통을 하도록 챗GPT가 도와줄 것입니다.

---

**1. 질문의 방법에 따라 달라지는 챗GPT의 답변을 비교해 보세요.**

질문을 어떻게 하느냐에 따라 챗GPT의 답변이 달라집니다. 무작정 궁금한 것을 묻는다고 정확한 답변을 주지 않습니다. 질문하는 법을 잘 모르고 어색해하는 아이들에게 챗GPT는 어려운 존재입니다. 과연 어떻게 질문할 때 더 정확하고 질 높은 답변을 얻을 수 있을까요? 아이들과 다양한 유형의 질문으로 연습해 보세요. 몇 번 질문을 입력하다 보면 아이들도 느끼게 될 거예요. 질문에 따라 답이 달라진다는 사실을요. 아이들과 어떻게 질문을 했을 때 답이 잘 나오는지 의견을 나눠 보시는 겁니다.

챗GPT는 한 가지 주제에 대해서 맥락과 함께 질문하는 것을 좋아합니다. 어떤 상황의 누구를 위한 것인지 등 단순한 주제뿐 아니라 상황을 설명해 주면 좋습니다. 미디어 리터러시에 대한 유튜브 영상을 만들 대본을 써 준다고 칩시다. 그때 미디어 리터러시 중에서도 '챗GPT 리터러시에 대한 내용을 10대 학생에게 소개할 때'라는 맥락을 넣어 주면 더 잘 이해하고 답변합니다.

양과 형식을 정해 주면 더더욱 좋겠지요. 10분 분량의 영상을 대화체로 대본을 써 달라고 하면 어때요. 아이들이 대본을 구어체로 바꾸는 수고를 덜 수 있을 것입니다. 자세하게 질문을 구조화하면 챗GPT가 원하는 답변을 쉽게 주겠지요. 이러한 경험을 아이들과 함께해 보세요. 관련된 상황과 주제를 연결해서 양과 형식을 정해서 질문해 보는 거죠. 효과적인 질문의 방법을 알아내는 데 도움이 될 거예요.

## 2. 챗GPT를 학습에 활용한다면 어떻게 사용할까요?

인공지능이 이렇게 사용하기 편리하다면 아이가 공부하거나 커뮤니케이션하는 데 활용해 봐도 좋겠지요. 학습에 사용할 수 있는 방법들을 찾아보세요. 어떻게 그 방법을 적용할지 이야기를 나누세요. 아이들이 구체적인 방법들을 생각하면서 활용할 수 있도록요. "챗GPT에게서 답을 얻어서 숙제를 완성하겠다."라는 아주 손쉬운 답변을 내놓는 아이도 있을 수 있어요. 이런 활용은 곧 금지될 것입니다. 너도나도 챗GPT에서 답을 얻어 과제를 작성한다면 판단할 수가 없겠지요. 평가의 목적인 아이들의 역량을 기르는 것과 무관해질 테니까요. 교육에서 그렇게 활용될 리가 없겠지요. 그런 단순한 방법 말고 진짜로 활용할 수 있는 길을 찾아보게 하는 거죠.

예를 들어 챗GPT와 대화를 하면서 자신이 모르는 것을 찾아내 보세요. 나의 지식수준을 정확하게 판단하는데 챗GPT를 활용할 수 있겠지요. 혹은 챗GPT와 대화를 하면서 자신의 의견을 제시하고, 참고할 만한 자료를 찾아낼 수도 있을 거예요. 여기서 중요한 것이 자신의 의견입니다. 자신의 생각을 분명하게 가지고 있을 때 관련 자료를 찾기가 수월하지요.

자신의 생각이 명확해야 합니다. 인공지능에 의지해 좌우되었다가는 어떤 필요한 정보도 찾기가 어려워요. 챗봇을 어떻게 활용할지를 생각하다 보면 아이도 깨닫게 될 거예요. 인공지능을 활용하기 위해 중요한 것이 자신의 생각이라는 것을요. 주관이 있고 주장하는 바가 있을 때 도움 자료로 활용할 수 있어요. 인공지능의 생각을 그대로 받아들이는 것은 위험합니다. 자신의 생각을 바로 세우고 그것을 인식하는 것이 진정한 리터러시의 출발점이니까요. 아이와 대화를 통해서 개념을 정립할 수 있도록 도와주세요.

# 4. 챗GPT 시대 생존 전략

## 💬 바름이의 미디어 생활

챗GPT가 제공하는 답변을 그대로 믿을 수 있을까? 인공지능이 판단하는 인공지능 답변의 정확성 판단을 위해 필요한 방법들을 알아보자.

1. 다른 정보원을 활용하기: 인공지능이 제공하는 답변을 다른 정보원과 비교하여 확인할 수 있다. 예를 들어 검색 엔진을 이용하여 동일한 질문에 대한 여러 정보원을 비교할 수 있어야 한다.

2. 정보의 출처 확인하기: 인공지능이 제공하는 답변의 출처를 확인할 수 있다. 출처가 신뢰성 있는 경우, 인공지능이 제공하는 답변도 더욱 신뢰성이 높아진다.

3. 질문의 명확성 확인하기: 질문의 명확성을 확인하여 인공지능이 이해한 바와 질문의 내용이 일치하는지 확인할 수 있다. 명확하지 않은 질문은 인공지능이 잘못된 답변을 제공할 가능성이 높다.

4. 추가적인 검증 필요성 평가하기: 인공지능이 제공하는 답변이 중요한 결정을 내리는 데 사용될 경우 추가적인 검증이 필요하다. 이 경우, 인공지능이 제공하는 답변을 참고하면서도 조심스럽게 판단해야 한다.

5. 인공지능의 성능 평가하기: 인공지능의 성능을 평가하여 정확도를 확인할 수 있다. 성능 평가는 인공지능 개발자나 전문가들이 진행하는 경우가 많으며, 인공지능이 제공하는 답변이 어느 정도 신뢰할 수 있는지 판단하는 데 도움을 줄 수 있다.

따라서 인공지능이 제공하는 답변이 정확한지 판단하기 위해서는 다양한 방법을 활용하여 검증해야 한다. (AskUp 제공)

## 인공지능 시대 생존 전략

인공지능 중 하나인 AskUp에게 물었습니다. 인공지능 시대의 생존 전략에 대해서요. 인공지능 챗봇이 이렇게 대답해 주었습니다.

### 1. 지속적인 학습과 발전

: 인공지능 기술은 빠르게 발전하고 있습니다. 이에 따라 기술에 대한 이해와 학습은 지속적으로 이루어져야 합니다. 또한, 새로운 기술과 트렌드를 파악하고 적용하는 능력도 중요합니다.

### 2. 창의적이고 문제 해결 능력 강화

: 인공지능 시대에서는 각종 문제를 해결하는 능력이 요구됩니다. 이를 위해 창의적인 사고와 문제 해결 능력을 강화하는 것이 필요합니다. 또한, 인공지능 기술을 활용하여 문제를 해결하는 방법을 연구하고 개발하는 것도 중요해요.

### 3. 커뮤니케이션 능력 강화

: 인공지능 기술은 사람과 기계 간의 상호작용을 중요시합니다. 따라서 인간과의 커뮤니케이션 능력이 필요합니다. 특히 다양한 배경과 경험을 가진 사람들과의 소통 능력이 중요합니다.

## 4. 새로운 비즈니스 모델 및 서비스 개발

: 인공지능 기술은 새로운 비즈니스 모델과 서비스 개발을 가능하게 합니다. 이를 활용하여 새로운 시장을 개척하고, 새로운 가치를 창출하는 것이 중요합니다.

## 5. 윤리적인 책임과 역할 수행

: 인공지능 기술은 사회적 영향력이 큰 기술입니다. 이에 따라 윤리적인 책임과 역할 수행이 필요합니다. 인공지능 기술을 활용할 때, 인간 중심의 접근과 윤리적인 책임을 고려하는 것이 중요합니다.

위와 같은 생존 전략을 바탕으로 지속적인 학습과 개발, 창의적인 사고와 문제 해결 능력 강화, 커뮤니케이션 능력 강화, 새로운 비즈니스 모델과 서비스 개발, 윤리적인 책임과 역할 수행 등을 통해 인공지능 시대를 성공적으로 대처할 수 있습니다.

그럼 10대의 생존 전략을 뭐라고 답할까요. 인공지능이 대답한 인공지능 시대 10대의 생존 전략은 이렇습니다.

## 1. 인공지능 기술에 대한 이해

: 인공지능 기술은 빠르게 발전하고 있습니다. 10대들은 인공지능 기술의 발전 방향과 영향력을 이해하고, 적극적으로 학습해야 합니다.

## 2. 창의력과 문제 해결 능력:

: 인공지능이 대부분의 루틴 업무를 대신 수행하게 됨으로써 창의력과 문제 해결 능력은 더욱 중요해집니다. 10대들은 다양한 문제

를 창의적으로 해결하는 능력을 기르는 것이 필요합니다.

### 3. 전문성과 기술력

: 인공지능 기술은 다양한 분야에서 사용됩니다. 10대들은 자신이 관심 있는 분야에서 전문성을 쌓고, 필요한 기술력을 습득해야 합니다.

### 4. 윤리적 사고와 책임감

: 인공지능 기술은 사람들의 삶과 일상생활에 큰 영향을 미칩니다. 10대들은 인공지능 기술의 사용과 발전에 대한 윤리적 사고와 책임감을 가지고, 적극적으로 참여해야 합니다.

### 5. 인간적인 감성과 소통 능력

: 인공지능은 인간의 감성과 소통 능력을 대체할 수 없습니다. 10대들은 인간적인 감성과 소통 능력을 기르는 것이 필요합니다.

교사가 필요할까 싶을 정도로 인공지능이 훌륭한 답을 내놓고 있네요. 그럼에도 기계에만 의존할 수 없는 인간만의 리터러시는 존재하지 않을까요? 진짜 인공지능이 답한 대로만 살면 챗GPT가 주도하는 세상에서 우리 아이들이 잘 살아갈 수 있을지 의문입니다.

## 인공지능을 넘어선 인간의 역량을 키워 주세요.

2023년 챗GPT로 온 세상이 시끄럽습니다. 성큼 다가온 인공지능 대화형 챗봇으로 인해 달라질 일상을 기대하지만, 장점과 단점에 대해서 전문가들조차 의견이 분분합니다. 챗GPT-4 버전에서 그림을 분석하는 능력이 포함되었습니다. 대화를 하며 이미지까지 분석하는 눈을 가진 챗GPT의 가능성은 무궁무진해졌습니다.

챗GPT의 발전에 따라 달라질 세상이 기대도 되지만 두려움도 생깁니다. 이 인공지능을 제대로 활용하거나 그렇지 않은 아이 사이의 격차는 벌어질 수밖에 없으니까요. 교육에서도 다양하게 쓰일 챗GPT가 아이들의 쓰기 능력에 어떤 영향을 줄지 걱정입니다. 평가의 방향이 급격하게 쓰기에서 말하기로 변화하면서 아이들이 준비할 것은 무엇일지 의문점도 생기는데요. 자칫하면 시대의 흐름에 뒤처질 수밖에 없어요. 챗GPT를 어떻게 활용해서 우리 아이들이 능력을 제대로 활용할 수 있도록 도울지 고민해야 합니다.

여기서 우리가 잊지 말아야 할 것이 있습니다. 인공지능이 많은 일을 할 수 있고 가능성도 무한하지만, 그 인공지능을 다루는 것은 인간이라는 사실입니다. 예를 들어 볼까요. 챗GPT는 여성과 유색 과학자들이 백인과 남성 과학자들보다 열등하다고 판단합니다. 이것은 무엇을 의미할까요? 세상에 전반적으로 통용되는 정보를 모아서 전달할 뿐 챗GPT에는 판단력이 없다는 것입니다. 누군가 분명한 목적을 가지고 챗GPT에 가짜 정보를 무한 입력하면 가짜 뉴스를 얼마든지 만들어 낼 수 있다는 것입니다. 이를 어떻게 분별해 낼 수 있을까요? 교묘하게 작성된 가짜 정보를 걸러 내기는 쉽지 않을 것입니다. 앞으로 가짜 뉴스와 허위 정보가 더더욱 판을 칠 수 있다는 것입니다.

우리가 인공지능의 정보를 받아들이는 데만 포인트를 맞춘다면요. 제대로 된 식별도 없이 가짜 정보가 퍼져 나갈 수 있습니다. 인공지능이 발전되고 더 많은 정보를 쉽게 얻으면 얻을수록 아이들의 비판적 사고력과 판단력, 미디어 리터러시 능력은 중요해질 수밖에 없습니다. 아이들이 어려서부터 많은 미디어를 접하는 만큼 하나의 미디어를 대할 때 정보를 판단할 수 있도록 도와줘야 합니다. 앞으로 아이에게 가장 중요한 능력은 미디어 리터러시 능력임을 잊지 마십시오. 세상의 현상을 판단하고 중심을 잡아야 할 존재는 기계가 아닌 바로 인간입니다. 함께 공부하세요. 인공지능 세상에서도 흔들리지 않는 아이로 성장할 수 있을 것입니다.

마지막으로 인공지능에게 물었습니다. 인공지능에게 미디어 리터러시를 적용하기 위해서는 어떻게 해야 하느냐구요. 챗봇이 대답합니다.

### 1. 출처 확인

: 인공지능이 제공하는 정보의 출처를 확인하여 신뢰성이 높은 정보를 선별합니다.

### 2. 다양한 정보원 활용

: 인공지능이 제공하는 정보를 다양한 정보원과 비교하여 신뢰성을 높입니다.

### 3. 정보의 다양성 인식

: 인공지능이 제공하는 정보의 다양성을 인식하여 다양한 시각에서 정보를 받아들이며, 이를 활용하여 더욱 전체적인 시각을 형성합니다.

### 4. 정보의 가치 평가

: 인공지능이 제공하는 정보의 가치를 평가하여 어떤 정보가 중요하고 유용한 정보인지 파악합니다.

### 5. 비판적 사고 활용

: 인공지능이 제공하는 정보에 대해 비판적 사고를 활용하여 정보의 편향성이나 선입견을 파악하고, 이에 대한 대처 방안을 제시합니다.

### 6. 정보의 활용 방법 인식

: 인공지능이 제공하는 정보를 활용하는 다양한 방법을 인식합니다. 예를 들어 정보를 공유하거나, 인용하거나, 출처를 표기하는 등의 방법으로 정보를 활용합니다.

이와 같은 미디어 리터러시 적용 방법을 활용하여 인공지능이 제공하는 정보를 더욱 잘 활용할 수 있습니다.

모두 맞는 이야기지만 하나하나 따져보면 실행하기가 쉽지 않습니다. 하지만 아이를 위해서 기꺼이 노력해야 할 것입니다. 이 책에서 다룬 대화들이 부디 인공지능 네이티브로 살아갈 아이들의 미디어 리터러시 역량에 근간이 되었으면 좋겠습니다.

💬 **Talk to you**

---

**1. 챗GPT 세상에서 나만의 생존 전략을 수립해 보세요.**

챗GPT 세상에서 10대들의 생존 전략을 챗봇이 대답해 주었습니다. 어떤 것을 내 전략으로 삼을 것인지 생각해 봐야겠지요. 그러려면 인공지능의 발전 방향과 영향력을 이해하는 것이 우선되어야 합니다. 인공지능에 대해서 꾸준히 관심을 가지고 활용해 보면서 어떤 도구로 사용할지 결정해 나가야 하는 거죠. 편리하다고 무조건적으로 수용하면 문제가 생길 수 있습니다. 자기 생각이 사라지고 인공지능의 지시대로만 움직이게 될 테니까요. 이런 아이는 편하기는 하겠지만 행복하지 않을 것입니다. 힘들더라도 자신의 생각을 갖고 실현해 나가는 것에서 행복을 찾을 수 있으니까요.

아이들 스스로 인공지능에 어떤 영향력을 허락할지 결정할 필요가 있어요. 또한, 관심 있는 분야에서 전문성을 쌓아야 인공지능 시대에 더불어 살아갈 수 있습니다. 자신만이 가진 핵심 지식과 경쟁력이 있어야 해요. 그러지 않고서는 기계보다 못한 인간이 될 수밖에 없습니다. 인공지능 기술에 있어서 윤리적인 사고와 책임감을 어떻게 가질지도 생각해 봐야겠지요. 앞으로 기술이 발전할수록 인공지능의 도덕성에 대한 문제는 커질 수밖에 없습니다. 그만큼 챗봇을 이용해서 사익을 채우고자 하는 사람이 늘어날 테니까요.

아이들이 윤리성을 키우고 바른 도덕 관념을 가져 기계를 바르게 운용할 능력이 필요합니다. 이러한 역량의 필요성을 알고 자신만의 생존 전략을 어떻게 키워 나갈지 생각할 수 있는 시간을 주세요. 물론 이 생각은 아이들만 하는 것은 아니지요. 가족이 모두 모여 대화를 해 보고 생각을 나눠 보세요. 각자의 생존 전략에 도움이 될 것입니다.

## 2. 챗GPT의 윤리성에 대해 알아보고 판단의 주인이 되어야 함을 인식하게 하세요.

챗GPT의 도덕성에 대해 걱정하는 시선이 많습니다. 사람들이 대화할 때는 대화의 내용보다는 태도나 뉘앙스를 함께 보잖아요. 태도에서 문제를 찾아 거짓을 구별하기도 하는데요. 챗GPT는 오로지 텍스트만을 학습하죠. 가짜 뉴스에 대한 분별력이 낮은 것이 사실입니다. 맥락을 이해하거나 상황을 판단하지 못한 채 정보만으로 답을 내놓기 때문이지요. 틀린 정보도 그럴싸하게 꾸며서 말하는 인공지능의 환각에 빠지지 않도록 조심해야 합니다.

또한, 대량의 데이터를 모을 때 저장하는 정보가 믿을 수 있는가에 대한 의문도 생깁니다. 인터넷상에 올라와 있으면 모두 수집해서 모으는데요. 얼마나 많은 거짓 뉴스가 업데이트되어 있을까요. 알 수 없습니다. 이미 공부하면서 가짜 뉴스의 위험성에 대해서 배웠잖아요. 챗봇은 그 부분을 고려하지 못합니다. 이런 식의 문제들로 인공지능은 도덕성에 부족함을 가질 수밖에 없습니다. 결국 이것을 걸러 내야 하는 것은 인간의 비판적 사고력입니다. 이를 아이들이 분명하게 파악할 수 있도록 해야겠습니다.

또한, 인공지능은 미래를 볼 수 없는 만큼 자신의 앞날을 결정해야 하는 것은 개인의 몫입니다. 그 결과에 대한 책임조차 개인이 감당해야지요. 이를 아이들이 파악하고 제대로 된 분별력을 키워나갈 수 있어야 함을 인식하게 하세요. 대화를 통해서 알려 주셔야 합니다. 인공지능 세상에서 주체로 살아가는 방법에 대해서 말이에요. 정답은 부모님도 모르잖아요. 아이와 함께 이야기 나눠 보세요. 아이가 부모님보다 다양한 방법을 제시할지도 모릅니다. 아이들의 가능성은 그 어떤 인공지능보다 무궁무진하니까요. 인공지능을 능가하는 인간만의 창의성과 독창성을 격려하고 키워 주세요.

### 💬 챗GPT로 미디어 리터러시 달인 되기

미디어 리터러시에서 가장 중요한 것은 다양한 매체에서 전하는 정보를 비판적으로 분석하고, 이를 통해 자신의 생각을 형성할 수 있는 능력입니다. 미디어 리터러시란, 매체에서 전하는 정보를 이해하고 분석할 수 있는 능력을 의미합니다. 따라서 미디어 리터러시를 갖춘 사람은 다양한 매체의 정보를 비판적으로 평가하고, 필요한 정보를 적극적으로 수집하며, 자신의 생각을 형성할 수 있습니다. 이는 현대 사회에서 매우 중요한 능력입니다. 미디어 리터러시를 갖춘 사람은 뉴스나 기사를 읽을 때, 그 내용을 비판적으로 분석해요. 정보의 출처와 신뢰성을 확인하며, 다양한 시각에서 생각해 볼 수 있습니다. 이러한 능력은 개인적인 의사 결정이나 사회적인 문제 해결에 큰 도움이 될 수 있습니다. 미디어 리터러시는 현대 사회에서 가장 중요한 능력 중 하나로 평가됩니다.

이를 위해 가정에서 할 수 있는 활동은 아래와 같습니다.

1. 다양한 미디어 콘텐츠 접하기: 가족들과 함께 다양한 뉴스, 영화, TV 프로그램, 게임 등을 함께 즐기며 다양한 콘텐츠를 접할 수 있도록 노력해 보세요.

2. 뉴스 분석하기: 가족들과 함께 뉴스를 보면서 그 내용을 비판적으로 분석하고, 다양한 시각에서 판단해 볼 수 있도록 노력해 보세요. 특히 언

론사의 성향과 편향성을 파악하고, 다양한 정보를 수집하며, 팩트 체크를 해 볼 수 있도록 노력해 보세요.

3. 인터넷 사용 규제하기: 인터넷 사용을 규제하며, 온라인에서 불쾌한 내용을 접하지 않도록 노력해 보세요. 또한, 가족들끼리 인터넷 사용에 대한 규칙을 정해요. 인터넷을 이용하며 발생할 수 있는 위험성에 대해 함께 이야기하고, 대처 방법을 공유해 보세요.

4. 미디어 이해력 강화하기: 가족들끼리 함께 미디어 이해력 강화를 위한 교육을 받아보세요. 이러한 교육은 인터넷 강의나 온라인 교육 등 다양한 방법으로 이루어질 수 있습니다.

5. 가족들끼리 대화하기: 가족들끼리 미디어와 관련된 이슈에 대해 대화하면서 다양한 의견을 나누고, 서로의 생각을 공유해 보세요. 이를 통해 가족들끼리 미디어 이해력을 함께 키울 수 있습니다.

대학 과잠과 명품 가방

지하철을 타려는데 한 여학생이 앞을 가로막아서더니 뛰어 들어갑니다. 급한 모양이구나 싶어 보니 대학교 이름이 크게 적힌 야구 점퍼를 입고 있었습니다. 주변에 명문대 기숙사가 있는 터라 다양한 과잠을 보았지만 처음 보는 과잠이었어요. 백팩을 매서 과잠에 써 있는 글자가 가려져서 더욱 그랬죠. 열심히 영어를 조합해서 어느 대학 과잠인지 살펴보았어요. 인 서울 대학이긴 한데 상위 10개 대학에 해당하는 대학은 아니었어요. 지금이야 워낙 인 서울대학 가려면 공부를 잘해야 한다고 하지만, 그렇게 유명한 대학은 아니었습니다.

"저 대학도 과잠이 있구나."

흔히 말하는 sky는 아니었어요. 그럼에도 학생은 당당한 포즈로 지하철로 향하더군요. 예전 같으면 알아주지도 않았을테지만 정말 피와 땀을 흘려야만 갈수 있는 대학이니까요. 충분히 자랑스러울 만하죠. 여학생이 맨 백팩에 보이는 굿즈들 또한 이 학생이 얼마나 성실하게 공부를 한 학생인지 보여 줄 만큼 묵직하고 성실해 보였습니다.

"참 건방지네. 내가 뭘 지금 판단한 거지. 스카이 다니는 학생만 과잠을 입을 가치가 있는 건 아니잖아. 10대 대학에 들진 못하더라도 자신의 전 생애를 걸쳐 열심히 이룬 대입 결과일 텐데. 그걸 자랑하고 싶고 멋지게 생각하는 건 당연한 거야. 내가 뭐라고 저 사람의 노력을 알지도 못하면서 대학 순위를 생각하고 있던 거지?"

내 기준으로 그렇게 좋은 대학도 아닌데 과잠을 입고 다니는 학생을 의아하게 생각했던 내 모습이 너무 부끄러웠습니다.

"자신이 열심히 노력했다면 된 거지. 그것만으로도 충분히 자신의 위치를 자랑스러워해도 되잖아. 남들 눈에는 대단해 보이지 않는다 해도 무슨 상관이야. 자신에게 떳떳하면 되는 거지."

당당하게 지하철 입구로 걸어 들어가는 여학생의 뒷모습에 박수를 보냈습니다.

그런데 앞에서 걸어오는 한 직장인이 나를 뚫어지게 바라봅니다. 내가 이런 못난 생각을 한다는 것을 알 리도 없는데요. 무슨 일인가 싶었지요. 한참을 쳐다보더니 지하철 입구로 들어갔습니다.

그녀가 돌아섰을 때 알았어요. 그녀가 나와 비슷한 가방을 들고 있다는 것을 말이죠. 명품 가방으로 유명한 브랜드였는데요. 어쩐지 내가 맨 가방 쪽을 유심히 보더라구요. 왜 그랬을까요? 그녀가 든 가방이랑 같아서 반가워서 보는 거였다면 좋았을 텐데요. 그런 느낌이 아니었습니다. 처음 본 사람을 그렇게 뚫어지게 쳐다보는 거라면 뭔가 이상하다는 느낌이었거든요.

그녀의 가방을 쳐다보았습니다. 저렇게 내 가방을 의식하고 신경 쓸 정도라면 저건 진짜여도 진짜는 아니겠다는 생각이 들었습니다. 자신이 어떤 가방을 들었든 자신이 선택한 것이잖아요. 아무리 진짜 명품 가방이 아니더라도 자신의 노력과 비용을 투자한 거구요. 그렇다면 어느 순간이라도 당당할 수 있었을 텐데요. 그녀의 태도는 타인을 의식하다 보니 진짜 명품 가방조차도 짝퉁으로 만드는 묘한 힘이 있었습니다.

내 아이가 과잠 입은 대학생 같았으면 좋겠습니다. 자신이 노력하고 열심히 한 부분에 자신감을 가지구요. 당당했으면 좋겠어요. 비록 다른 사람의 눈에 화려한 결과가 아니면 어때요. 자기 자신에게 스스로가 부끄럽지 않으면 그만이지요. 아이의 노력이 가득 담겨 있다면, 그것만으로도 충분한 가치는 있는 거니까요.

아이가 스스로의 노력에 당당했으면 좋겠습니다. 본인 자신이 이룬 결과를 사랑했으면 해요. 타인의 시선이나 평가보다 중요한 것은 스스로 내 가치를 인정하고 격려해 주는 것임을 아이가 평생 잊지 않았으면 좋겠습니다.

타인의 시선이나 평가보다 중요한 것은
스스로 내 가치를 인정하고 격려해 주는 것임을
아이가 평생 잊지 않았으면 좋겠습니다.

# TALK TO YOU

MEDIA
LITERACY

언급되는 것보다 나쁜 것은 언급되지 않는 것이다.

**- 오스카 와일드**

# CHAPTER 1 ··· 미디어 리터러시의 이해

## 1. 미디어 메시지 확인하기

· 내가 사용하는 미디어 소개

· 미디어 중에서 가장 좋아하는 미디어와 이유 설명

· 그 미디어를 유독 좋아하는 이유 나누기

· 내가 미디어를 만든다면 어떤 형식으로 만들까?

· 미디어에 담고 싶은 메시지는 무엇일까? 이유와 함께 설명하기

## 2. 미디어에 따라 달라지는 뉴스

· 관심 있는 카테고리나 검색어 뉴스 찾기

· 한 가지 주제에 대해 관심 있는 뉴스 타이틀 소개하기

· 내가 기자라고 생각하고 뉴스 타이틀 뽑기

· 가장 멋진 뉴스 타이틀 인기 투표하기

· 빅카인즈에서 관심 뉴스 검색하기

· 신문사별 뉴스 비교하기

· 주제별 뉴스 비교하기

## 3. 미디어의 정보 신뢰도 파악하기

· 흥미롭게 접했던 콘텐츠 고르기

· 이 콘텐츠의 제작 목적 생각나누기

· 콘텐츠의 영향력 분석하기

· 콘텐츠의 신뢰도 분석하기

## 4. 미디어 속 다양한 관점 존중 여부 알아보기

· 뉴스에서 관심 키워드로 관련 뉴스 선정하기

· 마음에 드는 타이틀의 뉴스 선택하기

· 같은 주제를 다룬 다른 관점의 뉴스 타이틀 비교하기

· 마음에 드는 타이틀과 뉴스 관점 선택하고 이유 설명하기

· 뉴스들의 관점 비교하고 댓글 분석하기

· 최종 나의 관점 선택하기

· 오늘의 뉴스 정해서 관점 비교하는 활동해 보기

## 5. 미디어 속 고정관념과 편견 찾기

· 우리 가족이 갖고 있는 고정관념과 편견에 대하여 이야기 나누기

· 편견과 고정관념의 문제 나누기

· 편견과 고정관념에 반해서 경험했던 일 나누기

· 편견과 고정관념 깨트릴 수 있는 활동해 보기

## 6. 제작자의 의도 파악하기

· 재미있게 본 미디어 한편 선택하기

· 좋았던 점이나 아쉬웠던 점 나누기

· 좋아하는 콘텐츠 종류와 이유 대화 나누기

· 자주 이용하는 미디어의 제작 의도 분석하기

· 제작자의 의도를 알면서도 물건 구매한 경험 나누기

· 제작자의 의도와 상관없이 바르게 투자하는 법 대화하기

## 7. 시각 자료의 신뢰도 확인하기

· 통계를 활용한 미디어 콘텐츠 검색하기

· 표본 집단의 대표성 여부 의견 나누기

· 빠트리거나 반영하지 않은 부분 파악하기

· 치우친 표본 찾아보기

· 내가 통계 내서 제작하고 싶은 콘텐츠 나누기

· 통계 콘텐츠를 기획하며 유의할 점 생각하기

## 8. 미디어 이용 네티켓

· 미디어에서 악플로 신고당한 사례 찾아보기

· 악플러 신고 후 조치 및 악플로 상처당한 사람들의 사례 찾아보기

· 미디어 이용 네티켓 알아보기

· 가상공간에 함께 접속해 대화 나눠 보기

· 가상공간의 인물이 실존하는 인물임을 알 때와 모를 때의 차이 구별하기

· 미디어 이용 네티켓 지키기 약속하기

# CHAPTER 2  ···  뉴스 리터러시

## 1. 뉴스에 담긴 정보 정리하기

· 관심 있는 신문기사 함께 읽기

· 나만의 카드 뉴스 만들기

· 카드 뉴스 비교하기

· 카드 뉴스 보고 기사문 작성하기

## 2. 사전 활용해서 뉴스 내용 파악하기

· 뉴스에서 좋아하는 단어 선택하기

· 목표 단어를 정해서 기사에서 빨리 찾기

· 사전에서 아는 단어 많이 나오는 사람이 승리하는 게임하기

· 사전에 나온 단어 연결해서 문장 만들기 게임

· 사전에 나온 단어로 꼬리 물기 게임

· 각자의 사전에 나온 단어 연결해서 이야기 만들기

## 3. 뉴스 검색으로 신뢰도 높은 정보 찾기

· 한 가지 주제를 다룬 사설 찾아 비교하기

· 각각의 주장의 논점과 근거 알아보기

· 근거의 타당성 살펴보기

· 찬반 주제로 가족 토론하기

· 한 가지 주제의 다양한 관점의 뉴스 찾아보기

· 뉴스 조합해서 뉴스 만들어 보기

· 신뢰도 높은 뉴스의 특징 알아보기

## 4. 뉴스의 사실과 의견 구분하기

· 꾸미는 말이 들어간 제목의 콘텐츠 모아 보기

· 콘텐츠 제목 말해 보기

· 가장 자극적이고 강한 어조의 제목 투표하기

· 콘텐츠의 사실과 의견 구분하기

· 제작자의 의견이 합당한지 객관적인지 여부 의견 나누기

· 의견이 타당하지 않은 경우 보완하여 제시하기

## 5. 뉴스의 저작권 알아보기

· 저작권 침해 사례 알아보기

· 인터넷에 글 쓸 때 유의할 점 나누기

· 과제 시 저작권 보호 방법 알아보기

· 저작물 이용 단계 알아보기

· 나의 저작권 보호를 위한 약속 나누기

## 6. 개인정보 관리

· 내 정보 찾기 사이트'(https://kidc. eprivacy.go.kr) 접속하기

· 개인정보 유출 이력 검색하기

· 유출 시 안전한 패스워드 선택 하고 변경하기

· 'e프라이버시 클린 서비스(https://www. eprivacy.go.kr)'에 접속해서 사용하지 않는 사이트 정리하기

· 필요시 개인정보 열람이나 정정 및 삭제, 처리 정리 신청하기

# CHAPTER 3 · · · 이미지 미디어

## 1. 이미지 보고 생각이나 느낌 나누기

· 이미지로만 대화하기

· 대표 이미지 보고 답변 이미지 함께 고르기

· 이미지 이어가며 대화하기

· 경청해서 좋았던 경험 이야기 나누기

· 경청의 기술 나누기

· 잘못하고 있는 대화 기술에 대하여 인정하고 사과하는 시간 갖기

## 2. 웹툰 속 은어와 욕설에 대처하는 법

· 웹툰 한 편 정하기

· 웹툰에서 비문이나 과격한 표현, 줄임말 찾기

· 이런 표현을 일상어로 바꾼다면?

· 나라면 이런 표현을 썼겠다는 표현으로 대체해 보기

· 자신의 대화에서 많이 사용하는 표현 찾아내기

· 대치할 표현 선택하기

## 3. 이모티콘 소비 패턴

· 각자 좋아하는 이모티콘 소개하기

· 이모티콘에 따른 쓰임새 설명하기

· 내가 자주 사용하는 감정 알아보기

· 이모티콘을 만들기 위해 자주 표현하는 감정 정리하기

· 나만의 이모티콘 만들어 보기

· 이모티콘 제안에 필요한 과정 알아보기

· 이모티콘 심사 신청 후 결과 기다리기

## 4. 딥페이크 주의보

· 딥페이크 사례 찾아보기

· 딥페이크가 잘 활용될 때와 악용될 때 구분하기

· 주변에서 딥페이크 경험한 사례 나누기

· 청소년 딥페이크 피해 사례 찾아보기

· 딥페이크 예방 대책 나누기

## 5. 광고 바로보기

· 재미있었던 광고 경험 공유하기

· 광고의 요소 알아보기

· 믿을 만한 광고 구분법 찾아보기

· 광고 분석하기

· 공익 광고 이해하기

· 과장 광고나 허위 광고에 대한 기사문 찾아보기

· 과장 광고나 허위 광고 피해 사례 찾아보기

## 6. 콘텐츠 생산과 활용

· 자신이 소비하고 있는 K-콘텐츠의 장점 소개하기

· 각자가 소개한 콘텐츠 장점 정리하기

· 우리 가족만의 콘텐츠 계획하기

· 콘텐츠 제작 역할 나누기

· 콘텐츠 만들기

· 제작 후기 나누기

# CHAPTER 4 · · · 소셜 네트워크

## 1. 온라인 대화 예절

· 온라인 대화창에서 오해가 생겼던 경험이나 사례 나누기

· 오해를 받았던 이유 나눠보기

· 온라인 대화 예절 케이스별로 알아보기

· 댓글 매너

· 악성 댓글 받았을 때 대처법 알아보기

## 2. 블로그 광고 걸러내기

· 자주 사용하는 포털 사이트 소개와 안내

· 웹툰에서 비문이나 과격한 표현, 줄임말 찾기

· 정보 찾다가 겪은 황당한 일 나누기

· 온라인상의 정보의 한계점 알아보기

· 서적으로 정보 보완하는 방법 찾아보기

· 한 가지 주제에 대해 정보 찾아보기

· 정보성 글과 광고성 구분하기

· 광고와 정보 구분하는 방법 나누기

## 3. SNS 친구 만들기

· 주로 사용하는 각자의 SNS 소개하기

· 주로 소개하게 되는 이유 설명하기

· SNS별 특징 말해 보기

· 각자의 SNS 친구 소개하기

· SNS 친구 만들면서 좋았던 경험 공유하기

· SNS 친구 만들면서 불쾌했던 경험 공유하기

· SNS 친구 만들 때 주의할 점 나누기

## 4. 쇼트폼 영상 생산과 소비

· 가장 즐기는 쇼트폼 영상 사이트 소개하기

· 어떤 점이 매력적인지 의견 나누기

· 즐겨 보는 영상의 종류 공유하기

· 영상을 소비하는 이유와 목적 나누기

· 서로의 영상 이용 습관 비교하고 문제점 찾기

· 쇼트폼 영상을 롱폼 영상으로 만들어 보기

## 5. 짧은 영상 만들어 업로드하기

· 즐겨 보는 영상 찾아보기

· 영상에서 관심사 추출하기

· 오프라인에서 관심사를 채울 수 있는 방법 알아보기

· 관심 분야의 콘텐츠로 브레인스토밍 해 보기

· 아이디어 요목화해서 스토리보드 짜보기

· 짧은 영상 기획하고 촬영하기

· 영상 공유하기

## 6. 메타버스 세상이 열리다.

· 메타버스 세상에 대해 알아보기

· 제페토 구경하기 및 캐릭터 꾸미기

· 재페토를 쓰면서 불편했던 점 나누기

· 걱정되는 점과 개선해야 할 점 생각 나누기

· 메타버스에서 발생할 수 잇는 문제 상황 알아보기

· 메타버스 이용 시 주의할 점 생각 공유하기

# CHAPTER 5 ··· 영상 및 게임 미디어

## 1. 원하는 영상 정보 검색하기

· 유튜브 프로필 설정해서 아이의 관심 영상 알아보기

· 공공 pc에서 유튜브 개인정보 지킴을 위한 주의법 알아보기

· 유튜브 시청 기록 점검하기

· 필요한 정보를 담은 영상 찾아주도록 부탁하기

· 검색하면서 문제점과 고칠 점 파악하기

· 영상 검색 방법 나누기

## 2. 부정확한 정보와 가짜 뉴스 구별하기

· 가짜 뉴스 사례 찾아보기

· 진짜와 가짜 뉴스 내용 비교하기

· 최악의 가짜 뉴스 선정하고 이유 설명하기

· 가짜 뉴스 제작 이유 생각해 보기

· 가짜 뉴스 분별법 알아보기

· 가짜 뉴스 분별법 적용하기

· 가짜 뉴스 대처법 나누기

· 가짜 뉴스의 유통에 참여했던 경험 나누기

## 3. 영상 속 혐오 표현 걸러 내기

· 혐오 표현 알아보기

· 혐오 표현을 받았을 때 느낌 생각하기

· 혐오 표현의 영향력 생각 나누기

· 혐오 표현의 대항 표현 알아보기

· 혐오 표현 대항 표현으로 바꾸기

## 4. 유튜브 똑똑하게 활용하기

· 유튜브 사용 실태 분석하기

· 가족 유튜브 사용 패턴 알아보기

· 유튜브 사용 약속하기

· 유튜브를 대신할 오프라인 경험 늘리기

## 5. 게임 패턴 점검

· 아이들이 즐겨하는 게임 소개하기

· 부모와 함께 게임 대결하기

· 함께 게임하며 재미있는 점 이야기 나누기

· 아이만의 게임 제작하는 계획 세우기

· 만들고 싶은 게임과 넣고 싶은 요소 기획하기

· 아이만의 게임 계획서 브리핑하기

## 6. 게임 선택하기

· 게임에서 얻는 좋은 점 이야기 나누기

· 게임이 갖는 다양한 면 살펴보기

· 게임을 통해 채우는 아이의 욕구 나누기

· 가족의 대화를 통해 게임을 대신할 수 있는 요소 찾아보기

· 게임에서 얻는 재미 공유하기

· 게임 패턴 정리해서 게임 계획서 만들기

# CHAPTER 6 ··· 인공지능 리터러시

## 1. 인공지능 활용

· 인공지능의 음악 만들기, 앱 경험하기

· 인공지능 그림 그리기 앱 경험하기

· 인공지능 웹툰 그리기 앱 경험하기

· 만들고 싶은 챗봇 상상하기

· 만들고 싶은 게임 기획하기

· 우리 집에서 필요한 것들 중에 인공지능을 활용해서 만들 수 있는 것 나눠 보기

## 2. 대화형 인공지능

· 챗GPT 가입하기

· 챗GPT와 대화 나누기

· 챗GPT에서 정보 찾기

· 챗GPT에 감성적인 질문하기

· 챗GPT 사용 후기 나누기

· 좋았던 점과 개선해야 할 점 공유하기

· 인공지능 사용 예절 생각하기

## 3. 챗GPT 리터러시

· 챗GPT에 한 가지 주제에 대해 여러 가지 방식으로 질문하기

· 챗GPT 답변 비교하기

· 챗GPT가 가장 답변을 잘하는 질문 방식 찾기

· 챗GPT가 학습에 도움을 주는 방법 알아보기

· 챗GPT를 나만의 학습에 활용할 계획 나누기

· 챗GPT로 커뮤니케이션 능력 향상하는 방법 공유하기

## 4. 챗GPT 세상에서 살아남기

· 챗GPT 세상에서 10대의 생존 전략 알아보기

· 챗GPT의 생존 전략 중 나의 생존 전략 세우기

· 가족 구성원의 생존 전략 나누기

· 챗GPT의 윤리성 문제 알아보기

· 챗GPT의 윤리성을 개선할 방법 생각하기

· 인공지능을 압도할 나만의 전략 공유하기

# 참고문헌

· 강진숙 외, 『미디어 리터러시 교육과정 운영을 통한 시민역량 제고 방안연구』, 2019.
· 교육부, 전국미디어리터러시 교사협회, 『코로나 19를 이겨내는 미디어 리터러시 백신』, 2020.
· 정현선 외, 『미디어 문해력(literacy) 향상을 위한 교실 수업 개선 방안 연구 최종보고서』 교육부, 2015.
· 황용석 외, 『디지털 시대, 디지털 문해력 개념의 확장』 교육부, 2023.

챗GPT 인공지능 시대 철저 대비법

# 미디어 리터러시

1판 1쇄 인쇄　　2023년 8월 28일
1판 1쇄 발행　　2023년 9월 5일

지은이 | 이현주 · 이현옥
펴낸이 | 박정태
편집이사 | 이명수　　　　　　　출판기획 | 정하경
편집부 | 김동서, 전상은, 김지희
마케팅 | 박명준　　　　　　　　온라인마케팅 | 박용대
경영지원 | 최윤숙, 박두리

펴낸곳　　　　BOOK STAR
출판등록　　　2006. 9. 8. 제 313-2006-000198 호
주소　　　　　파주시 파주출판문화도시 광인사길 161 광문각 B/D 4F
전화　　　　　031)955-8787
팩스　　　　　031)955-3730
E-mail　　　　kwangmk7@hanmail.net
홈페이지　　　www.kwangmoonkag.co.kr

ISBN　　　　　979-11-88768-73-8　13370
가격　　　　　19,000원